Horst Matthies

Lehmann, Erdmann, Liebermann

Stasi-Diktatur und Unrechtsstaat oder Feldversuch einer auf sozialere Beziehungen der Menschen gerichteten Lebensweise? – Hort ewigen Leidens oder Raum für ein lustvolles, von den Widersprüchen zwischen Ideal und Wirklichkeit bestimmtes Leben? – Was war das für eine Welt, die am 18. März 1990 von einer Mehrheit der wahlberechtigten Bewohner der DDR abgewählt wurde?
Horst Matthies hat in seinen Schubladen gekramt und bisher unveröffentlichte Texte sowie Geschichten aus Büchern zusammengetragen, die vor dem Schluckauf der Geschichte erschienen sind, wie er die Ereignisse von 1989/90 nennt.
Mancher dieser Texte könnte heute manchen Lesern weh tun, mancher ihnen ein nachsichtiges Lächeln abnötigen, mancher auch Anlass für ein bauchkrümmendes Gelächter geben. Erhellend aber dürften sie in jedem Fall sein.

Horst Matthies

Lehmann, Erdmann, Liebermann

Geschichten
aus einer abgewählten Welt

Edition Schlitzohr

Bibliografische Information der Deutschen Nationalbibliothek:
Die Deutsche Nationalbibliothek verzeichnet diese Publikation in der
Deutschen Nationalbibliografie; detaillierte bibliografische Daten sind
im Internet über dnb.dnb.de abrufbar.

© 2022 Horst Matthies

Gestaltung: Britta Matthies
Herstellung und Verlag: BoD – Books on Demand, Norderstedt

Kontakt:
www.editionschlitzohr.de

ISBN: 978-3-7543-3906-0

Für Ede, Michel, Mina, Bela und Jamo

Inhalt

Träumer, Täter, tumbe Toren? — 9

Ein Bäcker im Bergbau — 15
Filmriss — 30
Ernst-Thälmann-Straße 55 — 46

Bau des Jahrhunderts — 71

Samogon — 75
Leo lebt — 83
Lehmann, Erdmann, Liebermann — 98
Vertrauliches Geständnis oder — 110
   Die Macht der Literatur
Einer hieß Marula — 141
Osterspaziergang oder — 145
   Das Dorf hinter dem Hügel

Schimmels Geschichten — 163

Mein schönstes Ferienerlebnis — 167
Es lebe die Revolution — 177
Die Zicke — 187
Schimmel blondiert einen Wolf — 191
Heimat — 201
Blümchen — 223
Hengst kommt Freitag oder — 231
   Warum die DDR untergehen musste

Träumer, Täter, tumbe Toren?

*Sagen wird man über unsere Tage,
wenig zu essen hatten sie und sehr viel Mut,
und sie zählten nicht die Stunden ihrer Plage
und waren nachts zu ihren Mädchen gut.*

Ich weiß nicht, warum Werner Bräunig das Gedicht mit diesen Anfangszeilen, das er mir 1975 bei einem Besuch in seiner Halle-Neustädter Wohnung vortrug, nie veröffentlicht hat. Zu finden ist es im scheinbar allwissenden Internet jedenfalls nicht. Dort wird man bezüglich der ersten sechs Worte nur unter dem Namen Kurt Barthel fündig. Möglich, dass er nicht als Plagiator gelten wollte, da er Worte dieses Autors zur eigenen Auseinandersetzung mit der Frage genutzt hatte, was bleiben wird vom Tun und Wollen seiner, unserer Zeit. Möglich auch, dass er mir eigentlich dessen Gedicht hatte vortragen wollen, es dann aber im Zusammenspiel zwischen Alkohol und kreativer Lust gewissermaßen aus dem Stegreif so umgestaltete, dass es seinen eigenen Vorstellungen näherkam.
Mir sind allerdings nur diese ersten vier Zeilen im Bewusstsein geblieben. Aber sie haben mich über die beinahe fünfzig Jahre begleitet, die inzwischen vergangen sind. Und sie scheinen mir heute aktueller denn je, da die Phalanx der meinungsführenden Geschichtsdeuter und die ihnen zum Munde redenden Leitmedien bemüht ist, alles was gewesen ist in diesen Tagen als Dreifaltigkeit von Stasidiktatur, Unrechtsstaat und Misswirtschaft in die Annalen der Geschichte zu stampfen.
Dem Alkohol war Werner Bräunig verfallen, nachdem der Abdruck einer Szene aus seinem noch unveröffentlichten Roman »Rummelplatz« von der Führung der SED zum Anlass genommen worden war, um massiv gegen »zersetzende Tendenzen« in der Literatur vorzugehen. Weshalb

der komplette Roman erst im Jahr 2007, weit nach seinem Tod, erscheinen konnte und deshalb heute vor allem als Beispiel für Zensur und Unterdrückung von Kunst und Literatur in der DDR gehandelt wird. Dabei ist er, wie auch andere in dieser Zeit geschriebenen Romane und Geschichten, vor allem ein Kunstwerk, das aufschlussreiche Einblicke in die von Widersprüchen geprägten, lustvollen Lebensrealitäten in jenem Teil Deutschlands gewährt, in dem der Versuch gewagt wurde, den Jahrhunderte alten Menschheitstraum von einer Gesellschaft Wirklichkeit werden zu lassen, in der die Beziehungen der Menschen zueinander nicht von Habgier und Eigennutz bestimmt sind, sondern von einem auf das gemeinschaftliche Wohl gerichteten Handeln. – Ein Versuch, der wohl vor allem daran scheiterte, dass sich die zu »Mitgestaltern«, ja, gar zur »führenden Klasse« erklärten Bewohner dieses Teildeutschlands, von den sich selbst als unfehlbar ansehenden Organisatoren mehr und mehr in die Rolle einer willfährigen Mitmachmasse gedrängt sahen, der jegliches Fragen nach der Sinnhaftigkeit getroffener Entscheidungen verwehrt wurde. So dass deren Zustimmung zunehmend schwand und nachhaltiger Unlust, ja, Verweigerung Platz machte. Weshalb es dann auch einfach war, ihnen die von ihrem Aufbegehren schließlich doch eingeleitete Wende durch das Versprechen von blühenden Landschaften abzukaufen.

Was also wird man sagen über diese Tage? Was über die, die mit Hingabe und Kreativität dieses auf ein gemeinschaftliches Wohl gerichtete Handeln zu leben versuchten? Werden sie als Träumer in die Geschichte eingehen, als Täter, als tumbe Toren?

Die Literatur, so soll Aristoteles erklärt haben, sei wahrhaftiger als die Geschichtsschreibung. Darauf hoffe ich, wenn ich in diesem Buch Geschichten aus dem Fundus meiner veröffentlichten oder auch in die Schublade geschobenen Texte aus jener Welt vorstelle, die vor einunddreißig Jahren von einer überwiegenden Mehrheit der in ihr lebenden Wahlberechtigten abgewählt wurde.

Horst Matthies
im September 2021

Ein Bäcker im Bergbau

Eigentlich wollte ich nur ein Jahr bleiben

»Als ich neunzehnhundertsechsundvierzig aus Gefangenschaft kam, war erst einmal das Essen wichtig. Hier im Bergbau gab es Schwerstarbeiterlebensmittelkarten. Inzwischen sind es dreiundzwanzig Jahre geworden. Hier ist Bewegung in der Arbeit. Man sieht, wie es vorangeht, und man merkt, dass es etwas nützt, wenn man schieben hilft.«
Alfred Athner, 58 Jahre alt, von Beruf Bäcker, inzwischen Gleismeister im Tagebau, achtfacher Aktivist, »Verdienter Bergmann«. Die Brigade, die er im Jahre neunzehnhundertdreiundsechzig als leistungsschwaches Kollektiv übernahm, wurde neunzehnhundertfünfundsechzig, neunzehnhundertsiebenundsechzig und neunzehnhundertachtundsechzig mit dem Titel »Brigade der sozialistischen Arbeit« ausgezeichnet.
»Mit den Verbesserungsvorschlägen ist das so eine Sache«, sagt er. »Manchmal sind sie ganz einfache Lösungen eines schwierigen Problems! Man muss sie nur sehen können. Natürlich muss man auch das Problem sehen. Manche geben sich einfach zufrieden. – ›Das war schon immer so und so wird es auch bleiben. Der Gleisbau ist eben Knochenarbeit.‹ – Bei mir ist das anders. Wenn mich etwas stört, dann suche ich, das lässt mir dann keine Ruhe, das bohrt und bohrt, bis ich einen Weg gefunden habe.«

*

Das Ding mit der Weiche

Athner hockt auf der Mittelstrosse[1], zeichnet mit dem Zollstock Linien in den Schnee und erklärt: »Mein erster Verbesserungsvorschlag, das war das Ding mit der Übersetzweiche. Das war noch in der alten Brigade auf der Kippe, ganz am Anfang. Wir hatten dort eine Gleisaushebemaschine zum Auflockern der Baggergleise. Wenn wir die von dem einen auf das andere Gleis umsetzen wollten, war das eine ziemlich komplizierte Sache. Wir mussten den Zwischenraum zwischen den Gleisen mit Schwellen auslegen und die Maschine auf das andere Gleis ziehen. Ich habe immer überlegt, wie man das anders machen könnte, ohne so viel Aufwand. Und dann habe ich eines Tages bei einer Straßenbahnbaustelle eine Übersetzungsweiche gesehen. Das ist ein gebogenes Gleis, das auf die Gleiskronen aufgelegt wird und so eine Verbindung zwischen den beiden parallelen Gleisen herstellt. So ein Ding habe ich dann bauen lassen, und wir konnten mit unserer Maschine einfach auf das andere Gleis fahren. Der jährliche Nutzen betrug wohl so um 21 000 Mark.«

»Als Meister brauchte ich nur Anweisungen zu geben. Aber ich frage immer die Kollegen. Da macht sich auch jeder Gedanken. Wenn ich nur anweisen würde, würde mancher nur auf die nächste Anweisung warten. So fühlt er sich aber mitverantwortlich.«

Morgens 6.15 Uhr treffen sich die Gleisbaumeister beim Abteilungsleiter zur Arbeitsbesprechung. Hier wird der Wo-

---

1 | Strosse ist im Bergbau die Bezeichnung für eine Stufe des Abbaus. Er klappt den Zollstock zusammen und geht die Gleisanlage kontrollieren. Im Schnee bleiben sechs Linien, vier parallele und zwei geschwungene, die die parallelen verbinden.

chenplan mit der konkreten Lage abgestimmt, werden Arbeitskräfte und Mittel verteilt.
Es ist ein wirres Treiben in diesen fünfzehn Minuten. Laut und eng geht es zu. Namen werden aufgerufen, irgendwelche monatlich in vierfacher Ausfertigung zu beantragenden Genehmigungen unterschrieben, Berichte gegeben. Dazwischen klingelt immer wieder einmal einer der beiden Telefonapparate, die im Zimmer stehen, oder einer der Anwesenden ruft selbst an.
Athner telefoniert: »Ja, Otto, pass auf. Wir kriegen gleich früh einen Zug Kies für die beiden schlechten Stellen. Wie meinst du? An der Siebenhundert vier Wagen und die anderen fünf an der Dreiundfünfzig? – Was, an der Elfhundert? – Aber dann nur einen. – Ja, so machen wir das. Einen an der Elfhundert, drei an der Siebenhundert und fünf an der Dreiundfünfzig. – Richtig, der ist gedreht. Der kippt Innenklappe. – Noch eins, Otto. Der Erich bringt die Raupen mit, eine große und eine kleine. Die große kann schon immer an der Dreizehnhundert Planum schieben und die kleine schickst du an den Kies. – Gut. Bis dann also.«
Als er auflegt, klingelt der Apparat sofort wieder. Der Abteilungsleiter horcht einen Augenblick hinein, tastet mit den Augen die Gesichter ab, spricht dann.
Athner steckt einen Packen Zeitungen in seine Tasche und geht. Auf dem Flur klappern zwei Sekretärinnen mit ihren Absätzen.
Draußen nieselt es. Das Wetter schlägt Kapriolen in diesem Jahr. »Wenn das so weitergeht, müssen wir noch mehr Kies anfordern«, sagt Athner.
Er steigt die Treppe zur Mittelstrosse hinab. In der linken Hand schlenkert er die braune Aktentasche, die rechte steckt in der Wattejoppe.
Plötzlich bleibt er stehen. – »Ach, jetzt hab ich vergessen, ...

Der Erich hätte doch mit den Raupen gleich die Fünfundzwanzigmeterschiene an die Dreizehnhundert ziehen können. – So was Dummes.«
Er schüttelt den Kopf und geht weiter.
Von der Westkurve aus, wo die Fünfundzwanzigmeterschiene liegen müsste, zieht sich eine tiefe Schleifspur zwischen den Abdrücken der Raupenketten in Richtung der Dreizehnhundert.
Athner stochert ein bisschen mit der Stiefelspitze in der Spur, lächelt, gibt dann die Tasche aus der linken Hand in die rechte Hand und lässt die Linke außerhalb der Joppe. Das gibt ihm einen ganz anderen Gang.

»Als ich neunzehnhundertdreiundsechzig die Brigade übernahm, war es nicht einfach für mich. Ich musste erst einmal eine andere Arbeitsatmosphäre schaffen. Jetzt gibt es kaum noch Probleme. Jeder weiß über den anderen Bescheid. Bis auf zwei sind schon alle Aktivist. In einer anderen Atmosphäre wächst eben jeder auch ganz anders.«

*

Auszug aus dem Brigadetagebuch[2]

2.6.1966

Warum verspricht Kollege Tämmler immer so viel und hält so wenig? Als es darum ging, Blut für Vietnam zu spenden, war Kollege Tämmler sofort bereit. Als Sanitäter für das

---

2 | Im Rahmen des mit dem Versprechen auf eine höhere Jahresendprämie eworbenen »Kampfes« um den Titel »Brigade der sozialistischen Arbeit« musste ein Brigadetagebuch geführt werden. Dieses wird heute selbst von denen, für die es seinerzeit nur eine Formalie war, beim Treffen ehemaliger Kollegen sehr gern als Dokument gesehen, in dem sie einen wichtigen Teil ihres gelebten Lebens aufgehoben wissen.

Pfingsttreffen der Jugend gebraucht wurden, meldete er sich ebenfalls. Aber am Tage der Blutentnahme drückte er sich, und auch für das Pfingsttreffen fand er eine Ausrede. Am Freitag, dem 17.5. meldete er sich bei mir zum Schulbesuch ab, als er aber dringend gebraucht wurde, mussten wir feststellen, dass er gar nicht zur Schulung gegangen war. Er hatte mich also belogen. Am nächsten Morgen fand er nicht einmal eine Ausrede. Wir sprachen im Kollektiv mit ihm und erwarten, dass er im Tagebuch eine Erklärung einträgt, warum er immer so viel verspricht und so wenig hält.

Fritz Walter

Stellungnahme, 5.6.66

Vier Wochen vor dem Pfingsttreffen bat mich Kollege Bernd vom DRK, als Sanitäter teilzunehmen. Ich sagte zu. Zur gleichen Zeit hatte ich aber den Auftrag übernommen, in Pegau ein Haus abzuputzen. Nach einer Rücksprache mit dem Hauswirt erfuhr ich, dass das Gerüst nur über Pfingsten frei war. Mir blieb also nur die Möglichkeit, in Pegau zuzusagen. Drei Tage vor dem Pfingsttreffen gab ich dem Kollegen Bernd Bescheid, dass ich nicht teilnehme.

Ich sehe ein, dass ich nicht ganz richtig gehandelt habe, aber meine persönlichen Angelegenheiten stehen für mich im Vordergrund. Außerdem bin ich niemandem über meine Angelegenheiten Rechenschaft schuldig. Ich habe daraus gelernt und werde in Zukunft zu jedem Treffen meine Absage geben.

Gerald Tämmler

Stellungnahme gegen eine Stellungnahme, 7.6. 66

Als das Kollektiv die Stellungnahme des Kollegen Tämmler las, waren die meisten Kollegen nicht gerade erfreut. Wir be-

fassten uns eingehend mit ihm, aber er blieb bei seiner Stellungnahme.
Am nächsten Tag sprachen einzelne Kollegen nochmals mit ihm und zeigten ihm, was er falsch gemacht hat. Ob wir ihn überzeugt haben oder ob er nur klein beigegeben hat, wissen wir nicht, aber er ist bereit, eine neue Stellungnahme zu schreiben.

Fritz Walter

Stellungnahme, 12.6.66

Vier Wochen vor dem Pfingsttreffen bat mich der Kollege Bernd vom DRK, als Sanitäter teilzunehmen. Ich sagte zu. Zur gleichen Zeit hatte ich den Auftrag übernommen, in Pegau ein Haus abzuputzen. Nach einer Rücksprache mit dem Hauswirt erfuhr ich, dass das Gerüst nur über Pfingsten frei war. Mir blieb also nur die Möglichkeit, in Pegau zuzusagen.
Drei Tage vor dem Pfingsttreffen gab ich dem Kollegen Bernd Bescheid, dass ich nicht teilnehme.
Ich sehe ein, dass ich nicht richtig gehandelt habe, und habe daraus gelernt.

Gerald Tämmler

*

Gleislaufen mit Gerald

Die Gleise liegen nicht wie auf einem Brett, und Braunkohle ist kein Schotterdamm. Es gibt Stellen, da sinken sie ein bis an die Gleiskronen. Dort muss man sie wieder herausholen, sonst entgleisen die Züge. – Herausholen, das heißt, freischaufeln, mit Winden anheben, Kies unterstopfen, die Schwellen verziehen. Man kommt ins Schwitzen dabei, sogar bei acht Grad unter null.

Auch andere Tücken hält es noch bereit, das Gleis, vor allem im Winter. Da sind lockere Bolzen, Schienenbrüche, Laschenbrüche, Gleisverwerfungen. Deshalb muss es ständig kontrolliert werden. Vorbeugen ist besser als vierzig Tonnen schwere Kohlewagen wieder eingleisen. Ich bin mit Gerald auf einem Vorbeugungsmarsch. Gleislaufen nennt man das. Gerald Tämmler ist siebenundzwanzig Jahre alt, Parteigruppenorganisator für drei Meisterbereiche und Leiter des Parteilehrjahres, an dem alle Kollegen der Brigade teilnehmen. Wir laufen im Gleis. Kurt als Sicherheitsposten läuft einige Meter hinter uns. Ich trage eine Tasche und einen Hammer. In der Tasche sind Schienenbolzen, das macht sie schwer. Mit dem Hammer klopfe ich manchmal gegen die Schienen, damit es so aussieht, als hätte ich Ahnung.
Gerald prüft mit einem Maulschlüssel den Sitz der Bolzenmuttern. Wenn sich eine gelockert hat, zieht er sie wieder fest. »Bei Alfred ist das so«, sagt er. »Eine Sache, die muss auf den Tisch. Von wegen hinter dem Rücken reden, das gibt es nicht. Bevor Alfred von der Kippe kam, haben wir bei der Prämienverteilung immer jedem das gleiche gegeben. Alfred war dagegen. Jedem nach seinen Leistungen, hat er gesagt. Das gab vielleicht Stunk. Wir dachten, so bringt er bloß Uneinigkeit in die Brigade. Vor allem Fritz war dagegen.« – Gerald hat eine lockere Mutter festzuziehen. Er hebelt mit dem Schlüssel hin und her. Die Mutter drückt quietschend den Federring zusammen. Als sie festsitzt, spricht er weiter. »Alfred hat Fritz dann gefragt, ob er nicht mehr gearbeitet hätte als der Peisker Horst mit seinen Fehlschichten. Jedenfalls wird bei uns über jede Sache gesprochen.«
»Es scheint, dass dir das vor zwei Jahren noch gar nicht so recht gefallen hat«, sage ich. »Jedenfalls, wenn ich nach dem gehe, was im Tagebuch steht.«
Tämmler lacht. – »Ich muss mir das Ding direkt noch einmal

ansehen. Wird schöner Mist sein, was ich damals geschrieben habe.«

*

»Wenn man immer versucht, voraus zu sein, schafft man Unruhe und ist bei den Bequemen nicht gern gesehen. Sie müssen nachziehen. Manchem gefällt auch nicht, dass wir genau rechnen, weil seine Rechnung dann nicht aufgeht. Aber so erreichen wir, dass sich auch die anderen Gedanken machen bei ihrer Arbeit.«

Gespräch mit einem Unzufriedenen

Während der Mittagspause sitzt die Brigade in ihrer »Bude«. Frau Nowacki, Sicherheitsposten und Kalfaktor, rund und rot wie eine Tomate und mit einem Lachen, dass man am liebsten Mutter zu ihr sagen möchte, hat tüchtig eingeheizt. Hinter dem Ofen hervor beobachtete sie alle Tassen. Hat einer seine Tasse mehr als zur Hälfte ausgetrunken, schwenkt sie eine der beiden Kannen, die auf dem Ofen stehen. Alfred liest Zeitung, Fritz löffelt aus einer riesigen Schüssel Weißkohl, Heinrich verpestet mit einem formschön gerollten Unkrautblatt, das er Zigarre nennt, die Luft. Erich döst ein bisschen vor sich hin, Gerald erzählt Frau Nowacki einen Witz, auf dem Ofen summen die Teekannen.

In der Mittagspause hat die Brigade meistens Gäste. Fahrleitungselektriker, Raupenfahrer, wer gerade im Bereich der Brigade zu tun hat.

Am Tisch sitzt ein Raupenfahrer. Er diskutiert mit Kurt lautstark über die Jahresendprämie. – »Sowieso alles Schiebung,« höre ich ihn sagen und nutze die Gelegenheit.

»Was erwartest du von einem Gleismeister, wenn du in seinem Bereich arbeiten musst?«, frage ich.

Die nächste Frage: »Wie bist du mit Athner zufrieden?«, hebe ich mir noch auf.

»Jaa«, beginnt er und rückt mit dem Hintern auf der Bank hin und her. »Das ist gar nicht so einfach. Da gibt es eine ganze Menge«, unterbricht sich aber plötzlich und knurrt mich an: »Wer bist du denn überhaupt? Du fragst mich hier aus wie die Polizei und hast dich nicht einmal vorgestellt.«

»Die Brigade kennt mich«, sage ich. »Ich bin Student und mache hier ein Praktikum. – Wie ist das also, was erwartest du von Alfred?«

»Na ja, im Winter zum Beispiel«, sagt er, »da zieht es von vorne rein. Da muss ich meine Pausen haben, damit ich die Beine mal ausstrecken kann. Die werden nämlich steif.«

»Du hast mich falsch verstanden«, sage ich. »Ich meine, was er dir für organisatorische Vorleistungen bringen muss, damit du anständig arbeiten kannst. Du musst doch bestimmte Forderungen haben. Oder hat er gar keinen Einfluss auf deine Arbeit?«

Erich hat aufgehört zu dösen. Martin lächelt vor sich hin. Fritz grinst in seine Suppe.

»Na, Einfluss hat er schon«, fährt der Raupenfahrer fort. »Wir arbeiten ja Hand in Hand. Wenn wir nicht ordentlich planieren, liegt das Gleis nicht gerade. Es muss aber auch das Verständnis da sein.« Fritz lässt seinen Löffel in den Kohl fallen und lacht kurz auf. – »Nun werde doch endlich mal konkret. Du ringelst dich und ringelst dich. Sag doch, was dir nicht gefällt, wir haben dir doch auch gesagt, was uns nicht passt.« Der Raupenfahrer sucht irgendwo einen Halt, aber alle warten auf eine Antwort. Da wird er plötzlich laut: »Und ihr? Habt ihr euch nicht verpflichtet, die Kleineisenteile aus der Strosse zu lesen? Aber da liegt immer noch Zeug 'rum.«

»Da hast du natürlich recht«, gibt Athner zu, »aber du siehst ja, dass zwei Mann krank sind bei uns. Und wenn du auf fünf-

zig Meter Planum schieben mal ein Passstück liegen hast, kannst du doch auch mal aussteigen und es auf die Schwelle schmeißen.«
»Ich kann doch nicht alle fünf Minuten aussteigen.«
»Dann schiebst du es eben beiseite.«
»Aber zu den Schienen musst du es schieben«, wage ich zu bemerken. »Nicht wie in der Ostkurve. Dort hat einer einen Fahrleitungsausleger direkt an die Strossenkante geschoben. Wenn der in den Bagger kommt, kann es ganz schöne Schwierigkeiten geben. Wer so was macht, der muss doch überhaupt nicht denken bei der Arbeit!«
Da beginnt Fritz laut zu lachen. – »Frag ihn doch mal, wer gestern in der Ostkurve Planum geschoben hat«, sagt er zu mir.
Der Raupenfahrer schiebt sich aus der Bank.
»Bei euch hier kriegt man ja nie Recht«, knurrt er, bevor er die Tür zuschlägt.
»Da habe ich wohl etwas Dummes angerichtet«, sage ich. »Ich wollte doch nur wissen, ob Alfred Einfluss auf seine Arbeit hat.«
Aber Gerald beruhigt mich: »War schon ganz richtig.« Und Fritz erklärt: »Das ist nämlich so: Im Winter fangen die Raupenfahrer später an und hören eher auf, wollen aber genauso sieben Stunden geschrieben haben wie im Sommer, obwohl sie nur fünf gearbeitet haben. Manche Meister machen das. Alfred macht das nicht. Der schreibt bloß fünf Stunden. Wir wären ja schön dumm. Für jede Raupenstunde müssen wir fünfundvierzig Mark aus unseren Haushaltsmitteln für Fremdleistungen an die Raupenbrigade schreiben. Das heißt, wir würden für weniger Arbeit auch noch mehr bezahlen. Das passt ihm nicht, und das hätte er hier sagen müssen. Bloß der Brei war ihm dann wohl doch ein bisschen zu heiß.«
Athner hat schon lange die Zeitung weggelegt. »Das setzt sich

ja noch weiter fort«, ergänzt er. »Wenn er nur fünf Stunden gefahren ist, aber sieben geschrieben bekommt, senkt er seinen Kraftstoffverbrauch pro Stunde. Das gibt Prämie. Außerdem hat er eine höhere Laufstundenzahl, bevor er zur Generalreparatur muss. Das gibt wieder Prämie. Verstehst du? Zweimal Prämie für nicht geleistete Arbeit. Da machen wir nicht mit.«
Fritz hat seinen Löffel wieder aus dem Kohl gefischt. Gerald greift nach Athners Zeitung. Frau Nowacki späht nach meiner noch vollen Tasse. Auf dem Ofen summen die Teekannen.

*

Manche denken, die politische Arbeit ist bloß so ein Anhängsel vom Wettbewerb

»Bei uns nehmen schon seit neunzehnhundertsechsundsechzig alle Kollegen am Parteilehrjahr teil. Und da hält keiner mit seiner Meinung hinter dem Berg. Da diskutiert jeder mit, weil sie gemerkt haben, dass sie dort auch Antwort auf ihre politischen Fragen finden. Und mit politischen Fragen beschäftigt sich doch jeder.«

Gerald Thämmler

In der Ostkurve muss das Gleis gerückt werden. Zirkel für Gleiskurven gibt es nicht. Trotzdem müssen sie gleichmäßig gezogen sein, sonst stoßen die Wagen mit den Kanten zusammen und heben sich gegenseitig aus den Schienen.
Man hat da eine Methode. Alle zehn Meter wird ein Pflock eingeschlagen, der gegenüber dem vorhergehenden um 1,26 m nach innen verrückt ist. Das klappt oft nicht beim ersten Mal. Entweder gerät das Gleis beim falschen Messen zu nahe an die Strosse, oder es bleibt zu weit ab. Wenn man das merkt,

beginnt der ganze Ablauf noch einmal. Abschreiten, fluchten, einrücken, Pflock einschlagen.
Athner schreitet und misst, Fritz schlägt die Pflöcke ein.
»Alfred«, sagt er, »da ist doch diese Sache mit der Wahl in Westberlin. Meinst du, dass unsere da was machen können?«
Athner kneift das linke Auge zusammen und peilt aus der Hocke nach dem letzten Pfahl. Dann legt er den Zollstock an.
– »Ja, weißt du, das ist so ein Ding.«
Wo der Zollstock endet, schlägt Fritz den Pflock ein. Athner macht zehn große Schritte. Fritz reißt seine kürzeren Beine mächtig auseinander und zählt ebenfalls bis zehn. »Was können wir da schon machen? Wenn wir sie nicht über die Autobahn lassen, fliegen sie wieder mit dem Ami. War doch das letzte Mal genauso.«
Athner peilt aus der Hocke nach dem letzten Pfahl. »Ja, beim letzten Mal.«
Er misst die 1,26 m, dann schaut er sich um. »Nein, Fritz, so wird das nichts. Wir sind ja jetzt schon bis auf zehn Meter an der Strosse. Wenn du jetzt die nächsten zehn Meter rechnest ... Nein, da kommen wir nicht vorbei.
Fritz stellt sich hinter den Pfahl und peilt über den Daumen nach der Stelle, wo der nächste Pfahl hinkommen würde. Dann reißt er wortlos den eben eingeschlagenen wieder heraus und beide gehen langsam zum Ausgangspunkt der Kurve zurück.
In der Mittagspause holt Athner eine Zeitung aus seiner Aktentasche.
»Kollegen, hört mal her«, sagt er. »Der Fritz hat mich vorhin was gefragt wegen Westberlin und ob wir da was gegen machen können? Was meint denn ihr?«
Heinrich schnippelt mit seinem Taschenmesser an einem Apfel herum. Seine Zigarre liegt schon auf der Tischplatte bereit. »Was die aber auch andauernd stänkern«, sagt er. »Die

sollen doch bei sich bleiben. Die hab'n doch Platz genug bei sich.«
Frau Nowacki kommt hinter dem Ofen hervor. »Also ich meine, wenn ich mal sagen soll, das machen die bloß, damit's keine Ruhe gibt. Die könnten doch drübenbleiben, wo sie hingehören, heej? Also, wenn ich was zu sagen hätte, ich würde Keen rüber lassen.«
Und weil sie selbst etwas erstaunt ist über die lange Rede, lacht sie ein bisschen, guckt sich im Kreis um und sagt dann noch einmal ihr langgezogenes Heej.
»Na, aber was woll'n wir denn machen?« Kurt reckt sich über den Tisch. »Die fliegen mit dem Ami wie immer.«
Gerald schubbert sich den Rücken an der Wand, während er spricht. »Lass mal. Da lassen wir uns schon was einfallen. Da liegen bestimmt schon die Pläne bereit. Meinst du, unsere fangen jetzt erst an zu überlegen?«
Heinrich brummt mit dem letzten Stück Apfel im Mund: »Na ja, aber die versuchen's doch immer wieder.«
Athner nimmt die Zeitung und liest ein Stück aus der Regierungserklärung vor. Dann erläutert er, wie wichtig es ist, diese Sache zu verhindern. Als er fertig ist, meint Gerald: »Wir müssten dazu was schreiben.«
Als die Mittagspause vorbei ist, haben sie eine Erklärung formuliert und unterschrieben.
In der Erklärung steht, was sie über die Provokation denken, den Bundespräsidenten in Westberlin zu wählen. Auf dem Tisch bleibt Heinrichs ungerauchte Zigarre.

*

Noch einmal ein Ding mit einer Weiche

Zwischen den beiden Baggern, die das Zwischenmittel abtragen, ist eine Weiche eingebaut. Wenn das Gleis gerückt werden soll, muss die Weiche ausgebaut werden, weil die Gleisrückmaschine nur gerade Gleise rücken kann. Die Weiche wird dann mit Planierraupen in die neue Position gezogen. Damit sie dabei nicht aus der Form kommt, wurde sie auf eine Eisenplatte montiert. Das hatte viele Vorteile, aber einen Nachteil. Wenn die Weiche gerückt wurde, bohrte sich die Platte alle halben Meter in die Erde und musste wieder freigeschaufelt und angehoben werden. Eine langwierige Arbeit. Das war wieder so ein Problem, das keine Ruhe ließ. Aber diesmal ließ es der ganzen Brigade keine Ruhe.
»Wir müssen irgendetwas finden«, hatte Athner gesagt.
»Es müsste etwas sein, was die Plattenkante über dem Boden hält, damit sie sich gar nicht erst einfressen kann«, ein anderer, »so eine Art Schlitten«, ein dritter.
So tröpfelten sich die Gedanken zusammen, bis sie schließlich die Lösung fanden. – Kufen, aus Schwellenholz geschnitten.
Es folgte eine nicht ganz legitime Kooperation mit dem Holzplatz, weil der offizielle Weg über das Büro für Neurerwesen zu lange gedauert hätte. Aber beim nächsten Rücken lagen die Kufen bereit.
Voller Erfolg. Und Jahresnutzen für das Kombinat etwas über fünftausend Mark.
Kommentar von Fritz: »Wir sind immer am Knobeln. Es ist doch schließlich unsere Arbeit, die leichter wird.«

»Eigentlich wollte ich nur ein Jahr bleiben.«
»In einer anderen Atmosphäre wächst jeder ganz anders.«

»Wenn man immer versucht, voraus zu sein, schafft man Unruhe.«

»Meisterarbeit ist in erster Linie Erziehungsarbeit.«

»Ohne die Brigade wäre ich nie »Verdienter Bergmann« geworden.«

Alfred Athner, achtundfünfzig Jahre alt, Gleismeister im Tagebau, achtfacher Aktivist, »Verdienter Bergmann«.

Entstanden im Zusammenhang mit einem Praktikum der Studenten des Literaturinstituts »Johannes R. Becher« im VEB Erdölverarbeitungskombinat »Otto Grotewohl« Böhlen, Veröffentlicht in Neue deutsche Literatur 6/70

Filmriss

»So, Herr Biesenbrow«, sagt der Mann mit dem Schlüsselbund, »Sie setzen sich jetzt erst einmal hierher und warten. – Es kommt gleich jemand und nimmt das Protokoll auf. – Haben Sie mich verstanden?«
»Natürlich«, sagt Biesenbrow. »Es kommt jemand und nimmt das Protokoll auf.«
»Und bleiben Sie ruhig.«
»Keine Angst. Ich bin noch nie so ruhig gewesen.«
»Gut . – Es kommt also gleich jemand.«
»Ja, ja.«
Dann rasselt der Schlüssel im Schloss und Biesenbrow schaut sich um. Zwei Stühle, ein Tisch, ein Waschbecken, zwei Garderobenhaken an der Tür, Bilder an der Wand. Und er denkt: Die glauben, ich hab sie nicht alle. – Der hat Autos kaputtgefahren, am helllichten Tag. Neun Stück. Wegen ein paar Fotos! – Was soll das für ein Protokoll werden! – Das beste wird sein, ich sage gar nichts, überhaupt nichts, halte einfach den Mund. Weil das ja ohnehin keiner nachempfinden kann, was das heißt, vier Jahre warten auf ein einziges Motiv. – Vier Jahre! Vier Jahre! – Frühling, Sommer, Herbst, Winter. Jeden dritten Sonntag vor dem Aufstehen raus aus dem Bett, dreißig Kilometer Fahrt, die Gummihosen an, den Koffer mit den Objektiven, zwei Apparate, das Stativ unter den Arm, hundert Meter durch den Schlick, und dann auf einer umgestürzten Weide hocken oder unter einem Brombeerbusch, fünf Stunden, sechs Stunden, acht Stunden. – Was sind da ein paar demolierte Autos? – Übrigens, ist meins schließlich auch nicht

ganz geblieben. – Hinten und vorn und auf der rechten Seite beide Türen. – Der Rahmen hat bestimmt auch was abgekriegt. – Mittlerer Totalschaden, würde ich sagen. – Und ich hab niemand bei der Hand, der anrufen kann bei irgendeiner Werkstatt: Hört mal her, ich hab da einen Bekannten, dem ist was ganz Blödsinniges passiert ... – Nicht mal was zu bieten hab ich. – Einer aus der Brotfabrik, der an der Knetmaschine steht und Mehl und Salz und Wasser zusammenrührt, womit kann der sich schon erkenntlich zeigen? – Mit Brötchen. Fünf Pfennige das Stück. – Naja, die anderen sind da vielleicht auch nicht besser dran. – Trotzdem, bei einer Werkstatt, da weiß man, die haben ihren Plan, und wenn du erst mal auf der Liste stehst, dann kannst du dir auch ausrechnen, wann ungefähr deine Frau diesen komischen Zug um den Mund wieder loswerden wird. – Hab ich doch gesehen jedes Mal, wie sie hinter der Gardine stand und geguckt hat, was ich für ein Gesicht mache, wenn ich zurückkam. – Aber so ein Adler hat nun eben mal keine Liste und keinen Plan. Der kommt, wenn er kommt, und wenn er nicht kommt, dann kommt er nicht. Da kannst du noch so denken: Himmelherrgott, ich kann doch nicht schon wieder zu Hause vorfahren und so tun, als wäre mir das Warten auf der Weide wie eine Sanatoriumskur bekommen. – Eine Blasenentzündung hab ich mir geholt. Und manchmal waren mir die Zehen steifgefroren, dass ich noch beim Abendbrot die Füße nicht aufsetzen konnte. – Oder einmal im Sommer, da hatte ich vergessen, die Mückensalbe mitzunehmen. Und der hockte hundert Meter entfernt auf einer Grasbülte und starrte auf die schönen großen Stücke Rinderpansen, die ich ihm in ein verlassenes Gänsenest gelegt hatte. – Hundert Meter! Und ich hatte alles auf das Gänsenest eingestellt. – Na, soviel könnte man ja nachher vielleicht sagen: Es gibt in unseren Breiten bestimmt nicht mehr als zwei, drei Leute, die einen Adler fotografiert haben. – Ich meine, nicht einfach mal so geknipst, aus der freien Hand und in den Kontrasten so, dass man gerade noch sieht, es ist ein Adler und nicht vielleicht eine Eule. Nein, richtig fotografiert. Mit Schärfe bis in das Augeninnere, und von der Belichtung her so, dass du das Spiel der Brustfedern im Wind zu sehen glaubst. – Fotos mit Wirkung sozusagen. Wo man mit einem Mal anfängt, genauer hinzusehen. dass man plötzlich auch an einer Schnecke entdeckt, dass sie nicht bloß schleimig ist und langsam, oder dass die Hornisse eigentlich ganz was anderes ist als ein brummendes Ungetüm mit Stachel. – Auch für Menschen bekommt man wohl dadurch einen anderen Blick. – Ja, auch für Menschen. – Ich wollte jedenfalls auch einen Adler fotografieren. Meinen Adler! – Einen Seeadler mit blütenweißem Schwanz und ganz hellem Halsgefieder. – Misstrauisch, der Bursche, bis zum Gehtnichtmehr. – Die kleinste Veränderung reichte schon, dass er abstrich. – Wenn ich die Kamera nicht richtig abgedeckt hatte, oder wenn ich zu spät gekommen war, dass sich das Wasser über meinen Fußspuren im Sumpf noch nicht wieder geklärt hatte, dann ließ der mich bloß aus der Ferne sein merkwürdiges Gefiepe hören und weg war er wieder. – Die haben gelernt, vorsichtig zu sein, die Adler. Braucht man sich nicht lange zu fragen, warum. Braucht man sich nur umzusehen. – Wo nur noch irgendetwas übriggeblieben ist von so einem alten Herrensitz und vorgezeigt wird, als Beispiel für die Lebensart der Krautjunker und Schlotbarone, überall sind sie zu finden. Fein hergerichtet. Die Fänge in ein ausgestopftes Wildkaninchen gekrallt und die Flügel leicht gespreizt. Oder, hingehockt auf einen Aststumpf und den Kopf halb links gedreht, dass jeden ein Gruseln ankommt, der sich von einem Blick aus den starren Glasaugen getroffen fühlt. – Und soll mir bloß keiner sagen, dass das als Ausdruck der Prunksucht dieser historisch überlebten Klasse angesehen

werden muss. Der Trieb, der dafür bestimmend war, ist noch lange nicht passee. – Klar hat die Jagd jetzt ihre Regeln, und es sind ganz andere Leute, die mit den Doppelflinten durch die Wälder ziehen. Aber soll man doch mal hingehen zu denen und sich umschauen in den Wohnungen, was da an den Wänden hängt! – Und die sagen nicht: Das ist der Nachweis meiner sorgsamen wildhegerischen Tätigkeit. Die sagen: Den dort hab ich geschossen und der, das war ein glatter Blattschuss, und der da, der hat sich gewendet, als ich gerade abdrückte, da hat ihm die Kugel die Kehle zerfetzt. Anderthalb Stunden hab ich ihn suchen müssen. Und dann hat er mir immer noch mit dem Geläuf die Hosen aufgeschlitzt, als ich ihn abniggen wollte. –
Naja. Ich bin ja auch nicht frei davon. Das ist ja auch so etwas wie Jagd, was ich betreibe. Anschleichen, zielen, abdrücken. Bloß, dass bei mir das Tier am Leben bleibt. Und dass das vielleicht ein bisschen schwerer ist, als aus dem beheizten Anstand mit dem Zielfernrohr einen Hirsch zur Strecke zu bringen. – Ganz schön schwerer sogar, wenn man zum Beispiel meinen Adler nimmt. – Als ob er gewusst hätte, was ich vorhabe, und mich prüfen wollte, wieviel Ausdauer ich mitbringe.
Ganz zufällig hatte ich ihn entdeckt, beim Pilze suchen mit dem Jungen. Es war ein trockenes Jahr und man konnte bis zur Insel bei der umgestürzten Weide über den getrockneten Schlick laufen. So niedrig stand das Wasser im See.
Ob's vielleicht da drüben Pilze gibt, sagte der Junge. Und da sind wir los, immer mit Angst, dass wir in ein Loch treten, oder dass eine der Grasbülten umkippt, auf die wir die Füße setzten. Wie die Köpfe der Beatles sehen die aus, wenn sie aus dem Wasser ragen. – Es gab natürlich keine Pilze. Aber Brombeeren gab es, groß und schwarz und süß. – Die haben wir uns in den Mund gestopft, händeweise und einzeln und

waren ganz still dabei. – Und plötzlich ein Schatten und ein Geräusch wie das Fauchen der Luft, wenn ein Zirkusreiter mit dem Lasso spielt. Und dann saß er da, acht Meter neben uns. Zweieinhalb Autolängen. Der Junge stand mit offenem Mund, und mir stieg ein Kloß in den Hals vor Ärger. Den Fotoapparat hatte ich im Wagen gelassen. Ich war ja damals noch nicht so versessen auf das Fotografieren. Ich nahm den Apparat nur mit, weil man manchmal einen Beleg braucht. Weil sie einem einfach nicht glauben im Betrieb, wenn man erzählt: Ich hab ein Schild gesehen: Dieser Weg ist kein Weg. Wer ihn dennoch benutzt, kann mit einer Ordnungsstrafe bis zu zweihundertfünfzig Mark belegt werden. – Biesenbrow hat sich wieder mal was ausgedacht, heißt es dann, und gekichert wird über dich und nicht über die Leute, die so einen Mist verbocken. – Der Wohngebietsmensch, das muss auch so einer sein. – »Ja, unsere Bürger sind wachsam!« – Was ist denn das für eine Wachsamkeit, wenn ganze Brote in die Futterkübel wandern und keiner stört sich dran? – Ganze Brote, halbe Brote, Brötchen, wie sie aus der Fließstrecke kommen. Da kann man wohl nicht Semmelbrösel draus reiben? – Nein, so was kauft man in der Kaufhalle. Weil das einfacher ist, ein Griff ins Regal, statt sich mal die Reibe zu greifen. Kostet ja nichts, so ein Brötchen. Kostet ja nichts. Weg damit! – Eine Sauerei ist das. Eine Sauerei. – Und wenn dann einer kommt und hat eine Idee, wie man das verändern könnte, wie die Leute wenigstens ein bisschen zum Nachdenken angeregt werden könnten, damit sie wenigstens erst einmal sehen, was sie da machen, dann ... dann ... – Ach, Schluss damit! Sonst fang ich hier doch noch an, den Stuhl gegen die Tür zu feuern, oder beiß in den Tisch oder häng mich auf. – Mein Gott, solche herrlichen Aufnahmen! Solche herrlichen Aufnahmen! – Gestochen scharf, eine wie die andere. Und Positionen! – Als hätte er gedacht, jetzt ist es genug. Du hast mich überzeugt.

Bitte, da hast du mich. – Zweimal Anflug, und zweimal mit Blick direkt ins Objektiv und vier mit dem Schnabel im Köder, und dann die eine, die, von der ich die ganzen vier Jahre geträumt hatte. Genauso, wie er sich uns beim ersten Mal präsentiert hatte. Den Schnabel geschlossen, den Kopf leicht zur Seite geneigt und mit dem Blick schon die Stelle am Köder fixiert, auf die er gleich einhacken wird. Konzentrierteste Spannung. Und der Junge sagte: »Das Bild holen wir uns.«
Gleich am nächsten Sonntag sind wir wieder los. Das weiß ich noch genau, weil ich wie ein Besengter von einem zum anderen gerannt bin: Bitte, bitte, bitte, tausch mit mir die Schicht! Vielleicht ist er nächste Woche schon weg, ab nach dem Süden. Was wusste ich denn damals von Seeadlern! – Aber keiner hatte ein Einsehen. Was bedeutet denn schon das Foto von einem Seeadler, wenn im Garten vor der Stadt die Gurken verdorren. – Bin ich einfach weggeblieben. – Wenn ich ihnen zum Brigadeabend die Dias zeige, hab ich gedacht, dann werden sie verstehen, dass man manchmal auch aus der Reihe tanzen muss im Leben, dass manche Dinge ohne Einsatz nicht zu haben sind. Basta! – Aber wohlgefühlt, nein, wohlgefühlt hab ich mich dabei nicht. Und er ist ja auch nicht gekommen. – Zwei Stunden hat der Junge es ausgehalten, das Stillsitzen unter den Brombeeren. Zehn Jahre war er damals alt, und eigentlich war das eine ganz enorme Leistung. Macht nichts, hab ich zu ihm gesagt, in zwei Wochen nehmen wir uns das Schachspiel mit, und wenn wir ihn dann haben, dann lassen wir die Partie so stehen, wie sie steht. Sollen die Leute grübeln, was hier losgewesen ist, wenn einer das Spiel unter den Brombeeren findet. Aber er kam auch diesmal nicht. Und drei Wochen später ist der Junge schon nicht mehr mitgefahren. – Aber ich, ich konnte mich ja nicht hinstellen und sagen: Nun ja, den Adler hab ich nicht, aber zwei grüne Mosaikjung-

fern, Aeshna viridis, bei der Paarung. »Mosaikjungfern! – Wer weiß, was das für Jungfern sind, denen du dort auflauerst. Vielleicht sogar 'ne heiße Witwe. Hahahaha!« – Kann ich mir richtig vorstellen, Tina von der Portioniermaschine. Bei der dreht sich alles nur um eins. Die sieht in jedem Brötchen, das sauber geschlitzt aus dem Backtunnel kommt, ein Symbol, und wenn es nach der ginge, würden die Brötchen nur mit Hörnchen zusammen verkauft. »Das sdie Leute nicht vergessen, wozu sie eigentlich auf der Welt sind. Hihi.« – Dass dann doppelt so viel weggeschmissen würden, kommt der nicht in den Sinn. – Die geht ja nicht los und guckt sich an, wie es aussieht in den Futterkübeln vor den Wohnblocks in der Neustadt. – Das ist allerdings schon seltsam, dass man dort angebissene Hörnchen viel seltener findet als Brötchen. Dabei sind das genauso fünfzig Gramm. Vielleicht ist die Form einfach mundgerechter, so dass man aufisst, was man erst einmal in der Hand hat. Oder liegt das bloß daran, dass wir davon weniger produzieren? – Dem müsste ich mal nachgehen. – Da erlebt man ja immer wieder Überraschungen, wie manche Dinge auf die Leute wirken. Die Zweipfundbrote zum Beispiel, dass die so einschlagen, damit hat kaum einer gerechnet. Ein halbes Vierpfünder, das ist doch genauso viel. – Aber das ist angefasst, angeschnitten, kaputtgemacht. Kaputte Brote kauft man nicht. Da wirft man eher die andere Hälfte in den Müll, wenn sie zu hart geworden ist in der trockenen Fernheizungsluft. – Neuneinhalb Tonnen Brot weniger pro Woche, allein aus unserem Betrieb, seit wir die Zweipfünder eingeführt haben. Neuneinhalb Tonnen!
Und was da noch rauszuholen wäre, wenn wir das Brot in Scheiben schneiden würden. Sechs Scheiben, acht Scheiben, zehn Scheiben. Nicht nur Pumpernickel oder Toastbrot. Nein, jede Sorte. Graubrot und Mischbrot und Moskauer. Sauber verpackt und mit Tagesstempel versehen. Jede

Schnitte frisch auf den Tisch! – Aber da geht kein Weg rein. »Das wird zu teuer, Kollege Biesenbrow. Schneiden, verpacken, stapeln. Drei Arbeitsgänge zusätzlich. Und Papier! Und Druckkapazität! Und neue Paletten! – Außerdem, die Leute wollen sich ein Brot in den Korb legen können.« – Wollen sie das denn wirklich? – Klar, früher, ja! Ich weiß noch, meine Mutter hat das Brot nachwiegen lassen beim Bäcker. Aber da war es ja auch noch was wert. Da konnte man nicht hingehen und einsacken, dass die Hühner gleich mitversorgt sind. Da gab es das Brot auf Marken. Da hat man die Krümel auf dem Tisch noch in die Hand gewischt und in den Mund geschoben. – Heute dagegen, da ist doch das Brot für manche nicht mehr als eine lästige Beilage zu Butter und Wurst. Braucht man doch bloß reinzugucken in die Abfallkörbe neben den Bockwurstbuden. – Müssen wir das denn noch unterstützen? – Über den Preis will ich ja gar nicht erst reden. Da macht sowieso gleich jeder die Ohren zu. Darüber diskutieren wir nicht, basta! – Aber wenn jeder, der einkaufen geht, wüsste, ich finde im Regal die Menge, die ich gerade brauche, und verschiedene Sorten, und so verpackt, dass es eine Woche frisch bleibt. Würde der dann nicht lieber dreimal acht Scheiben von verschiedenen Sorten nach Hause tragen wollen als gleich drei ganze Zweipfünder? – Geht doch anderswo auch.

»Nein, Kollege Biesenbrow, da befindest du dich bestimmt auf dem Holzweg. – Außerdem, vielleicht haben wir gar nicht solche Verpackungsautomaten und müssten sie einführen, gegen Devisen. – Unsere Devisen brauchen wir für anderes.« – Um Getreide zu kaufen, das wir ins Brot backen, das wir dann wegschmeißen. – Na, das wird auch noch. Das mit den Zweipfündern ist ja auch geworden. Hat zwar dreieinhalb Jahre gedauert, aber manches braucht eben seine Zeit. – Man darf bloß nicht lockerlassen. – Für die Prämie hab ich mir

übrigens das Spiegelobjektiv gekauft. – Da war sie das erste Mal richtig sauer auf meine Fotografiererei.
»Wie lange rede ich, dass wir einen Teppich brauchen könnten. Und der Bezug von den Sesseln ist auch ganz abgewetzt.« – War doch aber meine Idee gewesen, oder? – Hat sie doch auch erst geunkt. »Auf deine Vorschläge warten die gerade. Das sind doch studierte Leute, die haben doch auch einen Kopf.« – Dann aber mit einem Mal: »Zweitausenddreihundert Mark für ein schwarzes Rohr mit Glasscheiben drin! Da gibt's wohl nichts, was wir nötiger hätten?«
Was hat denn sie für eine Vorstellung davon, was sich in einem so abspielt, wenn der Adler fünfzig Meter weg auf einem Hockstamm sitzt und du kommst einfach nicht ran. Als ich die Mosaikjungfern fotografiert hatte, hat sie auch bloß gesagt: »Aha. So geht das bei denen vor sich.« Aber ich hatte begriffen, was man aus einem Foto alles herausholen kann, wenn man sich Zeit lässt, wenn das Licht stimmt und die Schärfe, und die Spannungspunkte so über die Fläche verteilt sind, dass der Blick zum Wesentlichen hingezogen wird und nicht wegrutscht oder keine Mitte kriegt, weil das Bild langweilig ist. Ich hatte begriffen, dass Fotografieren mehr ist, als bloß durch den Sucher gucken und auf den Auslöser drücken. Entfernung, Blende, Klick. – Ja, mit den Jungfern hat alles eigentlich erst richtig angefangen. Ich hab mir Literatur besorgt, habe gelesen, probiert. Zuerst nur das Technische, dann speziell Naturfotografie. Wie kommt man ran an ein Motiv? Wie schafft man es, dass die Härchen flimmern, wenn real kein Gegenlicht zu kriegen ist. – Und dann musste ich ja auch wissen, was ich da fotografiere. Ich kann doch nicht einfach bloß sagen: Und hier, bitteschön, ein blauer Frosch. Komisch, was? – Da muss ich doch auch sagen können, warum ist der blau und was ist das für einer? – Und was ich da mit einem Mal alles zu sehen bekam. – Jeder dritte

Sonntag gehörte mir. Immer über den kurzen Wechsel, damit sie nichts zu lamentieren hatte. »Das ganze Wochenende ist verpfuscht.« – Kurzer Wechsel ist ja sowieso kein richtiges Wochenende. Bloß, dass man gerade mal ausschlafen kann. – Das war eben dann mein Wochenende. – Früh halb vier bin ich los und nachmittags zum Kaffee war ich wieder da. Dann ins Bad und die Filme entwickelt, soweit ich Schwarzweißaufnahmen gemacht hatte. Farbe geb ich weg. Das sind zu große Investitionen. Da spielt sie nicht mit. »Ich hab auch Interessen, nicht nur du.« – Ein einziges Mal ist sie mitgefahren. Weil sie nicht glauben wollte, dass man vier Stunden brauchen kann, um einen einzigen Schmetterling zu fotografieren. – Weiß ich, was sie gedacht hat, wo ich mich rumtreibe. – Wie gesagt, ein einziges Mal. – Das war aber dann auch der Tag, an dem mir der Adler das erste Mal so richtig durch die Lappen gegangen ist.

Wir saßen unter den Brombeeren, und ich hab die Kamera justiert. Und plötzlich schreit sie: »Da ist er!« – Wahrlich und wahrhaftig! Geschrien hat sie das. – Und er streicht natürlich ab. – Weg. Aus. – Bin ich ganz ruhig geblieben. Wirklich, ganz und gar ruhig. Ich hab den Balgenauszug abgeschraubt, hab das Stativ zusammengeklappt, die Kamera in den Koffer gelegt und bin losgegangen, zurück zum Wagen. Sie hinter mir her: »Was bin ich bloß für eine blöde Ziege. Was bin ich bloß doof! Aber ich war so erschrocken. Der ist ja so groß.« – Was hätte ich denn sagen sollen? Jawohl, du bist eine blöde Ziege? – Ich bin gefahren und hab gepfiffen dabei. Und zu Hause hab ich eine Flasche Wein auf den Tisch gestellt und hab gesagt: »Davon geht die Welt nicht zugrunde.«

Danach ist sie nicht wieder mitgefahren. Aber sie hat auch nicht mehr versucht, mich davon abzubringen. Das muss ich ihr zugestehen. Nur den Mund hat sie verzogen. So wie: Armer Irrer. Das zweite Mal hab ich ihn durch den Moorfrosch verpasst. Der hatte es mir auch angetan. Das ist eigentlich ein ganz und gar unscheinbarer Bursche, der normalerweise zwischen so einer Tümpelbewachsung gar nicht auszumachen ist. Aber im Frühjahr, während der Laichzeit, färbt er sich blau, richtig leuchtend blau. Und seine Augen schimmern gelb, bernsteingelb. Dazu das Sumpfwasser, tiefbraun und in der Oberflächenspiegelung ein Schimmer von dem Grün ringsum. So wollte ich ihn haben. Drei Sonntage war ich unterwegs, ehe ich einen Tümpel gefunden hatte, in dem das alles auf die richtige Weise zusammenspielte. Wasser, Spiegelung, Frosch. Mit dem Adler habe ich doch gar nicht gerechnet. Der gehörte für mich zum Waldsee mit der Insel. – Aber dann, wie ich steh, mit den Gummihosen, den Oberkörper vornübergebeugt, das Wasser bis weit über die Knie und kalt, dass ich dachte, es sägt mir einer die Waden weg ... – Wie ich also steh und lauere, dass der Frosch auftaucht, und wie er gerade kommt und die Ringwellen auspendeln und ich mich noch weiter vorbeuge, um näher heranzukommen ... – Da, mit einem Mal höre ich wieder dieses Geräusch und seh in den Augenwinkeln wie er landet, sechs Meter neben mir, auf dem Wurzelballen eines umgestürzten Baumes. Wirklich, allerhöchstens sechs Meter neben mir landete er. Weiß ich, warum er mich nicht gesehen hatte. – Aber da war auch der Frosch, und der saß so, dass ich das eine Auge, vollrund, beinahe ins Zentrum des Bildes bringen konnte und das andere dabei von der Kontur des Kopfes halb überdeckt wurde, so dass es wie eine Mondsichel im Tiefbraun des Wassers schwamm. Und der Apparat war sowieso nur für allernächste Entfernung eingerichtet. Und bei jeder größeren Bewegung wäre der Frosch sofort wieder weggetaucht. – Und dann stellte ich fest, dass ich vergessen hatte, den Verschluss zu spannen, und versuchte, das nachzuholen. – Und dann waren beide weg. – Hm. – »Davon geht die Welt nicht zugrunde.«

– Hat sie heute Morgen auch gesagt, im Nachthemd, an der Schlafzimmertür. Ich stand schon halb auf dem Treppenflur. – »Vergiss nicht, dass der Junge halb zwölf im Kulturhaus sein muss!« – Daran hatte ich tatsächlich überhaupt nicht mehr gedacht. Stellprobe zur Jugendweihefeier. Er aber hatte in der Zeitung gelesen, dass einer eine Schallplatte verkaufen will, die er schon lange sucht. – Zwanzig Kilometer mit dem Bus. »Da kann ich nicht bis übermorgen warten. Was denkt ihr denn, wie viele scharf darauf sind!«
Es fuhr aber nur hinzu ein günstiger Bus. Zurückzu fuhr erst einer gegen eins. – Also habe ich zugesagt, ich hol ihn ab, pünktlich halb elf, Straße der Waffenbrüderschaft Sieben E. Obwohl mir ganze vier Stunden verlorengingen. – Aber da sag mal einer was, wenn drei auf dich einreden: »Du siehst immer nur Deins. Dass andere auch Interessen haben, das ist dir egal!« Und dann, es ging auf zehn, ich musste einpacken, schwebt plötzlich der Adler ein, kommt quer über den See, fängt den Schwung ab, schlägt zwei-, dreimal mit den Schwingen nach und setzt sich auf eine Grasbülte. Fünfundzwanzig Meter. Die ideale Entfernung. – Lieber Gott im Himmel, hab ich gedacht, lass ihn da sitzen, bis ich wieder aufgebaut habe. Lieber Gott im Himmel. – Was denn sonst? – Das macht uns Menschen doch aus, dass wir wissen, wir können planen und organisieren und kalkulieren so viel wir wollen, irgendwo bleibt immer eine Unsicherheit. Weil wir eben wirklich nur bestimmen können, was wir ganz alleine tun. – Schon ein Lufthauch kann genügen, und alle Planung war umsonst. Du spannst den Verschluss, und ein Windchen, das du gar nicht spürst, trägt ihm das Geräusch zu. Aus der Traum. – Ich hätte dem Jungen sonstwas an den Hals wünschen können. – Bloß wegen seiner blöden Schallplatte! – Ich war zu schnell gewesen, hatte nicht daran gedacht, dass das Objektiv spiegeln könnte. Dreißig Quadratzentimeter Glas etwa. Das kriegt der

doch mit, wenn das auf einmal auf ihn zugeschwenkt wird. – Aber der war nicht ganz abgestrichen. Zweihundert Meter vielleicht, zu einem Baum. Da saß er. – Und dann hat der liebe Gott ein Einsehen gehabt. – Er kam zurück und nahm den Köder an. Schweineschlünde von der Notschlachtung. Ganz frisch. Gibt es nur dienstags und freitags zwischen dreizehn und fünfzehn Uhr. Das hatte die Tochter übernommen. Mit der entsprechenden Maulerei zwar, aber es liegt an ihrem Schulweg. – Spannen und auslösen, spannen und auslösen und spannen und auslösen. Ganze neun Mal! – Ich hätte das Mädchen umarmen können. Die ganze Welt hätte ich umarmen können. Und wenn dann irgendwo unterwegs zufällig eine Geschwindigkeitskontrolle gewesen wäre, die hätten mir wohl erst noch einen zweiten Berechtigungsschein ausstellen müssen, um alle Stempel unterbringen zu können. – Zehn Uhr neununddreißig war ich da. Straße der Waffenbrüderschaft sieben E. Der Junge stand schon vor der Tür. – Ohne Platte. – Es war schon einer vor ihm dagewesen. Den hatte sein Vater hingefahren, von weiter her noch. – Hm. – Das ist kein gutes Gefühl, einen Vierzehnjährigen heulen zu sehen. Für die Weiterfahrt hätte ich jedenfalls keinen zweiten Berechtigungsschein gebraucht. – Aber dazu ist es ja dann gar nicht mehr gekommen. Zu einer Art Platzrunde ist es noch gekommen. Einmal rings um das Wohngebiet. Schöne neue Häuser. Fünfgeschosser, gelb und rosa. Mit Margeritenwiesentapete an den Wänden der Loggias oder Mauerwerksimitation oder bunt lackierten Wagenrädern. – Vor den Blöcken die Autos und auf der anderen Straßenseite brusthohe Betonbuchten mit den Mülltonnen. – Wie ich losfahren will, seh ich auf so einer Mülltonne eine Ratte sitzen. Mitten am helllichten Tag sitzt die da und nagt an einem Brötchen herum. Den Hinterkörper aufgesetzt, den Vorderkörper gehoben und zwischen den Pfötchen das Brötchen. Richtig possierlich. – Das war es, was ich gesucht hatte. So ein Bild. Eins, an dem keiner vorbeikann. Das alles sagt, ohne dass noch viel dazu erklärt werden muss. – So ein Bild, als Plakat, an jedem Mülltonnenstellplatz angebracht. Eine Ratte, die auf einer Mülltonne sitzt, an einem Brot nagt und: »Danke!«, sagt. Und in den Kaufhallen das gleiche Plakat, und die Ratte sagt: »Kauf ruhig etwas mehr.« – Da hab ich den Motor abgestellt, bin ausgestiegen und hab das Stativ aufgebaut. Drei Bilder waren noch frei auf dem Film. Und wenn schon, dann muss so ein Plakat auch ordentlich sein. Farbe ist allemal besser als Schwarzweiß. – Die Ratte war natürlich weg. Aber das Brötchen lag noch da. Und im Futterkübel daneben zwei ganze Brote, ein schwarzes, ein weißes, und außerdem Brötchen und einzelne Scheiben und Reststücken. – Kein Problem, dachte ich, eine Ratte lässt sich einkopieren, und wenn ich noch die zwei Brote unter den Deckel schiebe, sieht das sogar noch überzeugender aus. – Also bin ich hingegangen und hab die zwei Brote dazu gepackt. – Und dann fing es an. »Was machen Sie denn da?«, kreischt über mir am Fenster eine Frau, und eine andere: »Egon, guck doch mal!« Und zwei Männer, die beim Autoputzen waren, gleich zu mir ran und: »Das gibt's hier nicht.«

Da war ich noch ganz ruhig. – »Hört mal, Kollegen«, hab ich gesagt. »Ich arbeite im Backwarenkombinat an der Fließstrecke. Drei Schichten. Im Sommer haben wir Temperaturen um die fünfzig Grad ... « – Ganz genau wollte ich's ihnen erklären. Aber die: »Nicht bei uns im Wohngebiet. Wir lassen uns nicht anschmieren. Und auch noch 'ne Autonummer vom anderen Bezirk.«

Es hätte zum Lachen sein können, wenn es nicht so zum Heulen gewesen wäre. – Der Junge saß im Auto und grinste. Und als ich wieder eingestiegen war, sagte er: »Also wenn das bei uns, unter Jungs, gewesen wäre, wir hätten uns in die Fresse

gehauen, dass es blutet.« – Da bin ich wieder ausgestiegen. – Das kannst du jetzt nicht machen, hab ich gedacht, dass du hier abziehst wie der begossene Pudel. Und außerdem, warum sollst du ihm nicht zeigen, wie man so etwas regelt unter Erwachsenen. – Ich hab mich erkundigt, wo der Wohngebietsvorsitzende wohnt. Und dann sind wir die Runde gefahren. Fast einmal ringsum, weil Einbahnstraße war. Und ich war wieder ganz ruhig. Ich hatte ja den Jungen im Auto. Und ich hab ihn auch mitgenommen in die Wohnung von dem Vorsitzenden. Und ich hab mir das angehört, ohne etwas dazu zu sagen: »Ja, unsere Bürger sind wachsam.«
Und die Welt war wieder in Ordnung, als ich den Zettel hatte mit Stempel und Unterschrift: »Fotografieren erlaubt!« – Aber dann kam dieser Kerl mit dem Bauch und den Hosenträgern. Und der zog die Brote wieder raus aus der Mülltonne, mit steifen Fingerspitzen und einem Gesicht, als ob er die Ratte am Schwanz hätte. »Hier wird nur fotografiert, was wahr ist, Kollege.«
»Die Wahrheit kommt schon nicht zu kurz bei mir, Kollege«, hab ich da gesagt und hab die Brote wieder drunter geschoben unter den Deckel, und hab das Brötchen dorthin zurückgelegt, wo es die Ratte liegengelassen hatte. Und ich hab extra fest zugefasst, dass jeder sehen kann, ich behalte die Ruhe dabei. Und ich war auch ganz ruhig. Und ich wusste, wenn er wieder hingeht und das Brot rausnimmt, dann drück ich auf den Auslöser, dass ich ihn drauf hab auf dem Film, mit seinem Bauch und den steifen Fingern und diesem Ekel im Gesicht. Und dann hätte ich gesagt: »Eine Ratte brauch ich jetzt nicht mehr.« – Ja, das hätte ich gesagt: »Eine Ratte brauch ich jetzt nicht mehr.« – Aber der war durchtriebener als ich. – Als ich mich umdreh, steht er da, hinter meinem Apparat, hat den Film in den Händen und zieht ihn auseinander. – »So, Kollege, jetzt können Sie fotografieren.«

Und hinter ihm stehen die Leute und grinsen. Stehen bei ihren frischgeputzten Autos und grinsen. – »Steig aus«, hab ich da zu dem Jungen gesagt, und mach die Tür wieder zu.« Und dann bin ich losgefahren, rums, das erste Auto, rums, das zweite, rums, das dritte, rums, das vierte. Und bei jedem Auto hab ich mir eine von den Aufnahmen vorgestellt. Zweimal Anflug und zweimal der Blick genau ins Objektiv, und viermal mit dem Schnabel im Köder und dann die eine, die, von der ich die ganzen vier Jahre geträumt hatte ... Vor und zurück und vor und zurück. Bis sich das rechte Vorderrad unter dem Kotflügel verklemmt hatte. –

Nein, das wird keiner begreifen können, warum einer auf so etwas kommt. Bloß weil ihm einer den Film aus dem Apparat genommen hat. Da ist es wirklich besser, ich sage erst gar nichts dazu, überhaupt nichts.

Als Hörspiel produziert und gesendet mit Ulrich Thein als Biesenbrow vom Rundfunk der DDR 1985
In einer eigenen Fassung produziert und gesendet vom NDR 1987

Ernst-Thälmann-Straße 55
Protokoll einer Vertreibung

Das Haus war ein Haus zwischen Häusern, ebenso alt, ebenso vernachlässigt, ebenso grau. Und wäre nicht die eingeschlagene Scheibe im Erdgeschoss gewesen, es wäre den jungen Leuten überhaupt nicht aufgefallen, dieses Haus zwischen Häusern, ebenso alt, ebenso vernachlässigt, ebenso grau. Sogar Gardinen hingen noch an den Fenstern.
Wer aus solchen Häusern auszieht, nimmt die Gardinen nicht mit. Sie passen nicht an andere Fenster, und außerdem sind sie bereits mit dem Gedanken ausgewählt worden, dass man sie hängen lassen wird, wenn man da auszieht. Billig sind sie und vergraut oder zerschlissen. Es zieht sich manchmal hin, bis man eine andere Wohnung bekommt, eine bessere, wenn man dort eingezogen war. Es gibt viele solche Häuser und die gekachelten Blöcke vor der Stadt, mit Fernheizung und Bad, bestimmen die Wünsche.
Wer ausziehen will, will nichts mehr einsetzen. Eine sich ablösende Tapete im Treppenflur bleibt eine sich ablösende Tapete, eine abgebrochene Türklinke wird nicht mehr ersetzt, der Pappkarton mit Scherben, nur bis zum nächsten Tag auf den Hof hinter die Haustür gestellt, steht nach zwei Monaten immer noch dort, zerweicht, löst sich auf. Die Scherben überdecken den Abfluss für das Regenwasser, Staub, Blätter, Teile vom abbröckelnden Putz setzen sich dazu. Irgendwann ergießt sich das Wasser in den Keller.
Die Wände werden nass, die Dielen beginnen zu faulen. Es riecht nach Moder und Verfall.
Experten kommen, schütteln die Köpfe, wundern sich, ver-

fassen einen Kostenvoranschlag. Bei der KWV[1] zuckt man hilflos mit den Schultern. Bei den Mietern steigt die Hoffnung. Nun müssen sie ja eine andere Wohnung bekommen. Das da ist ja nicht mehr zumutbar.
Und zu den Scherben im Hof kommen alte Kinderschuh, leer getrunkene Weinflaschen, ein Scheuerlappen, der versehentlich mit dem Wischwasser ausgekippt wurde, und, falls die Müllabfuhr wegen zu vieler Krankheitsfälle im Winter ihren Tourenplan nicht einhalten konnte, auch Berge von Asche und Müll. Damit lebt man, wenn man weiß, dass man da bald rauskommen wird. Mit einer zerbrochenen Fensterscheibe lebt man nicht.
»Wer wohnt denn da?«, fragten die jungen Leute deshalb die Verkäuferin im Fischladen gegenüber. Und diese antwortete mit jener Mischung aus Resignation, Gleichmut und Angewidertsein, wie sie nach jahrelangen Blicken auf solche Bilder des Verfalls in die Stimme rutscht: »Wer sollte da schon wohnen!«
Wenn man einen Schlüssel hätte...
›Ja, wenn man einen Schlüssel hätte‹, dachten die jungen Leute nach dieser Auskunft, ›dann könnte man mal hineinschauen und nachsehen, was damit ist, warum da keiner mehr wohnen will.‹ Und sie drückten, erst einmal probeweise, auf die Türklinke.
Da tat sich etwas.
Nein, nicht die Tür ging auf, diese war tatsächlich verschlossen, aber hinter der Tür polterte etwas, etwas Eisernes, ein Riegel vielleicht.
Also drückten sie noch einmal, nun aber kräftiger, und da sprang auch der zweite Riegel ab.
Die Verkäuferin vom Fischladen schaute mit misstrauischen

1 | Kommunale Wohnungsverwaltung

Blicken durch die Schaufensterscheibe. – ›Was das wohl werden sollte?‹

Aber viel Abwechslung gibt es nicht im Tagesablauf von Verkäuferinnen in Fischläden, die im Erdgeschoß eines grauen Hauses zwischen grauen Häusern gelegen sind, zumal, wenn sich das Angebot nicht wesentlich vom Angebot im Konservenregal jeder beliebigen Kaufhalle unterscheidet.

Ein Einbruch, organisiert, – einer der jungen Leute hatte sich wie sichernd umgeblickt, bevor sie im Haus verschwanden – von langer Hand vorbereitet, – die Anfrage bei der Verkäuferin – sowie gemeinschaftlich ausgeführt, – sie waren insgesamt vier – konnte jedenfalls zu den selteneren Ereignissen gerechnet werden. Da schrie man aber nicht gleich Zeter und Mordio. Da wartete man ab. Zu stehlen gab es ohnehin nichts, und falls doch, würde man etwas zu reden haben. Zehn Minuten vormittags und zehn Minuten nachmittags ergab das mindestens.

Als anstelle der zerbrochenen Scheibe ein altes Reklameschild in das Fenster gestellt wurde, wandelte sich die Frage ›Was das wohl werden soll?‹ in die Frage: ›Was das wohl werden soll?‹ Wobei die winzige Spur verringerten Misstrauens, die der Protokollant bei der Wiederholung der gleichen Frage gern mitgelesen wüsste, bereits in den Bereich der Mutmaßungen fällt. Und auf Mutmaßungen möchte er sich eigentlich nur in jenen Fällen einlassen, wo ihm der Zugang zu genaueren Kenntnissen verwehrt wurde oder wo er aus Selbstschutzinteresse auf näheres Nachfragen verzichtet hat. Letzteres zu erklären erübrigt sich. Es wird sich aus dem Gang der geschilderten Ereignisse erschließen. Diese aufzuschreiben, schien ihm eine wirksamere Form der Einflussnahme, als der Versuch, bei den Mitarbeitern einer Behörde um Verständnis für seine Art Fragen zu werben, die von ihrem Selbstverständnis her naturgemäß von Zweifeln der

Richtigkeit ihrer Handlungen Abstand nehmen muss. – Den Vorwurf ungenügender Konsequenz oder gar der Feigheit ist er bereit, hinzunehmen.

›Was das wohl werden soll?‹ dachte seiner Mutmaßung nach also die Fischverkäuferin, als sie den jungen Leuten hinterher schaute, nachdem diese die Tür wieder zugezogen hatten und in Richtung Stadtzentrum davongingen, und sie wird sich dabei kaum des kleinen Widerspruchs bewusst gewesen sein, der sich zwischen ihren, vom Äußeren der jungen Leute geprägten Erwartungen und deren Versuch herausgebildet hatte, ein zerbrochenes Fenster mittels eines alten Reklameschildes provisorisch abzudichten. »Delicia tötet Wanzen!« konnte sie jedenfalls nun in einem der Parterrefenster lesen, wenn ihr Blick während des Tages vom Ladentisch aus durch die Schaufensterscheibe auf die Front des gegenüberliegenden Hauses fiel. Das ist verbürgt. Nicht verbürgt ist, dass auch der Abschnittsbevollmächtigte diese Veränderung bemerkte, beziehungsweise, dass sie von den beiden Streifenpolizisten registriert wurde, zu deren täglichen Aufgaben ein Gang durch diese Straße gehörte. Und dass die KWV davon Nachricht erhalten und darin möglicherweise den ersten Ansatz für eine Werterhaltungsmaßnahme zum Schutz gesellschaftlichen Eigentums erkannt hätte, ist unwahrscheinlich. Wie auch hätte sich das in Form von VMI-Stunden[2] abrechnen lassen? Die jungen Leute indessen hatten bei ihrem nicht genehmigten Inspektionsgang einen erstaunlich hohen Grad von Nutzungsfähigkeit des Gebäudes für Wohnzwecke festgestellt. Ja, die Feuchte in den unteren Wänden war nicht zu übersehen, einige Dielen waren morsch, das Treppengeländer

---

2 | Volkswirtschaftliche Masseninitiative (eine weit verbreitete Form der freiwilligen Arbeit in der DDR, die außerhalb der beruflichen Tätigkeit stattfand)

nicht vollständig, Berge von Schmutz überall und durch das Dach regnete es infolge einiger nach Löscharbeiten durch die Feuerwehr nicht wieder korrekt verlegter Ziegel hindurch. Aber die elektrische Anlage, genauer gesagt, das System von Kabeln, Schaltern und Sicherungskästen zur Versorgung der einzelnen Wohnungen mit elektrischer Energie schien erst kürzlich erneuert worden zu sein. Und auch die Toiletten und Waschbecken waren intakt, ebenfalls die Elektroboiler und die Gaskocher; es gab sogar zwei Bäder. Dass das Haus trotzdem nicht mehr vermietbar war, bezweifelten sie nicht. Sie brauchten sich nur vorzustellen, ihren Eltern würde eine Wohnung in einem solchen Haus angeboten. Ihnen aber schien es gerade so besonders geeignet, darin waren sie sich einig, wie sie sich auch in dem Ziel einig waren, mit dem sie sich vor Jahren schon zusammengefunden hatten. Sie wollten Theater spielen, Laientheater. Und waren mit diesem Willen sogar schon recht erfolgreich gewesen. Wovon unter anderem eine Goldmedaille bei den Arbeiterfestspielen[3] und mehre Einladungen zu den Tagen der Jugendtheater zeugten. Das war ohne Einsatzwillen, ohne Leistungsbereitschaft, ohne ein gewisses Maß an Selbstverleugnung wohl kaum zu erreichen gewesen. Der Sohn des Protokollanten zum Beispiel stand während seiner Lehrausbildung in einer anderen Stadt morgens gegen halb vier Uhr auf, fuhr dreimal wöchentlich nach der Arbeit rund vierzig Kilometer mit dem Zug, um an den Proben teilnehmen zu können, kehrte gegen

---

3 | Die Arbeiterfestspiele, 1958 auf dem V. Parteitag der SED beschlossen und zunächst jährlich, ab 1972 alle zwei Jahre, durchgeführt, sollten der Arbeiterklasse die Möglichkeit bieten, die »Höhen der Kultur zu erstürmen«. Bei den Arbeiterfestspielen wurde Laienkünstlern die Möglichkeit geboten, ihr Können bei Theater- und Tanzaufführungen, Kunstausstellungen, Filmen, Kabaretts und Konzerten zu beweisen. Für besonders überzeugende Leistungen wurden Medaillen vergeben.

dreiundzwanzig Uhr nach Hause zurück und stand am nächsten Morgen wieder gegen halb Vier auf. Kaum ein Wochenende ohne Auftritt. Während des Urlaubs Sprecherziehung und Bewegungsunterricht.Nun hatte er die Lehre beendet. Nun war er erwachsen. Nun wollte er den Aufwand verringern, Theaterspielort, Wohnort und Arbeitsort zusammenführen. Eine Arbeitsstelle aber war nur zu haben, wenn ein Wohnsitz am Ort nachgewiesen werden konnte eine Wohnung aber erhielt man nur, wenn man eine Arbeitsstelle hatte. Und nun stand da dieses Haus, unvermietbar wegen gestiegener Ansprüche, und wegen fehlender Baukapazitäten dem Verfall preisgegeben, weil Häuser nur am Leben bleiben, wenn in ihnen gelebt wird. Der Leser wird Beweise dafür selbst benennen können. Es war der Sohn des Protokollanten, der das Reklameschild ins Fenster stellte »Delicia tötet Wanzen!« Denn das Zimmer mit dem kaputten Fenster sollte sein Zimmer werden. Dort wollte er wohnen. Einen Betrieb, in dem so sehr Not am Mann war, dass der Kaderleiter weniger fragte als die Kaderleiter anderer Betriebe, hatte er bereits gefunden. Andere der jungen Leute hatten andere Gründe, in dieses Haus zu ziehen. Thomas, zum Beispiel, war eigentlich gut untergebracht. Ein eigenes Zimmer in der Neubauwohnung seiner Eltern, Fernheizung und Bad. Aber Thomas spielte Kontrabass, wenn er nicht zur Arbeit war. Zur Arbeit aber war er, wenn auch die anderen Leute zur Arbeit waren. Wenn sie zurückkamen, kam auch er zurück. Wann übt so einer im Neubaublock Kontrabass? Babsi hatte Geschwister und außer der Lust Theater zu spielen, den festen Willen, Bildhauerin zu werden. Wo fand sie Raum für Staffelei und Modellierbock? Wo Platz für Ton, Gips und Farben, in einem Sechspersonenhaushalt mit vier Zimmern? Mone schrieb. Sie wollte nicht nur Theater spielen, auch schreiben wollte sie, für das Theater wollte sie schreiben. Drei der Inszenierungen, mit denen die jungen Leute an die Öffentlichkeit getreten waren, fußten auf selbst verfassten Texten. Mone hatte ihren Anteil daran gehabt. Dirk war Soldat auf Zeit, Unterführer bei der Bereitschaftspolizei. Nach dem Wehrdienst wollte er studieren. Deshalb besuchte er außer den Probenabenden die Volkshochschule. Ihm fehlte für eine Bewerbung zum Studium noch das Abitur. Wer lernen will braucht Ruhe. Für untere Dienstgrade gibt es in den Kasernen der Bereitschaftspolizei keine Einzelzimmer. Aber sie haben Ausgang bis zum Dienstbeginn. – Ein Zimmer für Dirk? – Kein Problem in diesem Haus. Andere kamen dazu. Inken mit der Gitarre und Franzi. Auch ein Ehepaar mit Kind. Fred war amnestiert und wollte auf keinen Fall wieder straffällig werden. Kathrin ging mit dem zweiten Kind schwanger. Unterkunft hätten sie nur bei seiner Familie finden können, in einem 12 Quadratmeter großem Zimmer. Aber sein Vater war ein Pflegefall und seine Schwester war dem Alkohol erlegen. Im Haus Ernst-Thälmann-Straße 55 blieben für sie zwei Zimmer mit Bad. Das Misstrauen der Verkäuferin aus dem Fischladen bezüglich der Frage ›Was das wohl werden solle?‹ muss sich in Bestürzung gewandelt haben, als sie da alle anrückten und Möbel und Geschirr und Koffer und Bücher in das Haus trugen. Wie die aber auch aussahen! Einer die Haare bis zu den Schulterblättern, einer ganz kurz. Schnürschuh oder ausgetretene Sandalen. Dazu diese Jeans, natürlich! Und die Mädchen, Kleider, wo man sonst was sehen zu können meinte. Und überhaupt, wer schlief da mit wem? Worauf schliefen sie? Mal kam der mit der, mal die mit dem, und manchmal konnte sie sogar auch sehen, wie zwei der Jungs miteinander davongingen. Als sie dann aber begannen, die Berge von Schutt und Müll aus dem Hof auf einen kleinen Handkarren zu tragen und auf die Mülltonnen in den umliegenden Straßen zu verteilen, und als an den Fenstern zeitweilig Farbspritzer zu sehen waren, wieder weggewischt wurden und dann auch die Rahmen Farbe bekamen, dachte sie wohl: ›Aha, Ordnung machen sie. Und den Dreck auf die Mülltonnen ringsum zu verteilen, das ist zumindest ganz schön pfiffig. Auf so etwas wäre ich nicht gekommen.‹ Auch, dass alle bereits zur Arbeit gegangen waren, wenn sie morgens ihren Laden öffnete, registrierte sie. Und so sagte sie eines Tages: »Also, wenn mich jemand fragt, ich kann nur sagen: Das sind alles ordentliche junge Leute.«

Hatte da jemand gefragt? – Die beiden Streifenpolizisten vielleicht? – Aber die waren ja selbst gekommen und hatten sich umgesehen, ob da nicht möglicherweise ein Unterschlupf für asoziale Elemente entstünde.

Nun ja, hatten sie dabei wohl festgestellt, wie bei Frau Saubermann in Reinholdshagen sieht es nicht gerade aus, aber berufstätig waren alle und eine häufig wechselnde Belegung war auch nicht zu verzeichnen. Es blieben die gleichen Gesichter und die sahen nicht so aus, als müsse man befürchten, dass da eines Tages Flaschen durch die Fenster fliegen würden, ältere Herren mit scheuem Blick und Seidenpapier umwickelten Dessertweinflaschen in abgedunkelte Zimmer huschten, oder die schnelle medizinische Hilfe gerufen werden musste, weil jemand sich bei der Dosis vergriffen hatte; Coffein, Alkohol mit Faustan, Spee mit Cola oder auch Cannabis; ausgesät wie Unkraut in öffentlichen Parks und dann zur rechten Zeit geerntet. – Wer kümmerte sich schon, was da abseits der gepflegten Rabatten wuchs?

Solches also schien nicht zu befürchten, und auch kein Handel mit Gegenständen, deren Herkunft fragwürdig war oder die von krummen Wegen in krumme Wege eingeleitet wurden.

Freundlichkeit deshalb auch von dieser Seite und anerkennende Blicke auf die Veränderungen in Keller und Hof.

Im Juni ging Mone zur KWV.
Welche Pläne es bezüglich dieses Hauses gebe, wollte sie wissen, auf welches Konto die Miete überwiesen werden müsse und wie viel, sowie in welche vertragliche Form ihr Aufenthalt gebunden werden könne? Dass dem um sich greifenden Verfall von Häusern irgendwann einmal Einhalt geboten werden würde, war ja abzusehen. Es gab dafür sogar schon ein den Weg dahin beschreibendes Wort »Rekonstruktionsmaßnahmen«. Und abzusehen war auch, dass dann die Dinge anders liegen würden. Es galt also rechtzeitig zu klären, wer dann wo und wie und was?
Sie wollten ohnehin nur eine Lösung auf begrenzte Zeit. Bei Mones erstem Versuch war der Chef der KWV in einer der vielfältigen Angelegenheiten unterwegs, die ihm zukamen, beim zweiten Versuch, gerade in Urlaub gefahren. Die Sekretärin aber gab Auskunft: »Rekonstruktionsmaßnahmen«, ja, so ein Wort habe sie auch schon mal gehört, aber Worte seien das Eine, das Andere seien die Kapazitäten. Da sehe es übel aus. »Sie wissen ja, Berlin!«[4]
Wo keine Kapazitäten sind, sind auch keine Rekonstruktionsmaßnahmen. Und überhaupt stehe dieses Haus schon auf dem Abrissplan.
»Abriss? – Wieso denn Abriss?«, protestierte Mone darauf. Da müsse ja die ganze Straße weg. Kein Haus, an dem der Putz nicht bröckle, und wenn man auf die Höfe ging... Die DEFA brauche jedenfalls nicht erst nach Amerika zu fahren, wenn sie eine Gangsterstory drehen wolle. Die Kulissen dafür wären hier leichter zu finden.

---

[4] | Ab 1976 wurde vom Politbüro der SED beschlossen, das Problem des Wohnungsmangels in der DDR zunächst in Berlin zu lösen. Wofür die anderen Bezirke ihre eigenen Pläne zurückzustellen und Material und Arbeitskräfte für den Wohnungsbau nach Berlin zu schicken hatten.

»Nun ziehen Sie mal nicht solche unhaltbaren Vergleiche«, wurde ihr darauf Bescheid gegeben, »Das sind ganz andere Verhältnisse dort. Und überhaupt, die Experten haben festgestellt: Rekonstruktion nicht unter einer viertel Million. Da kommt man mit Abriss und Neubau nicht einmal auf die Hälfte.«

Über dieses Gespräch gibt es keine Aktennotiz. Aber es löste Aktivitäten aus.

Experten, die für Ämter arbeiteten, wussten die jungen Leute, erarbeiteten ihre Expertisen nach den Vorstellungen, die dort gewünscht waren. Und gewünscht war, nichts tun zu müssen, da es ohnehin keine Möglichkeiten gab, das, was getan werden musste, tun zu können. Also zogen die jungen Leute eigene Experten heran. Es gab auch welche, die nicht für Ämter arbeiteten und einen Blick hatten für jene schwer zu messende Größe, die sich hinter jugendlicher Unbekümmertheit verbirgt. Wer noch nicht gelernt hat »Was springt denn raus?« zu fragen, bevor er einem Ertrinkenden zu Hilfe eilt, der fragt auch nicht, wie der Ertrag zu teilen ist, wenn eine Saat gemeinsam ausgebracht wird. Der empfindet einfach Lust, wenn unter den eigenen Händen etwas wächst. Da rangiert der Spaß am gemeinschaftlichen Tun noch vor dem Blick zur eigenen Tasche.

Für diese unwägbare Größe also hatten die Experten der Jugendlichen ein Gespür. Vielleicht, weil sie noch selber zu den Jugendlichen zählten oder jung geblieben waren, trotz vorgerückten Alters.

Sollten sie deshalb weniger glaubwürdig sein?
Was stellten sie fest?

Die Feuchte in den Wänden, ja, das war ein nicht zu unterschätzendes Problem! Aber nun war ja der Abfluss für das Regenwasser wieder frei. Die Wände würden also wieder trocknen mit der Zeit. Die grauen Flecken am Mauerwerk,

das war nicht Schwamm, das war ein Schimmel, der würde verschwinden, wenn die Feuchte verschwand. Das Dach, kein unlösbares Problem. Ein Provisorium, gewiss, wenn man zunächst die Ziegel richten würde. Aber wenn Rekonstruktion, dann immer straßenzugweise, anders kam das gar nicht ins Programm. Bis dahin aber ging das schon. Und ein Dachdecker, ebenfalls noch jung, gehörte zu den Freunden.
Komplizierter sah es mit dem Schornstein aus. Der hatte einen Riss. Doch gab es Lösungen inzwischen, die billiger waren als Abriss und Neuaufbau. Da würde man sich kümmern. Wer eine viertel Million veranschlage, der müsse eigentlich bestraft werden.
Darüber ging der Sommer hin.
Im September berieten die jungen Leute ihre weiteren Schritte. Das Urteil Abriss war nicht einzusehen. Dagegen musste etwas unternommen werden, allein schon, weil ein Haus zwischen Häusern, das dem Verfall preisgegeben ist, wie ein Krebsgeschwür in einem Organismus sitzt. Die Krankheit greift um sich. Weiterer Verfall setzt ein. Das Dach also, der Schornstein, das musste sein. Daran kamen sie nicht vorbei. Der Winter stand vor der Tür.
Aber überstieg das nicht ihre Möglichkeiten?
Auf Toto-Lotto war nicht zu bauen, auch nicht auf Sonderwette oder Glücksrakete, von Erbschaft ganz zu schweigen. Aber es gab die FDJ[5]. Die tönte stets von jugendlichem Leistungswillen, von Tatendrang und Schaffenskraft. Konnte nicht von dieser Seite Hilfe kommen? Immerhin, sie waren alle FDJ-Mitglieder, und eine Aufbauinitiative gab es auch.
Ein Brief wurde also verfasst. – Da sind wir, eine Gruppe junger Leute, FDJ-Mitglieder alle, leistungswillig und in den Ansprüchen nicht zu hoch hinaus, und da ist das Haus. Das

5 | Jugendorganisation der DDR

möchten wir uns ausbauen. Sagt uns, wie weiter? Wer hilft uns? Wie ist der Weg?
Die Eingabenordnung wurde eingehalten. Die Antwort kam im vorgeschriebenen Zeitraum: Kommt, beraten wir gemeinsam, was zu tun ist.
Alle gemeinsam, das wird ein unübersichtliches Palaver, entschieden die jungen Leute. Besser wird sein, es gehen nur zwei, Mone und Dirk. Die haben den klarsten Blick.
Am 3. Oktober, vier Tage vor dem Republiksgeburtstag, war es so weit. Und dass die Besprechung für neunzehn Uhr abends angesetzt war, ist wohl weniger als Ausdruck der Rücksichtnahme auf die Arbeitszeit der jungen Leute anzusehen, sondern mehr als Nachweis für die Länge der Arbeitstage politischer und staatlicher Funktionäre im Land.
Außer Dirk und Mono waren zugegen: Der erste Sekretär der FDJ-Bezirksleitung, der Stadtrat für Wohnungspolitik, der Leiter der KWV, Mones Betriebsleiter und ein Vertreter der FDJ-Stadtleitung.
Ja, berichteten Mone und Dirk anschließend, sie hätten zwar einen recht fragwürdigen Ansatz für ihr Unternehmen gewählt, wäre ihnen gesagt worden, aber ihr Wunsch nach einem eigenen Nest verständlich. Selbst habe die FDJ keine Mittel, aber man werde prüfen, welche Möglichkeiten sich finden ließen. Eine Kooperation der Betriebe aller Beteiligten erschiene ein denkbarer Weg. Man werde das angehen. Sie waren sehr hoch gestimmt an diesem Abend, und auch der Protokollant, der vom Ergebnis dieser Beratung erfuhr, freute sich.
Was sich da aber auch für Folgerungen andeuteten. Jugendlicher Leistungswille sah sich ernst genommen. Es wurde anerkannt, dass da welche nicht einfach nur hocken blieben und warteten, bis ihnen wer ein gemachtes Nest servierte, dass sie selbst etwas tun wollten, nach ihrem Maß, nicht nach

dem Maß der Ansprüche, die sich sonst an den Begriff Wohnung banden. Das nämlich hatte sich inzwischen als Kehrseite des Programms herausgestellt, das Wohnungsproblem bis zum Jahr Neunzehnhundertneunzig durch den industriellen Neubau von Wohnungen zu lösen. – Befriedigte Bedürfnisse rufen neue Bedürfnisse hervor. Wer will sich noch bescheiden mit Kohleofen, Hinterhaus und Toilette auf der halben Treppe, wenn anderen anderes zugestanden wird? Die jungen Leute wären schon zufrieden, wenn das Dach dicht wurde, und im Hausflur statt der morschen Dielen Faserplatten auf die Balken kämen. Bindung würde wachen. Was unter eigenen Händen entsteht, werden die eigenen Hände auch erhalten wollen. Ein Experiment, ein Leitbild vielleicht sogar als Weg, wie solche, die sich schon abgewendet haben, die nur noch sich sehen, über die Runden kommen wollen und sonst nichts, – und derer werden mehr, wie wir erschreckt bekennen müssen – wie solche also wieder zu gewinnen wären. Wann und wie sich der Sinneswandel bei denen vollzog, die an der Beratung teilgenommen hatten und nicht Dirk und Mone hießen, entzieht sich der Kenntnis des Protokollanten. Der Vergleich Hamburg, Hafenstraße fiel jedenfalls bereits am nächsten Tag.
Fred wurde zu seinem Betriebsleiter gerufen. An seinem Beispiel und dem seiner Frau – der Leser erinnert sich: – Er amnestiert im Jahr zuvor, sie schwanger mit dem zweiten Kind. Eine Bleibe nur in einem halben Zimmer. Der Vater ein Pflegefall, die Schwester Trinkerin. Und wenn Fred trinkt, verliert er die Kontrolle über sich. – An seinem Beispiel also hatten Dirk und Mone nachgewiesen, was für ein soziales Problem unter anderem zu lösen wäre. In der Gruppe akzeptierte Fred, wenn gesagt wurde: »Du hältst dich von der Flasche fern.« Im Arbeiterwohnheim, wohin er vor dem Zuhause mit der trinkenden Schwester ausgerissen war, hatte

die Flasche zum täglichen Freizeitprogramm gehört. Und der Flasche wegen war er auch verurteilt worden, wegen Rowdytums.

Nun wurde er zu seinem Betriebsleiter bestellt. Der beschimpfte ihn als Hausbesetzer, verglich die Thälmann- mit der Hafenstraße und verwies darauf, dass der Weg zurück hinter Gitter nicht nur über eine Schlägerei zu finden wäre. Aber als Amnestierter verstand Fred einer Verordnung, einer Verordnung, die nicht nur ihn, sondern auch die gesellschaftlichen Kräfte forderte. Er war wieder einzugliedern in das soziale Gefüge. Das war rechenschaftspflichtig höheren Orts. Deshalb wurde Fred anschließend zum Stadtrat für Wohnungspolitik geschickt. Auch dort Schelte. Auch dort der Vergleich mit einem Unternehmen völlig anderen Charakters, und der Hinweis, dass ein Strafantrag wegen unberechtigten Bezugs von Wohnraum die Aussetzung seiner Strafe auf Bewährung aufheben würde. Zugleich aber das Versprechen, dass ihm in Kürze eine Wohnung zugewiesen werde.

Und schon eine Woche später hatte er sich zwischen drei Angeboten zu entscheiden. Dazu zählte eine Dreiraum-Altbauwohnung mit Bad. Diese nahm er.

An dem Gespräch, zu dem der Stadtrat am 12. Oktober eingeladen hatte, nahm er indessen noch teil. Auch der Protokollant erschien. Er war zwar nicht eingeladen, aber er hatte von dem Gespräch erfahren, und weil er glaubte, der geschilderte Sinneswandel könne nur auf einem Irrtum beruhen, hoffte er, nötigenfalls um Verständnis für die lauteren Motive der jungen Leute werben zu können.

Auch Babsis Vater kam ungeladen. Ihn trieb die Sorge, sie könne durch ein neuerliches bedrückendes Erlebnis zu einer irreparablen Handlung getrieben werden. Einer ihrer Brüder hatte sich Wochen zuvor in einem Anfall von Depression das Leben genommen.

Außer diesen beiden Vätern erschien noch uneingeladen einer der Experten, den die jungen Leute um Rat gefragt hatten. Eingeladen dagegen ein Vertreter aus jedem der Betriebe, in denen die jungen Leute arbeiteten, der Leiter der KWV und zwei Mitarbeiter der FDJ-Bezirksleitung.
Die Beratung begann mit einer Anwesenheitskontrolle, und dabei kam es zu einem ersten Streit.
Der Stadtrat wollte den Experten der Jugendlichen nicht akzeptieren.
»Wir wollen doch hier nicht zwei Parteien aufmachen«, argumentierte er. Aber weil der Experte nachweisen konnte, dass er auch oftmals im Auftrage der KWV arbeite, durfte er bleiben.
»Oder meinen Sie, mein fachlicher Rat könnte bei diesem Gespräch nicht von Nutzen sein?«
Auch Babsis Vater durfte bleiben. »...und Bausachverständiger!« hatte er gesagt. Weshalb auch der Protokollant sich entschloss: »und«, zu sagen: »Und Schriftsteller, von denen immer wieder gefordert wird, sich nicht den Realitäten des Lebens zu verschließen.«
»Ich habe weder Presse noch Schriftsteller eingeladen«, wurde ihm geantwortet. »Und über die Realitäten kann Sie dann ihr Sohn informieren.«
»Und wann wären Sie bereit, mir Informationen über Ihre Sicht auf die Realitäten zu geben?« »Behindern Sie mich nicht in meiner Arbeit.«
Die Behinderung der Tätigkeit staatlicher Organe konnte laut Strafgesetzbuch, Paragraph einhundertvier, ungünstigstenfalls als Sabotage angesehen werden. Und außerdem hatte ihm der Satz: »Wir wollen doch hier keine zwei Parteien aufmachen.« deutlich genug gesagt, dass der Stadtrat keinesfalls bereit sein würde, sich mit Argumenten auseinanderzusetzen, die nicht seiner vorgefassten Entscheidung dienlich waren.

Deshalb kann er sich bei seinem Bericht über dieses Gespräch tatsächlich nur auf die Darstellungen seines Sohnes beziehen. Diesen nach erklärten aufeinanderfolgend alle Vertreter der Betriebe, dass keine Möglichkeiten gesehen würden, das Vorhaben der jungen Leute zu unterstützen. Die Vertreter der FDJ-Bezirksleitung deuteten an, dass eine Übergabe des Hauses Ernst-Thälmann-Straße 55 als Jungendobjekt wohl erwogen werden könne, Voraussetzung aber wäre, dass es frei gezogen sei, denn Partner eines solchen Jugendobjekts könnten, bis auf eine Ausnahme, nicht die anwesenden Jugendlichen sein, da ihnen allen, bis auf eine Ausnahme für die Stadt kein Wohnrecht zustehe. Der Leiter der KWV dagegen räumte ein, dass er bereit sei, mit einer Jugendgruppe einen Kommunalvertrag abzuschließen und auch Eigenleistungen im Rahmen der betrieblichen Möglichkeiten zu stützen, doch brauche er dazu die Zustimmung des Stadtrats für Wohnungspolitik. Dieser jedoch schloss eine solche Zustimmung aus, wies dagegen nochmals auf den unberechtigten Bezug des Wohnraumes hin, auf das nicht vorhandene Wohnrecht, und forderte die Räumung des Hauses bis zum Mittwoch, dem neunzehnten Oktober. Andernfalls werde er staatliche Zwangsmaßnahmen ergreifen lassen. – »Wir werden so etwas gar nicht erst einreißen lassen. Das ist ohnehin schon Gesprächsstoff für die halbe Stadt.« »Wenn das ohnehin schon Gesprächsstoff für die halbe Stadt ist«, antwortete ihm daraufhin Dirk, – Bereitschaftspolizist und Mitglied der SED, »dann können Sie aber auch damit rechnen, dass Leute kommen und fotografieren, wenn Sie uns gewaltsam raussetzen wollen.« Worauf ihm entgegnet wurde: »Dann überprüfen Sie mal ihren parteilichen Standpunkt.« Den habe er überprüft, antwortete er: »Und ich muss Ihnen sagen, dass von diesem Standpunkt aus Ihre Entscheidung für uns nicht akzeptabel sein kann.« Es werden viele Zigaretten geraucht an diesem Abend des 12. Oktober in der Ernst-Thälmann-Straße 55 und noch waren alle entschlossen, nicht einfach aufzugeben, weiterhin die Lauterkeit ihren Anliegens zu verfechten, Verbündete zu suchen, die Möglichkeiten der sozialistischen Demokratie zu nutzen. Wo aber fand man Verbündete? Von ihrer Organisation waren sie im Stich gelassen worden. Sollte man an die Zeitung schreiben? An welche? Es lag nicht an den Jugendlichen, wenn sie auf diese Frage keine Antwort fanden. Gewiss, es gab beim Fernsehen eine Sendereihe, die setzte sich manchmal kritisch auseinander. Aber es war eben nur eine. Und für diese gab es bestimmt wichtigere Anlässe als die Enttäuschung von ein paar jugendlichen Laientheaterfreunden, die zudem noch mit ihrer Arbeit in einer Krise steckten. Ansprüche und Möglichkeiten waren auseinandergedriftet. Sie brauchten einen Neuansatz. Vielleicht hätten sie ihn beim gemeinschaftlichen Leben und Wohnen gefunden. Aber in solcher Bedrängnis? Fünftausend Mark Strafe waren ihnen in Aussicht gestellt worden, plus einer Wasserrechnung von achthundert Mark. Einen defekten Wasserhahn, der strömend lief, hatten sie erst nach dem Einzug auswechseln können. Erste Zweifel also auch. Und am Morgen war dann wieder jeder mit seinen Gedanken für sich. Babsi war eine Lösung für ihr Problem zugesagt worden. Fred und Kathrin hatten ihre Wohnung, Thomas sein Zimmer bei den Eltern im Neubau, Franzi und Inken konnten bei Freundinnen unterkommen. Dirk unterstand einem anderen Strafgesetz. Er konnte sogar in die Lage kommen, das Räumungskommando befehligen zu müssen. Der Sohn des Protokollanten interessierte sich schon länger für Pantomime. Pantomimengruppen gab es in Berlin. In Berlin verglich man nicht so schnell eine Thälmann- mit der Hafenstraße. Blieb Mone. Sie wollte weiter Theater spielen, Laientheater. Notfalls auch ganz neu anfangen. Und schreiben wollte sie.

Wohnrecht stand ihr zu, weit weg, auf einem kleinen Dorf, bei ihren Eltern. Eine Zugverbindung gab es nicht. Und die Busse fuhren in andere Richtungen.
Sie hatte sich am festesten in diesem Haus eingerichtet. Alle ihre Bücher hatte sie dort schon hingebracht, ihre Schränke und die Stereoanlage. Wo sollte sie hin damit, wenn sie nicht bleiben durfte?
Am Nachmittag dann hatte der Sohn des Protokollanten eine seltsame Begegnung. Zwei Männer setzten sich in dem Café, in dem er auf ein Mädchen wartete, an seinen Tisch. An seinen Tisch, obwohl andere Tische frei waren, und bestellten sich Kaffee.
»Hat ja wohl nicht so geklappt, wie die sich das dachten mit dem Haus«, sagte dann der eine zu dem anderen. »Das wäre ja auch noch schöner, den Staat unter Druck setzen wollen!« Und der andere antwortete: »Am Sonnabend schlagen wir zu.«
Mone dagegen konnte einen Mann beobachten, der in das Haus kam, den Flur durchschritt, auf den Hof ging und sich lange umschaute. Dann stieg er zu einem zweiten Mann in ein Auto und fuhr davon.
Anderntags saßen Inken, Babsi und der Sohn des Protokollanten in der Gaststätte, in der sie sich immer zum Mittagessen trafen, als sich ein junger Mann an ihren Tisch setzte, der eine recht ungewöhnliche Art zu lesen hatte. Er schlug sein Buch auf, schaute eine Weile intensiv hinein, blickte sich danach wie suchend im Raum um, schlug dabei versehentlich das Buch zu, und als er das bemerkte, schlug er es wieder auf, allerdings an einer sichtbar anderen Stelle als an der, an der er es vorher aufgeschlagen hatte, und schaute wieder angestrengt hinein. Und als der Sohn des Protokollanten ihn fragte, ob er immer auf diese erstaunliche Weise lese, erklärte er, das Buch bereits gelesen zu haben, schlug es zu, und ging davon, ohne den eben servierten Aperitif ausgetrunken zu

haben. Die beiden Streifenpolizisten indessen kamen nicht mehr in das Haus um nachzusehen, ob die Gesichter die gleichen geblieben seien, kontrollierten aber stattdessen die Ausweise eines jungen Paares mit Fotoapparat, das eng umschlungen durch die Straße in Richtung Stadtzentrum schlenderte. Während die Fischverkäuferin weiter erklärte: »Also, wenn mich jemand fragt, ich kann nur sagen, das sind alles ordentliche junge Leute.«

Dann kam der Sonnabend.

Die jungen Leute beobachteten inzwischen mit misstrauischen Blicken jeden älteren Herrn mit Diplomatenkoffer und jeden jüngeren mit Bundjacke, der durch die Straße ging. Und wenn an einem der Fenster des gegenüberliegenden Hauses die Gardinen wackelten, sprachen sie leiser.

Sie hatten sich in Mones Zimmer zusammengefunden. Dort war es am wärmsten, dort war es am gemütlichsten, dort waren sie auch auf die Idee gekommen, sich an die FDJ-Bezirksleitung um Hilfe zu wenden.

Sie würden sich selbst mit ihrem Verhalten in Panikstimmung bringen, meinten die einen, als sie da zum wiederholten Male ihre Lage erörterten und dabei ihre Blicke immer wieder zu den Fenstern des gegenüberliegenden Hauses wandern ließen, während die anderen sarkastisch entgegneten: »Ihr wisst wohl nicht, wo ihr lebt?«

Bis zum Mittag jedoch geschah nichts Außergewöhnliches.

Am Nachmittag aber wurde dem Sohn des Protokollanten der Stereorecorder und eine Box des Plattenspielers gestohlen. Das geschah so: Mitten in einem der erregten Gespräche hörte jemand im Parterre die Haustür klappen und weil sich daraufhin nichts tat, ging er nachschauen.

Da stand ein Mann, der weder den Diplomatenkofferträgern noch den Bundjacken mit Handtäschchen zuzuordnen war, am Fuße der Treppe und fragte, ob Klaus da sei.

»Was für ein Klaus?«
»Na, Klaus!«
»Hier gibt es keinen Klaus.«
»Nicht? – Wirklich nicht?«
»Nein.«
»Na, dann...«
Und wieder klappte die Haustür.
Aber der Mann ging nicht davon, sondern blieb auf der anderen Straßenseite stehen und schaute herüber.
Das gab dem Streit der Meinungen neue Nahrung. Hingehen und fragen, was das solle, forderten die einen, während die anderen die wachsende Hysterie bespöttelten.
Da klappte erneut die Haustür, und als alle zum Fenster sprangen, sahen sie, dass der Mann verschwunden war. Also warteten sie, täuschten angeregtes Gespräch vor, und nachdem leise eine der Treppenstufen geknarrt hatte, sprang einer zur Tür, riss sie auf und fand einen Mann in lauschender Haltung davorstehen.
Ob er Klaus sei, fragte er den und er antwortete verwirrt: Ja, so heiße er auch manchmal.
Dann aber erklärte er, er komme im Auftrage der Volkssolidarität und sammle Geldspenden. Sogar eine entsprechende Liste wies er vor. Und weil sich das Misstrauen und die Ironie über die zunehmenden Ängstlichkeiten noch die Waage hielten, bekam er eine Mark und fünfzig Pfennige. Nachdem er aber die Treppe wieder hinabgestiegen war, blieb das Klappen der Haustür aus, und als es nach langem, angestrengtem Lauschen dann doch zu hören war, die Straße vor dem Haus jedoch leer blieb, gingen zwei im Treppenflur nachschauen.
Da stand wieder der erste Mann und behauptete, er habe diesen Klaus doch in das Haus gehen sehen.
»Aber wo soll er denn sein?« wurde er gefragt. »Oben bei uns ist kein Klaus und hier unten ist alles verschlossen.«

Es wurde sogar, dies zu beweisen, auf die Türklinke der Parterrewohnung gedrückt.
Da ging der Mann schließlich und blieb auch nicht mehr auf der gegenüberliegenden Straßenseite stehen. Eine halbe Stunde später aber, als der Sohn des Protokollanten nach unten ging, um ein paar Schallplatten zu holen, fand er die Wohnungstür unverschlossen und sein Stereorecorder und eine Box des Plattenspielers fehlte.
Das ist der Versuch, uns gegeneinander auszuspielen, schlussfolgerten nun die jungen Leute. Wenn wir den Diebstahl anzeigen, wird man zunächst einen von uns verdächtigen. Verhöre, Durchsuchungen, Fragen. Wie kommen Sie in dieses Haus? Wie lange wohnen Sie schon hier? Warum sind sie nicht gemeldet? Wer führt das Hausbuch? Unkenntnis schützt nicht vor Strafe. Die Meldeordnung gilt für jeden Bürger unseres Landes.
Eine Anzeige des Diebstahls blieb jedenfalls aus.
»Es gibt nur zwei Wege«, argumentierte der Protokollant, als er von diesen Ereignissen erfuhr: »Entweder, ihr kommt der Aufforderung, das Haus zu räumen, nach, und versucht trotzdem, Partner zu finden, die bereit sind, euer Anliegen zu unterstützen. Dirk, zum Beispiel kann sich um ein Gespräch mit dem ersten Sekretär der Bezirksleitung seiner Partei bemühen. oder, ihr lasst es auf eine Kraftprobe ankommen. Dann müsst ihr allerdings damit rechnen, dass ihr mehr und mehr auf eine Position gelangt, die eurem eigentlichen Anliegen entgegensteht. Eure Entscheidungen werden immer irrationaler, Zorn wird wachsen, die Unfähigkeit, eigene Handlungen kritisch zu sehen. Kraft holt ihr euch dann von Leuten, die ihr früher skeptisch gesehen habt. Und am Ende steht ihr gegen etwas, was ihr eigentlich verteidigen wolltet. – Ich schlage vor, zieht aus, setzt euch hin, schreibt Eingaben, fordert Gespräche, erzwingt das weitere Nachdenken, genaueres

Nachdenken. Macht ein Zugeständnis, aber gebt nicht auf. – Aber das ist nur ein Vorschlag. Entscheiden müsst ihr selbst. Ihr seid erwachsen.«

Am Montag, dem 17. Oktober blieb der Fischladen geschlossen, wegen Urlaubs, wie auf einem Schild an der Eingangstür zu lesen war. Genehmigt: Rat der Stadt, Abteilung Versorgung.

Auch in der Tischlerei hinter dem Haus wurde nicht gearbeitet. Man konnte die stillen Produktionsräume hinter der Mauer sehen, die den Hof begrenzte. Über diese schauten indessen mehrmals am Tag zwei Männer, die nicht zum Personal der Tischlerei gehörten.

Mone bekam eine Vorladung zu einem Gespräch.

Bei welcher Institution dieses Gespräch stattfinden sollte, will der Protokollant hier auslassen. Es gehört nicht zu den Gewohnheiten dieser Institution, die Formen ihrer Arbeit öffentlich zu machen. Außerdem fand das Gespräch nicht statt. Es passe zeitlich nicht, wurde erklärt, als Mone sich aufforderungsgemäß meldete, sie solle am nächsten Tag wiederkommen. Aber auch am nächsten Tag passte es nicht.

Am Haus neben dem Fischladen, das ebenfalls nicht mehr vermietbar war, fuhr am Nachmittag ein Polizeiauto vor. Mehrere Polizisten stiegen aus, gingen in das Haus. Das Auto fuhr wieder davon. Ein zweites Auto fuhr vor. Wieder stiegen Polizisten aus, wieder fuhr das Auto davon.

Wann die Polizisten dieses Haus wieder verließen, beobachteten die Jugendlichen nicht, sie gingen anderen Interessen nach. Aber als sie anderntags nachschauen gingen, standen zwei Bettgestelle in einem der Zimmer, der Fußboden war gereinigt und der Kot, den sie bei vorherigen Einblicken in dieses Haus an den Wänden bemerkt hatten, war entfernt.

Am Dienstagvormittag kam ein Mann im Arbeitskittel. Der wollte im Haus der jungen Leute die Elektroboiler ausbauen.

Das verwehrte ihm Mone mit dem Hinweis, dass es ihr ihre Verantwortung gegenüber dem gesellschaftlichen Eigentum verbiete, tatenlos zuzusehen, wie irgendwer irgendetwas aus diesem Haus entferne. Schließlich solle es, laut Erklärung der FDJ- Bezirksleitung, zum Jugendobjekt erklärt werden.
Zwei Stunden später kamen zwei Männer im Berufskittel. Die wiesen einen Auftrag der KWV vor: »Bergen von Elektroboilern aus ungenutzten Wohnungen, da im Handel zur Zeit nicht erhältlich.«
Ob sie wüssten, was sie da wirklich täten, wurden sie gefragt, und ob man ihnen die Boiler zeigen solle, die einer der jungen Leute im Auftrag des Großhandelskontors für Haushaltwaren täglich an Kaufhallen und Fachgeschäfte ausliefere?
»Wir führen auch nur Befehle aus.« Und im Übrigen würden ab Mittwoch auch Energie, Wasser und Gas abgestellt. Nur, dass sie Bescheid wüssten.
Am Montag waren Fred und Kathrin ausgezogen. Am Dienstag verließen Thomas, Franzi und Inken das Haus. Auch der Sohn des Protokollanten lud Bett und Tisch und Koffer auf den Hänger des PKW Trabant. Dirk hatte Ausgangssperre, auch in der Zeit, für die ihm vom ersten Sekretär der Bezirksleitung der Partei ein Gespräch zugesagt worden war. Ihm drohte ein Parteiverfahren, wie Mone von ihm telefonisch erfuhr, auch die Entlassung aus dem Dienst in Unehren. Vorwurf unter anderem: Nicht gemeldeter Kontakt mit einer Person, die einen Ausreiseantrag gestellt hat.
Mone blieb.
Sie blieb noch nahezu einen Monat mit ihren Büchern und den Schränken und der Stereo-Anlage. Und sie blieb mit ihrer Hoffnung, Theater spielen zu können, Laientheater, und zu schreiben und verstanden zu werden.
In diesem einen Monat wurde sie mehrmals von Polizisten aufgesucht, auch nachts. Einmal wurde das Schloss der Haus-

tür gewechselt, während sie zur Arbeit war, und sie hatte Mühe, von der KWV einen Schlüssel zu bekommen.

Einmal, als sie wegen einer Erkältung krankgeschrieben war, wurde sie von einem dieser Besucher als Simulant bezeichnet und einer äußerte mit hochgezogenem Mundwinkel, dass sie ja noch jung sei und daher fünf Jahre Staatsgewahrsam unbeschadet überstehen könne. Und einmal, als sie nach einem solchen Besuch die Toilette aufsuchen wollte und, wie gewohnt, mit der rechten Hand hinter der Tür nach dem Schalter für das Flurlicht tastete, waren da nur noch zwei Drähte. Später wurden dann Gas und Strom und Wasser abgeschaltet. Da zog auch sie aus.

Ziel der eingeleiteten Maßnahmen sei es gewesen, keine Gesetzesverletzungen zuzulassen und eine Gefährdung von Menschenleben durch den defekten Schornstein zu verhindern, erklärte der Stadtrat für Wohnungspolitik dem Protokollanten, als er ihn schließlich doch zu einem Gespräch empfing, und ein ranghöherer Vertreter des gleichen Aufgabenbereichs ergänzte: »Initiative muss dort entwickelt werden, wo sie hingehört.«

Auf die Mitteilung, dass Mones eine Woche nach ihrem Auszug erfolgter Suizidversuch, nur unter Einsatz der Schnellen Medizinischen Hilfe verhindert werden konnte, wurde in diesem Gespräch nicht eingegangen.

Geschrieben im Frühjahr 1988. Wegen der Entwicklungen, zu denen das Versprechen von blühenden Landschaften geführt hat, in die Schublade geschoben. In diese Sammlung aufgenommen, weil der Vergleich mit den Vorgängen um die Häuser in der Mainzer Straße von Berlin (1990), die Häuser in der Liebigstraße 14 und 34 (1990 - 2011), die der Rigaer Straße 94 (1990 - 2021) und andere der »linksradikalen Szene« zugerechneten Wohnprojekte gleicher Art sichtbar werden lässt, was da wirklich zum Blühen gekommen ist.

Bau des Jahrhunderts

Die Bezeichnung Bau des Jahrhunderts für die zwischen 1975 und 1979 gebaute Erdgasleitung von Orenburg am Ural bis zur Westgrenze der UdSSR, – in der DDR Drushba-Trasse genannt – stammt, soviel ich weiß, von Berthold Beitz, seinerzeit Aufsichtsratsvorsitzender im Krupp-Konzern und einer der Architekten der von Willy Brand verfolgten »neuen Ostpolitik«. Und er wollte wohl mit diesem Begriff nicht nur die bislang einzigartige Dimension des Vorhabens verdeutlichen (ein 2750 Kilometer langer Strang von Rohren mit einem Durchmesser von 1,43 m) sondern auch die bis dahin einmalige wirtschaftliche Verflechtung der am Bau beteiligten und von ihm profitierenden Länder (die UdSSR, Ungarn, Polen, die CSSR, die DDR und nicht zuletzt die BRD, in die der größte Teil des darin transportierten Erdgases bis heute geleitet wird). Und es ist bezeichnend, dass es schon damals heftigste Versuche seitens der USA gab, die Bundesrepublik zu veranlassen, die Zulieferer für die Sicherung ihres zunehmenden Energiebedarfs in anderen Regionen zu suchen als gerade im befeindeten Osten. Und es war Helmut Schmidt, der die entsprechenden Interventionen des damaligen USA-Präsidenten Jimmy Carter mit den Worten zurückwies: »Wer Handel miteinander treibt, schießt nicht aufeinander.« Und bezeichnend ist auch, dass, obwohl sich diese Auffassung unzweifelhaft bewährt hat, auch heute noch versucht wird, das Ganze als Jahrhundertbetrug darzustellen oder wenigstens kleinzureden. Denn dem großen Bruder in Moskau sei es weniger um Freundschaft, als um nüchterne ökonomische Erwägungen gegangen. Allein hätte er das gigantische Bauvorhaben nicht stemmen können und der größte Teil des Erdgases sei sowieso für den Westen vorgesehen gewesen. Gas gegen Devisen für die eigene Wirtschaft also. Und die

von der DDR-Propaganda als »Revolutionäre im Blauhemd« und »Helden der Arbeit« gefeierten jungen Leute wären eher von der Aussicht auf überdurchschnittlich gute Bezahlung angezogen gewesen und der Chance, ein Abenteuer zu erleben. Aber die romantischen Vorstellungen von Exotik und Abenteuer seien schnell von der rauen und entbehrungsreichen Wirklichkeit eingeholt worden.
Als ob, wer sich in Schottland, Norwegen oder Amerika entschließt, auf einer Bohrinsel oder in einem Wüstencamp in Texas zu arbeiten, nicht auch mit der Aussicht auf gute Entlohnung gelockt wird. Der Unterschied besteht nur darin, dass deren Tun nur dann ins öffentliche Bewusstsein gerät, wenn der Fehler eines Einzelnen eine Katastrophe auslöst. Geschweige, dass ihnen gesellschaftliche Anerkennung zugestanden würde. – Prämien, Orden, Staatsempfänge – Und war es nur raue Wirklichkeit, bei 35° unter null in einem Zelt zu hocken und Rohre zusammenzuschweißen, statt den Brenner in den Schnee zu schleudern, oder einen bis über die Achsen im Schlamm versunkenen Schlepper nicht einfach weiter wegsacken zu lassen, sondern nach Möglichkeiten zu suchen, ihn wieder freizubekommen? Waren das nicht vor allem Herausforderungen, an denen man sich selbst erfuhr? – Abenteuer also?
Selbst ein Jahr lang als Tiefbauarbeiter an diesem Unternehmen beteiligt, darf ich mich wohl als kompetenterer Chronist dessen sehen, was da mit den jungen Leuten vorging, die sich entschlossen hatten, an diesem Abenteuer teilzunehmen, wovon sie sich leiten ließen und womit sie sich auseinanderzusetzen hatten.
Mit den folgenden in dieser Zeit entstandene Geschichten habe ich versucht, etwas davon nachvollziehbar werden zu lassen.

Samogon

Das Wort besteht aus zwei Teilen, Sam, gleichbedeutend mit selbst, und Ogon, das Feuer. Selbstfeuer. Aber in dieser Übertragung ergibt es keinen Sinn. Man muss nach einer anderen Deutung suchen. Da wäre die Eigenschaft des Feuers, heiß zu sein oder brennend, selbst brennend etwa oder selbst gebrannt. – Selbstgebrannter also.
Samogon ist selbst hergestellter Schnaps, meist mit einem Gehalt von siebzig Teilen Alkohol auf hundert Teile Flüssigkeit. Herstellung und Handel damit stehen unter Strafe. Auch der Käufer macht sich strafbar.
Jeder Ukrainer kannte die recht empfindlichen Strafen, die beim Verstoß gegen die den Samogon betreffenden Gesetze drohten. Jeder Ukrainer wusste aber auch, wo er einen Liter oder zwei auf die Schnelle zu kaufen bekam, und sollte es nachts halb zwei sein.
Das Wort kannten die Trassenbauer aus der DDR meist schon, bevor sie in die Ukraine reisten. Es war ihnen auf den Einweisungslehrgängen begegnet, ausgesprochen von beinahe jedem der Lektoren und mit warnendem Aspekt. Das Strafmaß benannten sie, das die Gesetze der Ukraine für Verstöße gegen das Verbot vorsahen, drohten mit einer sofortigen Zurückführung in die Heimat, wegen einer Schädigung des Ansehens der Freundschaftsbande, und erwähnten die Möglichkeit, nach dem Genuss das Augenlicht zu verlieren, wenn bei der Herstellung ungeeignete Grundstoffe verwendet worden waren.
In der Ukraine angekommen, verging dann für die meisten

kaum eine Woche, bis sie dem hochprozentigen Wässerchen zum ersten Mal begegneten.
Sei es, dass sie aufgefordert worden waren, Platz zu nehmen, sonntags, beim Spaziergang durch den örtlichen Kulturpark; Leute sitzen im Gras, rings um eine ausgebreitete Zeitung, auf der Brot liegt und Trockenfisch, eine Flasche geht um, ein Glas dazu, groß genug, um ein Drittel der Flasche aufnehmen zu können; sei es, dass man zum Freundschaftstreffen mit einer Jugendbrigade des Komsomol delegiert worden war, Limonadeflaschen werden herumgereicht, offizielle über dem Tisch, inoffizielle darunter; sei es, dass einer daherkam in der Nähe des Wohnlagers und ein Tauschangebot unterbreitete: Eine Flasche Samogonka gegen eine Schachtel Zigarillos Marke Don Pedro aus der Lagerverkaufsstelle. Die Versuchung lauerte überall und es fiel schwer, nein zu sagen, zumal man das ja eigentlich auch gar nicht wollte. Denn wie es so ist mit Verboten, je mehr davor gewarnt wird, sie zu brechen, umso größer wird die Lust, es doch zu tun. Und wovon ließ sich denn besser erzählen, wenn man wieder zu Hause war, als von solchen Übertretungen?
Mir selbst begegnete das Wässerchen an einem heißen Sonntagnachmittag im Juni. Schon länger hatte mich das Wäldchen interessiert, das hinter dem Ende des Kleefeldes zu ahnen war, an dessen Anfang wir unser Wohnlager aufgebaut hatten, und ich hatte Willi, den Baggerfahrer, der eine Woche zuvor über eine von mir nicht sachgemäß beiseitegelegte Schaufel gestolpert war, zu einem Spaziergang überredet, – gewissermaßen als Therapie gegen seine gebrochene Rippe. – Und so waren wir losgegangen, quer über das Feld, und hatten nach einer Stunde Marsch feststellen müssen, dass das Wäldchen nur ein schmaler Windschutzstreifen aus Pappeln war und wir bis zu den Häusern am Stadtrand noch einmal eine Stunde zu laufen haben würden. Weshalb ich Willi zum

Abbruch unserer Unternehmung überreden wollte. Der aber erklärte: »Ich bin ein harter Hund.« Und so stapften wir weiter mit zunehmend trocken werdenden Hälsen durch den vom fortgeschrittenen Sommer schon braun gewordenen Klee und ärgerten uns, dass wir nicht daran gedacht hatten, uns etwas zu trinken mitzunehmen. Die Stadt Tscherkassy, in deren Nähe sich unser Wohnlager befand, bestand hauptsächlich aus Siedlungshäusern, quadratisch, eingeschossig, aus Lehm oder Ziegeln erbaut, mit Blech oder Wellasbest gedeckt. Sie war zwanzig Jahre zuvor nicht mehr als eine unbedeutende Kleinstadt gewesen, alt zwar, älter als Kiew, wie man uns erzählt hatte, aber unbedeutend; nur zweiunddreißigtausend Einwohner. Dann war bei Krementschug der Dnepr abgeriegelt worden, ein Stausee entstand, so groß wie Sachsen etwa, und alle Leute, die vorher dort gewohnt hatten, wo jetzt das Wasser stand, waren in Tscherkassy angesiedelt worden. Man hatte ihnen Parzellen gegeben und Baumaterial, und sie hatten gebaut, was möglich war und was der Tradition entsprach: quadratische Häuschen, fünf mal fünf Meter, mit Obstbäumen ringsum und Zäunen. Alles nicht besonders solide, weil nicht auf Dauer geplant. Es gab ein Projekt für die Stadt mit Hochhäusern, Einkaufszentren, Kulturhäusern, Theatern und Erholungsgebieten. Einiges davon war schon zu sehen, der Tierpark zum Beispiel befand sich direkt neben den Baracken unseres Lagers, anderes war im Bau. Das Bild aber bestimmten die Siedlungshäuschen mit den Obstbäumen im Gärtchen hinter grünen, gelben oder hellblauen Zäunchen, mit nicht selten einem Bänkchen davor. Auf ein solches Bänkchen steuerte Willi zu, als wir das Kleefeld endlich hinter uns gelassen hatten, streckte die Beine von sich und erklärte: »So ein harter Hund, wie ich gedacht habe, bin ich wohl doch nicht.« Auch ich setzte mich, denn es war ein wirklich sehr heißer Nachmittag, und die Felder der Kolcho-

sen in der Ukraine dehnen sich in der Regel noch etwas weiter als die Felder der LPGn in der DDR. Vor uns im Sand der Straße, die sich zwischen den Häuschen mit Gärtchen dahinzog, scharrten weiße Hühner, die man, wohl, um sie ihren Besitzern eindeutiger zuordnen zu können, mit roter, gelber oder blauer Farbe bespritzt hatte, möglicherweise, dem Anstrich des jeweiligen Zäunchens entsprechend. Ich fand das festhaltenswert und fotografierte sie. Dann kam aus einem Seitenweg eine Gruppe Leute, etwa so angezogen, wie man bei uns zu Hause zu einer Karnevalsveranstaltung gehen würde: Bänder im Haar, altmodische Hüte auf den Köpfen, die Rocksäume mit Kronenverschlüssen von Bierflaschen wie mit Silbermünzen verziert. Und auf einem zweirädrigen Handkarren Blumen und Körbe mit Flaschen, Gläsern, Brot, »Ah, ein Korrespondent, riefen daraufhin die Leute und gruppierten sich Grimmassen schneident, um den Handkarren. Danach redeten sie auf mich ein. Wahrscheinlich wollten sie wissen, wie sie zu Abzügen von den Fotos kommen könnten. Und ich rettete mich, indem ich Deutsch sprach.
»Ah, ein ausländischer Korrespondent!«, riefen sie nun und gruppierten sich mit Willi in der Mitte.
Dann wurden zwei Gläser mit dem Inhalt einer Flasche gespült und dann aus der gleichen Flasche bis zum Rand gefüllt.
»Trinken Sie! Es ist Hochzeit, die Zigeuner kommen.«
Luft holen, wusste ich, Luft anhalten und erst nach dem Trinken ausatmen. Trotzdem traten mir die Tränen in die Augen.
»Malodjetz!«, riefen sie nun, Prachtkerl! Und klopften mir auf die Schulter.
Willi stand noch immer mit dem vollen Glas in der Hand: »Nee, ich nicht.«
»Nu, dawai! Pitje! Pitje!«
»Luft anhalten«, sagte ich, »trinken und dann erst ausatmen.«
Gierig griff er nach dem Brot, das ihm hingehalten wurde.

Auch er war ein Prachtkerl.

Dann wurden wir einfach mitgenommen. Zu einer Hochzeit, nicht weit, in einer der Seitenstraßen. Kinder liefen voraus, um uns anzukündigen. Und die Leute erklärten uns inzwischen, dass man in der Ukraine eine Hochzeit drei Tage lang feiere, mindestens drei Tage. Am zweiten Tag kämen die Zigeuner. Sie wären die Zigeuner.

Die Verständigung funktionierte erstaunlich gut. Es war, als hätte das Glas Samogon in mir einen Wörterquell zum Sprudeln gebracht. Vokabeln hatte ich plötzlich zur Verfügung, die irgendwann in der Grundschule, fünfundzwanzig Jahre zurück, mit Hilfe von Verszeilen in mich hineingepflanzt worden waren. Und auch sonst sah ich das alles als völlig selbstverständlich an.

Und dann folgte eine Szene, die ich jedem Filmautor als zu dick aufgetragen übel genommen hätte.

Vor dem Gartentor des Hochzeitshauses empfing uns die Mutter des Bräutigams. Eine kleine Frau, fünfzig Jahre etwa, blondiert, mit einer Schürze über Rock und Pulli.

Woher wir kämen, fragte sie, und ich antwortete, dass wir »Utschasniki Gasoprowoda« seien, Trassenbauer aus der DDR.

Worauf sie den Ärmel ihres Pullis vom linken Unterarm nach oben streifte.

Es war das erste Mal, dass ich eine KZ-Nummer nicht im Film oder auf Fotos, sondern an einem lebendigen Arm sah, sechsstellig, blau auf rosafarbener Haut. Und vielleicht hätte ich, wäre das Glas Samogon nicht gewesen, nur dastehen können, stumm und ratlos. Ich gehöre zu der Generation, die vom Beginn des bewussten Lebens an mit Schuldbewusstsein beladen wurde. Wir wuchsen auf, als sich all das, was man vorher als Gerücht, Verleumdung, Feindpropaganda abtun oder als bange Ahnung weit von sich geschoben hatte, als un-

umstößliche, grausame Wahrheit erwies. Unsere erste politische Erfahrung war, Angehörige eines Volks zu sein, das begeistert einer Ideologie des Hasses und des Mordens gefolgt war. Wir kennen nicht dieses: »Na ja, das ist lange her.« – Uns geht das an, immer noch.
Der Gelöstheit, die mich nach diesem Glas Selbstgebrannten ergriffen hatte, möchte ich es zuschreiben, dass ich nicht erstarrt stehen blieb oder davonlief in der Erwartung drohender Blicke und erhobener Fäuste. Einmal in Moskau, als Tourist, war ich verfolgt worden von einem Alten, eine ganze lange Straße lang. »Sieben Söhne«, hatte er immer wieder geschrieen. »Sieben Söhne habt ihr mir umgebracht.«
Ich hatte mich schuldig gefühlt, obwohl ich erst sechs Jahre alt gewesen bin, als der Krieg zu Ende war.
Vor der blonden Frau verneigte ich mich, küsste ihr die Hand und wurde danach am Arm genommen und in den Garten geführt.
Zwischen zwei Hausgärten war der Zaun entfernt worden. Unter den Bäumen hatte man Pfähle in die Erde gerammt, Platten und Bretter darauf genagelt und auf diese Weise lange Tafeln und Bänke geschaffen. Alles überdacht mit Hilfe von LKW-Planen, die an den Ästen der Bäume befestigt waren. Schutz gegen die hoch am Himmel stehende Sonne.
Unter einer gesonderten Plane, saß die Kapelle. Vier Mann, Harmonika, Geige, Trompete und Schlagzeug. Im hinteren Teil, am Bogen der U-förmigen Tafel, vor einem senkrecht gespannten Teppich, saß das Brautpaar. Dahinter qualmten provisorisch gemauerte Ziegelöfchen. Und alte Weiblein hantierten mit Rührlöffeln und Messern.
Wir wurden dem Brautpaar gegenüber gesetzt, gratulierten, schüttelten Hände und hatten schon Teller und Schüsseln, Schalen mit Brot und Flaschen und Gläser vor uns stehen. – Auf das Brautpaar!

Diesmal konnten wir mit Limonade nachspülen.

Beim dritten Glas protestierte Willi. Er zeigte dem Bräutigam seinen verbundenen Brustkorb und machte ihm klar, dass er krank sei. Mich dagegen hatte schon der Übermut gepackt, und wäre nicht das Gewitter gekommen, hätte ich mich wohl auf einen Vergleich in der Trinkfestigkeit mit einem Bruder des Bräutigams eingelassen.

Das Gewitter kam, wie in der Ukraine die Sommergewitter zu kommen pflegen. Plötzlich kommt Wind auf, treibt Staubwolken vor sich her, dann verdunkelt sich die Sonne, zwei Blitze zucken, Donner kracht, und aus einer Wolke schüttet Wasser herab, als sei ein Schleusenwehr geöffnet worden. Zehn Minuten später ist alles vorbei.

Die Hochzeitsgäste flüchteten in die Türen und unter die Dachvorsprünge der Häuser. In den lose gespannten Fahrzeugplanen bildeten sich riesige Wassersäcke, die bedrohlich über den Tischen hingen. Die Brüder des Bräutigams stiegen zwischen Teller und Schüsseln auf die Tische und drückten sie nach oben. Worauf das Wasser sich in mächtigen Schwallen auf die Tische und Bänke ergoss und das Geschirr zur Erde spülte. Die Frauen kreischten, die Männer lachten. Unbeeindruckt spielten die Musikanten der Kapelle zum Tanz. Die Vier saßen in ihrer Gartenecke, hatten die Beine vor dem sich unter ihren Stühlen sammelnden Wasser angehoben und spielten. Über ihnen hing schwer und dickbäuchig die Wasser gefüllte Plane.

Als der Regen vorüber war, setzte ein allgemeines Geschnatter ein. Flink wurden die Teller und Gläser eingesammelt, die Tische und Bänke abgewischt, und schon saß man wieder und sang.

»Los«, sagte Willi, »das ist die Gelegenheit. Wir ziehen ab, sonst füllen die uns hier voll bis zum Kragen.«

Die blonde Frau begleitete uns wieder bis zum Gartentor,

und zwei der Zigeuner brachten uns zur Hauptstraße, wo sie uns ein Taxi einfingen.

Natürlich prahlten wir mit unserem Samogonerlebnis, obwohl wir auf dem Weg von der Ausfallstraße, wo uns der Taxifahrer ahnungsvoll abgesetzt hatte, bis zu den Baracken unseres Wohnlagers, am liebsten unsere Eingeweide mit ausgespuckt hätten.

Bei anderen lief die Begegnung mit dem Wässerchen weniger glimpflich ab. Einer irrte nachts, im Schlafanzug durch das Wohnlager, schlug Scheiben ein und beschmierte die Wände des eben fertig gestellten Schulgebäudes mit Blut. Ein anderer musste ärztlich behandelt werden. Er hatte versucht, im Löwenkäfig des Tierparks zu übernachten.

1977

Leo lebt

Leo war ein Hund, nicht älter als acht Wochen und vom Aussehen her so, dass man ihn, wäre er aus Stoff und Holzwolle gewesen, in Spielwarengeschäften unter dem Ladentisch gehandelt hätte. Leo war einer von fünf Hunden, die im Basislager der Trasse heimisch geworden waren, wo außer der zentralen Baustellenleitung auch noch der Partei-, Gewerkschafts- und FDJ-Stab residierten. Leo war der letzte von ihnen.

Einer war von einem Raupenbagger überfahren worden, als er versuchte, in die klappernden Gleitketten zu beißen. Einen hatte Reinold, ein Zimmermann, als sein Eigentum angesehen und mitgenommen, als seine Brigade auf eine andere Baustelle umgesetzt wurde. Zwei waren vom Hundefänger der örtlichen Hygieneinspektion eingefangen und der kurzfristigen Beendigung ihres Lebens zugeführt worden. Leo lebte.

Dass Leo lebte, war allerdings nur auf einen Zufall zurückzuführen, denn der Hundefänger war nicht aus eigenem Antrieb in das Lager gekommen.

Irgendwer hatte durch die Anwesenheit der Hunde die Gesundheit der Lagerbewohner bedroht gesehen und seine Bedenken irgendwem aus dem Mitarbeiterstab eines der im Ringen um die Bedeutungsreihenfolge miteinander konkurrierenden Leitungsorgane vorgetragen. Der hatte diese Bedenken geteilt, ihnen durch die Umkleidung mit gewichtigen Worten eine größere Bedeutung verliehen und sie an die entsprechenden Stellen weitergeleitet. Dort war dann ein Entschluss gefasst worden, eine Anordnung erstellt, eine Weisung erteilt, und schließlich hatte jemand per Telefon Verbindung mit der örtlichen Hygieneinspektion aufgenommen. Kein Amt aber, so erzählt man, arbeitet in der Sowjetunion schneller und gewissenhafter als die mit der Verhinderung oder Bekämpfung von Seuchen und Epidemien beauftragte Hygieneinspektion. Irgendeine Unregelmäßigkeit im Darmtrakt eines Kindergartenkindes und schon rücken Scharen von schon von der Körperform her Respekt einflößenden, weißbekittelten Frauen an, die sich demonstrativ weiße Tücher vor die untere Gesichtshälfte binden und eifrig Stuhl- und Urinproben in sorgsam beschrifteten Glasröhrchen sammeln. Und die Verkäuferinnen in den staatlichen Haushaltwarenläden und Lebensmittelverkaufsstellen fürchten weniger die Beschwerden von Kunden über ein unfreundliches Gesicht oder eine hochnäsige Antwort auf die Frage nach einem als Mangelware bekannten Produkt, als einen an dieses Amt übermittelten Hinweis auf zu weit aus dem weißen Kopftuch hervorlugende Haarsträhnen.

Es dauerte also nicht lange und der Hundefänger bat an der Produktenübergabestelle des eben fertig gestellten Küchengebäudes des Wohnlagers um ein paar frische saftige Rinderknochen.

Leo aber hatte wohl zu dieser Zeit gerade in irgendeinem Wohnwagen am Fuße eines Bettes auf einer sorgsam zusammengelegten Arbeitskombi geschlafen oder war noch von einem Halberstädter Würstchen gesättigt gewesen, das ihm jemand während des zweiten Frühstücks unter dem Tisch zugereicht hatte, weshalb ihn der Duft der Rinderknochen nicht interessierte, mit denen der Tierfänger, gefolgt von den anderen noch vorhandenen Hunden, der vom Eingang des Lagers am weitesten entfernten Ecke des Drahtzaunes zustrebte, von dem das Lager umspannt war. Jedenfalls hatte er sich seiner Liquidierung entzogen und lief nun entgegen einer diesbezüglichen Anordnung immer noch im Lager umher.

Aber diese Darstellung ist falsch, denn tatsächlich lief Leo nicht herum, sondern wurde herumgetragen, von Wohnwagen zu Wohnwagen, von Barackenzimmer zu Barackenzimmer, und wenn er dabei irgendwelche Laute von sich gab, beschleunigte sein Träger den Schritt und zischte ihn ruhegebietend an. Das heißt, Leo wurde versteckt.

Dem Zufall, der ihm das Leben erhalten hatte, folgten also Unternehmungen, die es ihm bewahren sollten. Unternehmungen, die im Widerspruch zu einer Anordnung standen, die von einer Leitung getroffen worden war, also Unternehmungen gegen eine Leitungsanordnung. Letztlich Unternehmungen gegen die Leitung.

Leitungen aber sind sensible Gefüge. Sie agieren unter dem ständigen Empfinden, ihre Bemühungen ungenügend geachtet, falsch interpretiert oder gar ignoriert zu sehen und reagieren deshalb auf alle Anzeichen einer Bestätigung dieser Ängste mit entsprechender Empfindlichkeit.

Leos Schicksal hing also wesentlich davon ab, ob seine fortdauernde Existenz von irgendwem als Bedrohung des Ansehens der Leitung angesehen wurde und der Vertreter der schnellen Institution deshalb noch einmal bemüht wurde oder nicht.

Es gab Leute, die darauf hofften, dass sich ein solcher Irgendwer fand. Doch nicht etwa, weil sie ebenfalls etwas gegen Leos Existenz hatten. Im Gegenteil. Sie gehörten sogar zu seinen eifrigsten Beschützern, standen etwa morgens eine halbe Stunde eher auf, um ihm den nötigen Auslauf zu gewähren, schoben mittags ein Stück gebratener Leber vom Tellerrand in eine vorsorglich mitgebrachte Plastetüte oder bewegten abends beim Briefeschreiben unter dem Tisch lockend einen ihrer aus den Socken lugenden großen Zehen.

Ihre Hoffnung bezog sich auf die Ansicht, dass die Trasse mit gut der Hälfte der Leitungsmitarbeiter auskommen könnte, die zu dieser Zeit im Basislager anzutreffen waren.
»Ist doch klar«, hofften sie dann sagen zu können, »wer keine Arbeit hat, der sucht sich welche!«
Anderen war Leo gleichgültig. War es nicht Leo, würde es irgendein anderer Hund sein, dem man bei Bedarf das Fell kraulen konnte oder einen Fußtritt versetzen, je nachdem.
In den Städten und Dörfern der Ukraine durch die die Transporter, Kräne, Bagger und Tankwagen rollten, gehörten frei umherlaufende Hunde zum Bild der Straßen und Plätze, wie anders wo Tauben oder Spatzen. Wozu sich also aufregen? Keine fünf Tage und es würde wieder irgendein Bello, Wino, Wodka oder Trassi mit herushängender Zunge vor der Tür des Speisesaals liegen und auf die Liebesgaben lauern, die ihm zugeworfen wurden.
Kai Osterwald indes gehörte weder zu den einen noch zu den anderen. Weder hoffte er auf einen hämischen Triumph, noch war ihm Leo gleichgültig. Kai Osterwald litt. Er litt um Leo und er litt um die Leitung. Er war mit einem besonderen Auftrag an die Trasse gekommen. Als Anlagenwart hatte er in einem der Braunkohlentagebaue zwischen Halle und Leipzig an einer der Bandübergabestellen gearbeitet, wo sich der Strom der von einem Schaufelradbagger auf ein anderthalb Meter breites Transportband geschütteten Kohle auf ein zum Heizkraftwerk führendes ebenso mächtiges Band ergoss und darüber gewacht, dass die neben den Schüttkasten fallenden Krümel und Brocken nicht auf das Unterband gerieten und sich dann auf der Endrolle zu einer welligen, krustigen Masse vereinten, die sich mit der Zeit so erhitzte, dass sie schließlich zu brennen begann. Er scharrte also während der Schicht mit der Schaufel die herabfallende Kohle zusammen und warf sie auf das Oberband oder kontrollierte die neunhundertvier-

undachtzig Bandrollen der von ihm zu überwachenden Abschnitte beider Bänder auf einen störungsfreien Lauf.
Rief jedoch der Wirtschaftsredakteur der Bezirkszeitung in der Kombinatsleitung an und bat um einen Bericht über irgendeinen Brennpunkt des Produktionsgeschehens, so konnte Kai Osterwald schon wenig später seine Schaufel unter den Frühstückswagen der Bandwärterbrigade schieben und sich ansehen gehen, was da zu berichten war. Volkskorrespondent K.O. stand dann meist unter dem Artikel, den die Zeitung veröffentlichte, auch wenn der gedruckte Text oftmals mit dem von ihm handschriftlich eingereichten kaum noch etwas zu tun hatte. Nunja, seine Handschrift, ließ er sich dann meistens selber wissen, da hatte er ja selbst zuweilen Schwierigkeiten, zu entziffern, was da geschrieben stand. Und außerdem hatten die Genossen der Zeitung schließlich mehr Erfahrungen mit der Artikelschreiberei als er. Und wenn ihm die Diskrepanz zwischen dem, was er geschrieben hatte und dem, was unter K.O. zu lesen war, zu groß erschien, zahlte er das ihm überwiesene Honorar unter der Zweckangabe »Wiedergutmachung« als Spende auf das Konto des Journalistenverbandes ein. – Sollten sie rätseln. Als dann aber die zentralen Zeitungen die Begeisterung der Jugend für die Arbeit an der Trasse zu propagieren begannen, rief ihn der Chefredakteur zu sich und empfahl ihm, sich ebenfalls für diese Arbeit zu begeistern. Wozu er: »So haben wir einen Mann direkt vor Ort«, sagte. »Und dass dir genügend Zeit zum Schreiben bleibt, dafür werde ich schon sorgen.« Außerdem eröffnete er ihm eine von ihm schon lange erhoffte Perspektive: »Wenn du zurückkommst, nehmen wir dich erst einmal als Volontär in die Redaktion und dann marschierst du zum nächstmöglichen Zeitpunkt zum Studium.« So war Kai Osterholz an die Trasse gekommen und wurde wegen seiner Erfahrung im Umgang mit der Schaufel einer

Tiefbauerbrigade zugeteilt. Und wenn der Chefredakteur telegrafisch einen Lagebericht anforderte oder sich erkundigte, ob denn die Jugendinitiative XY oder der Wettbewerbsaufruf der Brigade Z aus dem Volkseigenen Betrieb XYZ nicht auch an der Trasse einen Niederschlag fände, stellte er abends nach der Schicht die ihm vor der Abreise von der Redaktion übergebene Schreibmaschine auf eine flachgelegte Kabeltrommel, setzte sich auf einen passgerecht geschnittenen Holzklotz und schickte am kommenden Morgen eine Meldung, einen Bericht oder eine Betrachtung per Luftpost auf den Weg.
Eines aber hatte sich in seiner Volkskorrespondententätigkeit verändert. Er nahm die redaktionellen Eingriffe in seine Texte nicht mehr einfach so hin.
Lag es daran, dass er durch die Schreibmaschine seine Texte schon einmal in gedruckter, also gewissermaßen in einer von ihm abgelösten Form vor sich sah, ehe sie in der Zeitung erschienen, oder lag es daran, dass er sich durch die Entfernung von mehr als tausend Kilometern zwischen dem Schreibtisch des Redakteurs und seiner Schaufel mehr als der Mann vor Ort empfand. Jedenfalls schickte er seinen Berichten mehrfach einen Beschwerdebrief hinterher, wenn er sie dann in der noch weiter von ihm abgelösten Form zu lesen bekam, und stellte die Probleme, über die zu berichten er sich aufgefordert gesehen hatte, noch ausführlicher dar, als ihm das im Rahmen des Artikels möglich gewesen war.
»Wir empfinden uns hier wirklich nicht als Helden«, schrieb er zum Beispiel, als sein Bericht über die durch die Entfernung bedingten Schwierigkeiten mit der Materialversorgung durch geschickte Umstellungen in der Wortfolge seiner Sätze in einen Hymnus auf die revolutionäre Tatkraft umgewandelt worden war, mit der die Trassenbauer anfallende Probleme im Vorwärtsschreiten zu lösen vermögen. »Wir versuchen einfach ordentlich zu arbeiten. Und wenn wir zum Beispiel

durch fehlendes Werkzeug daran gehindert werden, bewegt uns auf der Suche nach Ersatzlösungen kein schöpferisches Lustgefühl, sondern Enttäuschung und Wut. – Die Hoffnung auf das Lustgefühl hat uns an die Trasse gelockt, aber leider überwiegt zurzeit die Wut.«

Viel Erfolg hatte er mit solchen Hinweisen allerdings nicht. »Konzentrier dich nicht auf die Wut«, wurde ihm zum Beispiel geantwortet, »konzentrier dich auf das Wesentliche. – Was ist zum Beispiel mit den Beziehungen zu den sowjetischen Menschen? Warum berichtest du nicht über die Zusammenarbeit mit den Freunden vom Leninschen Komsomol?«

Die Zusammenarbeit mit den Freunden vom Leninschen Komsomol aber hatte sich als eine Erfindung der für Agitation und Propaganda zuständigen Mitarbeiter des Zentralrats der FDJ erwiesen. Die hatten die Vorstellung erweckt, es werde gemischte Brigaden geben, in denen man sich gegenseitig auf die Finger schauen und voneinander lernen konnte, auch, was die Verständigung mit Worten betraf. Darauf hatten viele gehofft. Hatten sie doch in der Schule mehrere Jahre Russisch gelernt, waren aber eigentlich nie in die Lage gekommen, sich in dieser Sprache verständigen zu müssen. Nun aber sollte es möglich sein, nicht mehr nur den Weg zum Bahnhof erfragen, sondern etwa: »He, Kolja, reich mir mal die Bohle rüber«, rufen zu können und dessen Warnung: »Achtung! Zieh die Rübe ein, sonst hast du sie an der Nase«, zu verstehen.

Solche Brigaden aber gab es nicht, denn jedes der am Bau beteiligten Länder baute in eigener Regie und auf eigene Kosten fünfhundert Kilometer des Rohrstrangs, einschließlich der alle hundert Kilometer notwendigen Anlagen, in denen das sich beim Transport aufheizende Gas wieder gekühlt, neu verdichtet und auf die nächsten hundert Kilometer geschickt

werden sollte. Dazu die Wohnsiedlungen für das dort arbeitende Personal, samt der nötigen Gebäude für soziale Dienste und Kultur. Bezahlt wurde das im Laufe der folgenden Jahre mit Anteilen an dem durch das Rohr gelieferten Gas. Gemischte Brigaden hätten die dadurch bedingten komplizierten Organisations- und Abrechnungsverhältnisse nur noch komplizierter gemacht.
Die Kontakte mit den Leuten des Landes (den »Menschen aus dem Territorium«, wie diese im Sprachgebrauch der Trasse genannt wurden) beschränkten sich also hauptsächlich auf die Zeiten nach Feierabend, auf Begegnungen bei anlassbedingten Freundschaftstreffen oder Festveranstaltungen, wenn die mit blauen Jacken und nietenbestückten Hosen bekleideten Trassenbauer per Buskolonne zu den entsprechenden Kulturstätten gefahren wurden, oder wenn sie sonntags zu den in der Nähe der jeweiligen Baustelle gelegenen Stadt fuhren und dort zu der im Kulturpark gelegenen Freitanzdiele strömten, den Bauernmarkt aufsuchten oder, in der Hoffnung, mal kurz die Hosen fallen lassen und ins Wasser springen zu können, am Ufer des Dnepr entlangspazierten.
Aber Kai Osterholz hatte ja eine Vorstellung davon, was der Redakteur von ihm wollte, und so beschrieb er das Volleyballturnier, das von den Funktionären des FDJ-Stabes und den Funktionären des örtlichen Komsomol organisiert worden war. Dafür hatte jede der zum DDR-Abschnitt der Trasse gehörende Baustelle und jede der nahe gelegenen Kreisstädte eine Mannschaft geschickt. Doch die täglich zwölf Stunden hart arbeitenden Freizeitsportler hatten logischerweise gegen die gut trainierten Asse der örtlichen Sportclubs nicht die Spur einer Chance. Das blieb denen natürlich nicht verborgen. Aber statt sich daher beim Einsatz ihrer Überlegenheit ein bisschen zu mäßigen, spielten sie diese offensichtlich noch besonders deutlich aus. Kein Gedanke von völkerver-

bindender Freundschaft also, sondern härteste Konkurrenz beim Kampf um ein eigentliches Nichts, – ein aus einer Rohrverbindung mit fehlerhafter Schweißnaht herausgeschnittenes Stück Stahl.

»Dabei hätten wir auch gern einmal wenigstens ein bisschen gesiegt«, ließ Kai Osterholz die Leser zum Abschluss seines Berichts wissen, »aber das hatte wohl nicht sein sollen.«

»Na, bitte!«, schrieb ihm darauf der Redakteur. »Da hast du doch das volle Menschenleben. Weiter so in dieser Richtung!«

Den letzten Satz des Artikels hatte er allerdings gestrichen.

Diesmal schrieb Kai Osterholz keinen Beschwerdebrief. Er schrieb überhaupt keine Briefe mehr, auch keine mit zur Veröffentlichung in der Bezirkszeitung vorgesehenen Berichten über das volle Menschenleben. Seine Fähigkeiten wurden an anderer Stelle gebraucht.

Eine Ministeriumsdelegation war angekündigt worden. Alle vor Ort auftretenden Probleme sollten auf den Tisch, um sie mithilfe zentraler Regelungen lösen zu helfen. Aber nach Meinung der im Basislager tätigen FDJ-, Partei- und Gewerkschaftsstäbe sollten der Minister und die ihn begleitenden Leute nicht den Eindruck mit nach Hause nehmen, dass es an der Trasse nur Schwierigkeiten gäbe. Also drängten sie auf Korrekturen an den schon vom äußeren Bild her sichtbaren Anzeichen dafür.

Die Arbeiten an der Kanalisation für die Wohnbaracken wurden eingestellt und dafür von den auf diese Weise freigesetzten Bauarbeitern an einer eigentlich für den Bau einer Fahrzeughalle vorgesehenen Stelle ein Freizeitzentrum mit rustikalen Bankreihen und Sitzgruppen, einer Tanzfläche und einer Bar errichtet, die dem Bild der aus Fernsehfilmen bekannten Hütten an hawaianischen Sandstränden nachempfunden war. Dazu ein Platz, an welchem dem Minister mit Bildern, Texten und symbolträchtigen Wimpeln, Urkunden oder Grußschreiben die ganze Breite des Arbeitens und Lebens an der Trasse präsentiert werden konnte. – Eine Wandzeitung also. – Wofür auch der Volkskorrespondent Kai Osterholz vom Weiterbau der Lagerkanalisation abgezogen wurde.

»Großräumig, komplex, originell«, wurde ihm erklärt. »Lass deiner Fantasie freien Lauf. Wir vertrauen Dir.«

Und er sah sich erstmals, seit er sich schreibend mühte, unabhängig von der vormundschaftlichen Zugewandtheit einer wohlmeinenden, aber besserwissenden Instanz. Was ihn in höchste Glückseligkeit versetzte.

Beinahe wie im Rausch strömten ihm in den Tagen darauf Gedanken, Vorstellungen und Ideen zu, werkelte er an Aufbau, Inhalt und äußerem Bild der halbkreisförmigen Tafelfront, verstand es, andere mit seinem Eifer zu infizieren und lockte Beiträge aus Leuten heraus, die von sich selbst nie geglaubt hätten, dass sie in der Lage seien, anderes als nichtssagende Feriengrußkartentexte zu Papier zu bringen. Wenn er spürte, dass einer etwas zu sagen hatte, seiner eigenen Courage aber nicht traute, saß er ihm so lange helfend zur Seite, bis der voller Verwunderung über den eigenen Text: »Glaub das oder glaub das nicht«, erklärte, »aber das hätte ich von mir nicht erwartet.«

Nur, dass die Erklärung: »Wir vertrauen dir!«, mit der man ihm die ganze Verantwortung für das Projekt zugesprochen hatte, offenbar nicht ganz so ernst gemeint gewesen war, wie er sie auffasste. Besonders die von ihm unter der Rubrik »Verständliches und Vermischtes« veröffentlichten Beiträge, in denen er einige der ansonsten nur hinter vorgehaltener Hand weitergegebenen Kuriositäten des Trassenalltags gewissermaßen ins Licht der Öffentlichkeit rückte, stießen auf wenig Gegenliebe. Da war zum Beispiel der Bericht eines Kraftfahrers, der erzählte, wie er in Dresden eine dort vom

Herstellerbetrieb als Eiltransport angelieferte Ladung Maschendraht für die Einzäunung der Baustellenlager übernommen und in einer von Pech und Pannen geprägten, ebenfalls als Eiltransport deklarierten Fahrt zur Trasse transportiert hatte, wo er dann feststellte, dass sich der Betrieb, in dem genau dieser Maschendraht produziert wurde, in einer vom Bestimmungsort kaum mehr als fünfzig Kilometer entfernt liegenden Stadt der Ukraine befand. Oder der von ihm selbst unter dem Titel »Wieviel Schweiß!« geschriebene Artikel über die Probleme, die den Mitarbeitern des FDJ-, Partei- und Gewerkschaftsstabes entstanden waren, als sie kurzfristig vom ersten Sekretär des Rayonkomitees der KPdSU zu einer Besprechung eingeladen wurden, aber keinen der einem solchen Anlass angemessenen Wagen des Typs »Wolga« zur Verfügung hatten. Denn es war von irgendwem bemerkt worden, dass der Wagen des FDJ-Stabes bei dem für die Zulassung der Fahrzeuge zuständigen Amt in Berlin auf die Kennzeichennummer I-AO-001, zugelassen worden war, der des Gewerkschaftsstabes auf die Nummer I-AO-002 und der des Parteistabes auf die Nummer I-AO-003. Was dann als Herabsetzung der führenden Rolle der Partei angesehen wurde und nach entsprechenden Beratungen eine Korrektur veranlasst worden war. Dieser Korrektur nach sollte der Wagen des Parteistabes die Nummer I-AO-001 erhalten, der des FDJ-Stabes die Nummer I-AO-002 und der des Gewerkschaftsstabes die Nummer I-AO-003. Zu der damit verbundenen Umschreibung der Papiere war aber nur das Amt in Berlin berechtigt. Weshalb ein Kurier mit den Papieren losgeschickt worden war, um das vornehmen zu lassen. Dessen Rückkehr aber war erst am Tag nach der anberaumten Besprechung zu erwarten. Sollte man sich also mit den Fahrzeugen ohne Papiere auf den Weg machen, mit Fahrzeugen, die dem Anlass nicht angemessenen waren oder um eine Verschiebung des Termins bitten? Auch dieses Problem hatte dann entsprechende Beratungen notwendig gemacht. Doch löste es sich zum Glück, noch ehe man zu einem Entschluss gekommen war, durch eine, beinahe als göttlichen Ratschluss anzusehende Wendung geradezu in Luft auf. Die zuständigen Mitarbeiter beim Rayonkomitee waren nämlich zu der Auffassung gekommen, dass es dem Anlass gemäß wäre, den Gästen die Anreise nicht selbst zu überlassen, sondern sie mit den für Anlässe dieser Art beim Rayonkomitee vorgesehenen repräsentativen Wagen abholen zu lassen, und hatten den Abzuholenden eine entsprechende Nachricht zukommen lassen. Zwar erklärte der Minister auf einem »Forum« genannten Treffen mit Bauarbeitern: »Besonders, junge Freunde und Genossen, hat mir gefallen, mit welcher Offenheit bei Euch an der Wandzeitung die Probleme dargestellt werden, mit denen wir nicht nur beim Überwinden von Bergen, sondern auch beim Durchschreiten der Ebenen zu kämpfen haben«, von den für das Hickhack um die Nummernschilder Verantwortlichen wurde das allerdings etwas anders gesehen. »Die Tätigkeit eines Wandzeitungsredakteurs«, ließ man Kai Osterwald jedenfalls wissen, »ist eine verantwortungsvolle Tätigkeit. Es ist besser, du konsultierst dich beim nächsten Mal mit uns, ehe du Stimmungen Vorschub leistest, die wenig geeignet sind, der historischen Aufgabe gerecht zu werden, mit der wir hier alle betraut wurden.« Und von den Auszeichnungen und lobenden Erwähnungen, die im Zusammenhang mit der Initiative Freizeitzentrum vergeben oder ausgesprochen wurden, blieb er ausgenommen. Nun aber Leo. Am einfachsten wäre es gewesen, er hätte abends beim Zähneputzen einem zufällig am Waschbecken neben ihm der gleichen Beschäftigung nachgehenden Mitglied des Parteistabes: »Hör mal, Kollege«, zugenuschelt, »ist es nicht besser, wenn die Jungs das Zärtlichkeitsbedürfnis ihrer Finger beim

Streicheln der Hunde befriedigen, als dass es sie juckt, beim Anstehen am Kaffeeausschank einer vor ihnen wartenden Kollegin aus dem Verwaltungsbereich mal kurz irgendwo hinzufassen, wo ihr das nicht recht sein kann?«

Oder er hätte ihm einfach von Scholle, dem Dumperfahrer erzählt, wie der sonntags in der Sonne gesessen und mit geschlossenen Augen einem der Hunde den Kopf gekrault hatte. »Am Wochenende vor der Abreise sind wir mit unseren Kindern zum Süßen See gefahren«, hatte er dazu gesagt, »und haben Schwänen zugesehen, wie sie mit ihren Jungen auf dem Rücken über das Wasser paddelten.«

Und am Abend hatte er einen Brief nach Hause geschrieben, statt zum achwievielten Mal die Lautsprecherboxen des Plattenspielers aufzudrehen und Engelbert Humperdinck seine Sehnsüchte in die Nacht heulen zu lassen.

»Die Entscheidung, die Hunde abzuschaffen, war wohl doch ein bisschen einseitig durchdacht«, hätte er dann noch hinzufügen können, und seinem Gesprächspartner wäre vielleicht bewusst geworden, dass auch ihm etwas am vertrauten Bild des Wohnlagers fehlte, seit man auf dem Weg zwischen Speisesaal und Verwaltungsbaracke nicht mehr an Hunden vorüber kam, die mit auf den Vorderpfoten abgelegten Köpfen im Schatten der Kabelrollen herumlagen und müde mit den Schwanzspitzen wedelten, wenn man vorüberging.

Aber Kai Osterholz vertraute wohl mehr auf die Wirkung des geschriebenen als auf die des gesprochenen Worts. Weshalb am Morgen eines der folgenden Sonntage an seiner Wandzeitung unter der neu eingerichteten Rubrik »Was uns auf den Nägeln brennt« ein Artikel mit dem Titel »Leo lebt« zu lesen war. Darin schilderte er am Beispiel der konspirativen Aktionen zu Leos Lebenserhalt, wie unter der Wirkung so mancher vom grünen Tisch aus getroffenen Anordnung der Elan zu schwinden beginnt, mit dem sich die Trassenbauer

den mit dem Bau des Jahrhunderts verbundenen Herausforderungen zu stellen bereit sind. Womit er hoffte, auch den Mitgliedern der verschiedenen Leitungsgremien ein Forum für eine offene Auseinandersetzung mit Problemen zu geben, die zumeist nur hinter ihrem Rücken diskutiert wurden.
Aber Leitungen neigen nicht zu offenen Auseinandersetzungen mit den von ihnen selbst oder von übergeordneten Leitungen getroffenen Anordnungen. Weshalb ihm schon zwei Tage später zu wissen gegeben wurde, dass es für einen Volkskorrespondenten besser sei, den Kampf der am Bau des Jahrhunderts beteiligten Jugendlichen an einem der Brennpunkte des Geschehens zu verfolgen, gewissermaßen an vorderster Front und nicht in der Etappe, wo es eher Belanglosigkeiten seien, von denen die Gemüter bewegt würden. Und schon in der folgenden Woche stieg er samt Schreibmaschine in einen der Linienbusse, die zwischen den einzelnen Baustellen und der Zentrale verkehrten, und stand am Tag darauf fünfhundert Kilometer von dem zum Leben im Untergrund verurteilten Leo entfernt, mit der Schaufel auf der Sohle eines für die Schmutzwasserleitung des Küchentraktes gebaggerten Grabens und brachte diese auf ein gleichmäßiges Gefälle von fünf Millimetern auf einen Meter.
Im Oktober lernte er dabei die besonderen Sonnenuntergänge in der Ukraine lieben, im November den anhaltenden Dauerregen hassen, unter dem sich die innerhalb und außerhalb des Wohnlagers gelegenen Wege zu grundlosen Schlammpisten verwandelten, und im Dezember bekam er eine erste Ahnung, was es heißt, wenn Bagger vor der über Nacht bis zu zwanzig Zentimeter tief gefrorenen Lehmwänden einer Baugrube kapitulieren müssen, die sie noch am Vortag problemlos abgetragen haben. Berichte darüber schrieb er allerdings nicht. Und wenn beim zweiten Frühstück irgendein Kurier vom Basislager im Speisesaal herumsaß und auf den

Linienbus oder eine andere Mitfahrgelegenheit wartete, um dorthin zurückkehren zu können, setzte er sich nicht dazu, um zu erfahren, was es von dort zu berichten gäbe.

Im Februar aber wurde für einige Tage ein Instrukteur des FDJ-Stabes in seinem Wohnwagen einquartiert, der begeistert erzählte, wie sich die Verhältnisse dort entwickelt hätten. Eine Schule gebe es inzwischen für die Kinder der Leitungskader, deren Familien nachgeholt worden waren, damit diese nicht alle Vierteljahre wegen Urlaubs in der Heimat für die Arbeit vor Ort ausfielen, eine Kulturbaracke und regelmäßige Fahrten zur öffentlichen Banja in der Rayonstadt.

»Es entwickelt sich«, wie man so sagt. »Das Flugwesen entwickelt sich.«

»Und Leo?«, wagte Kai Osterholz da vorsichtig zu fragen. Und bekam zu wissen, dass Leo lebe und es inzwischen fünf weitere Leos gebe. Denn es habe sich herausgestellt, dass Leo eigentlich eine Lea ist. – Und das habe man den Kindern der Genossen vom Parteistab nicht zumuten können, die diese fünf als zitterndes und winselndes Knäuel unter dem Bauwagen der Fernmeldemonteure gefunden hatten.

»Aber das hat inzwischen alles seine Ordnung. – Es hat sich für jeden der Hunde ein Pate gefunden, auf dessen Namen er angemeldet und registriert wurde. Und jeder ist mit Halsband und Hundemarke versehen. Die örtlichen Organe sollen schließlich nicht den Eindruck gewinnen, wir würden uns nicht um die bei ihnen geltenden Gesetze kümmern.«

Und mit Anbruch des Frühlings, als die Wege sich wieder zu tief gefurchten Schlammpisten verwandelten, aber an den Rändern Myriaden von Anemonen ihre weißen Blütensterne in die Sonne reckten, begann Kai Osterholz wieder Berichte an die Bezirkszeitung zu schreiben.

1977

Lehmann, Erdmann, Liebermann

Also Lehmann, das geb ich zu, das war ein Irrtum.
Klar, eins hat er gekonnt, ja, hat er gekonnt. Dreimal, viermal, eine Nacht. Ich dachte manchmal, hat der denn immer noch nicht genug? Aber sonst, absolutes Nichts. Von wegen mal über was reden, ein Buch, oder warum Klaus die Simone so triezt ... – Zweimal kam die manchmal angeheult am Tag: Jetzt hat er mich wieder so angeguckt wie: Mann, du blöde Kuh! – Also Probleme, meine ich, gab es genug. Aber mit Lehmann war da nichts. Hand hinter den Hosenbund und fertig. Und das will man ja nun auch nicht, dass man bloß dazu da ist, damit einer auf einem rumfuhrwerken kann. – Da hab ich dann gesagt: Sense! Geh auf deinen Kipper, da schüttelt's dich genug durch. Brauchst du nicht noch bei mir Hampelmännchen spielen. – Gut, ist er gegangen. Zwei Tage, dann hat er schon bei einer aus dem Territorium im Bett gelegen. – Also ich weiß nicht, wie manche das machen? Die gucken dich an und schon denkst du, egal, einmal kommt's doch dazu, was sollst du dich erst lange zieren. – Lehmann, das war so einer. Ich meine, gekratzt hat mich das schon. Ich dachte, der kommt und sagt: Also gut, ich will mir Mühe geben. Reden wir eben erst immer ein bisschen. Aber nichts. – Naja, bei dem war eben nichts, wie gesagt, absolut.
Dann kam Erdmann. Das war ein Vorsichtiger. Ehe der mir das erste Mal an den Pullover gefasst hat. Du liebe Zeit! Ich dachte schon, der hat keinen. – Naja, zu verstehen war das schon. Er war verheiratet. Zwei Kinder. Die Frau irgendwas Hohes bei der Partei. Da hat er sich gedacht, wenn hier über

den Buschfunk alles zu erfahren ist, was in der Heimat passiert, warum soll das andersrum nicht genauso gut funktionieren? – Also, der hat seine Zeit gebraucht. Ja. – Aber dann kam so ein verrückter Herbstabend. Warm war's und irgendwie still, und dann war's schön, richtig schön. Ich meine nicht, weil das Laub so duftete, und dass er sich gefreut hat wie ein kleiner Junge. – Gelacht hat er und mich in den Bauch gebissen. – Nein, mehr allgemein. Ich hätte am liebsten aufwachen können, jeden Tag, meine Arme um ihn rumschlingen und dann so liegen, ohne sonst was, stundenlang. – War natürlich nicht drin. – War überhaupt nichts drin. Bloß heimlich. Einer da lang aus dem Lager, einer dort lang und dann treffen an der umgestürzten Kiefer. – Er hatte eine Funktion. – Ich könnte ja sagen, welche, aber will ich nicht. Reimt sich ja mancher so manches zusammen, und dann erwischt es ihn vielleicht noch im Nachlauf.

Warum ich da mitgespielt habe, weiß ich nicht. War ja klar, dass das nichts werden konnte. Älter war er auch, zwanzig Jahre. Aber manchmal ist das eben so. Du denkst und denkst, das geht nicht, lass die Finger davon, und je mehr du denkst, das kannst du nicht machen, umso mehr treibt's dich, dass du's schließlich doch machst. – Mann, was hab ich geheult, als sie ihn abgezogen haben. In den See hätte ich mich schmeißen können. – Aber war ja inzwischen Winter und alles zugefroren. – Und ich weiß nicht, wenn's auch noch nicht zugefroren gewesen wäre, irgendwie hat mich die Vorstellung gegruselt, dass das Wasser kalt sein könnte. Im Sommer, ja, ernsthaft, da hätte ich das bestimmt gemacht. Richtig schön kann ich mir das vorstellen. Die Sonne scheint, du siehst die Fische auf dem Grund und neben das Heulen über Erdmann setzt sich das Heulen, dass du das alles bald nicht mehr sehen wirst. Dann bimmelt das Glöckchen von Gregorowka und dann lässt du dich fallen. Aus. –

Ja, Erdmann, das war tragisch. – Zweimal ist er noch gekommen. Konnte er ja in seiner neuen Funktion. Aber ich: Früh in die Küche, Kaffeewasser ansetzen, Puddingsuppe, Brot schneiden, und dann Abwasch und Kartoffeln schälen und wieder Abwasch. Fünf Mahlzeiten pro Tag und zweihundertfünfzig- dreihundert Mann. – Besser war's jedenfalls so. – Dass er nicht mehr kam, meine ich. Er hatte ja die Kinder zu Hause. Aber tragisch war's trotzdem. Und als wir uns dann wiedergetroffen haben, zur Abschlussveranstaltung in Berlin, und er kommt auf mich zu und sagt: Ach, Klärchen! – Also, ernsthaft, wenn's nicht gerade beim Staatsakt gewesen wäre, ich hätte gesagt: Komm, lass den Scheiß hier alles. Wenigstens einmal nochmal. Und dann wäre ich los mit ihm in irgendein bonfortionöses Hotelzimmer und hätte die Tür verrammelt. Aber das war ja alles ganz feierlich. – Orden und Reden und wir waren die Größten. Kortschagins von heute! – Und da geht das irgendwie plötzlich nicht, dass du so bist, wie du eigentlich bist. Da läufst du rum mit steifem Hals und wenn irgendein Reporter kommt und fragt: Erzähl mal, wie war's? Dann redest du ein Zeug zusammen, dass du davonlaufen könntest, wenn du's nachher hörst. Alles nur -ung und -tion und -tät. – Außerdem hatte ich ja inzwischen Liebermann. – Ich weiß nicht, ich hatte es immer mit irgendwelchen Männern. Lehmann, Erdmann, Liebermann. Dazwischen kamen noch Schuhmann und Seltmann. Aber das war nichts. Nichts, was nicht anders gegangen wäre. – Lademann war auch noch. – Aber das muss ich vielleicht mal erklären. Sonst denkt noch einer, na die hat's ja ganz schön getrieben. Die ist wohl an die Trasse, weil sie's gejuckt hat zwischen den großen Zehen. – Also so war das nicht. An die Trasse bin ich, weil ich gedacht habe: Na endlich! Endlich mal was, wo du zeigen kannst, wer du bist. – Ich meine, klar, im normalen Leben kann man das schließlich auch, aber wem fällt das schon auf? – Ware abstauben zum Beispiel. Was juckt denn das die Leute, ob sich eine hinstellt und nimmt jedes Rote-Bete-Glas einzeln in die Hand oder ob sie bloß klimper, klamper mit dem Lappen über die Deckel fährt? Die kommen an: Grapsch! Und mit den Augen schon wieder: Wo hat denn die den Ketchup her? – Die Trasse, dachte ich, da musst du dich stellen. Kalt ist eben kalt. Das ist nicht zu ändern. Und da ist das deine Sache, ob du heulst oder ob du dir sagst: Mensch, du bist doch ein Mensch, du kannst dich doch zwingen. – Und so war's ja dann auch. Wenigstens am Anfang. Später ging's dann wieder normal zu. Aber das ist ein anderes Kapitel. Wie der Elan wegrutscht, wenn alles nach Plan und Vorschrift läuft. – Irgendwie bist du dann raus aus allem. Immer ist einer da, den du verantwortlich machen kannst. – Kaufhalle, zum Beispiel. Im Oktober geht das schon los: Chef, es ist kalt. – Der: Heizstufe zwo! Wir: Pfeif doch auf Heizstufe! Sollen wir uns vielleicht mit Trainingshosen an die Kasse setzen?

Gregorowka? Was hat dich da interessiert, wie du aussahst? Wattehosen und Filzstiefel, und über der Fellweste die Küchenjacke. Da war wichtig, dass die Jungs ihren warmen Kaffee auf dem Tisch hatten, wenn sie halb sieben zum Frühstück anrückten. – Und das war manchmal ein Problem! – Du stehst auf, halb vier, bisschen waschen, Zähne putzen, und hast schon die ganze Zeit das Gefühl, irgendwas ist anders. Dann die Wohnwagentür auf und: Ach du lieber Himmel! Schnee bis zur dritten Treppenstufe. Klammheimlich hat's den runtergerieselt. Halb elf abends war noch nichts, wie du nach dem Abwasch ins Bett bist, und früh liegt er auf einmal da. Kein Wind, kein Getöse, nichts. Einfach nur so ein Geriesel. Und das drei Tage lang. Das Dach vom Speisezelt hing manchmal durch, dass wir dachten: Na, ob die dünnen Stangen das halten werden? – Aber du konntest ja nicht erst anfangen, den Schnee vom Dach zu schieben. Halb sieben kamen die Jungs. – Oder der Weg vom Küchenwagen zum Zelt. – ich meine, mehr als zwanzig Meter waren das nicht. Aber die lauf mal mit dem Suppenkübel oder dem Brotkorb oder dem Tablett mit den Wurstportionen. – Aber das hast du ja alles selber so gewollt. Es hat dir ja keiner gesagt, dass du gehen sollst. Hättest ja auch zu Hause bleiben können, wo der Schneepflug kommt und spätestens halb neun sowieso alles Matsch ist durch die Autos. – Drei Mann waren wir in der Frühschicht. Einer Kaffee, einer Suppe, einer das Kalte. Stapf, stapf, stapf. Hin und her. Da hast du erst einmal gemerkt, was du so laufen musst für eine Mahlzeit. Um sechs jedenfalls hatten wir den Weg dann glatt getreten. Aber unsere Beine! Frag nicht! Ich hab mal meine Filzstiefel gewogen. Drei Kilo! Sechs Pfund! – Wie anderthalb Brote an den Füßen. – Aber wenn du dann hinter dem Ausgabetisch gestanden hast und alle waren versorgt, und plötzlich tritt so eine Stille ein. Jeder sitzt nur da und schlürft und kaut. Da ist mir manchmal so ein Gefühl angekommen wie... wie jetzt manchmal, Sonntagmittag. Die Zwillinge pappeln und Liebermann tunkt die Kartoffeln in die Soße, schön rundum, damit auch jede Seite etwas hat, und dann schiebt er sie in den Mund und ich seh, er ist ganz weg ... Also da könnte ich ... – heulen, könnte ich da manchmal oder in die Küche rennen und ein ganz irres Lachen loslassen, richtig irre, weil's anders nicht geht. – Hab ich einmal gemacht, aufgestanden und raus in die Küche. Und Liebermann gleich hinterher. Ganz weiß war er im Gesicht. Jetzt ist es passiert, hat er gedacht, jetzt hat sie durchgedreht. Das war zu viel. Die Zwillinge und Qualifizierung zum Bereichsleiter Fischwaren und ich immerzu auf Tour. – Aber das war es nicht. – Ich hab's einfach nicht anders in den Griff gekriegt, was da plötzlich in mir hochkam. – Ich meine, davon hab ich doch immer geträumt, das ganze Leben. Kaum war ich aus der Schule. – Eigene Wohnung. Zwei Zimmer und Küche, aber so, dass man drin frühstücken kann. Die Kinder plappern irgendwelches Zeug und der Mann vergisst über dem Essen, dass die Bahn einen Fahrplan hat. – Dreiundzwanzig musste ich werden. Und wenn die Trasse nicht gewesen wär, ich weiß nicht... In der Kaufhalle jedenfalls wurde da nichts. – Ich weiß nicht, was die Männer sich so denken, wenn sie einkaufen kommen. Entweder müssen sie in Gedanken andauernd vor sich hinbabeln: Butter, Brot, Eier, Mehl, oder sie denken, wir sind einfach Inventar. Vielleicht liegt's auch daran, dass die Falschen einkaufen kommen, die Verheirateten oder solche, die irgendeine Fete vorbereiten. Die haben keinen Blick dafür, dass da eine steht und sich denkt: Also der vielleicht auch. Das ist einer, der sieht aus, als würde er die Zeitung beiseitelegen, wenn du abends sagst: Doris sind heute wieder zwei Flaschen Pinot Noir aus dem Karton gerutscht und Gumpert hat gesagt: »Diesmal bezahlen Sie sie.«

– Die von der anderen Sorte meine ich nicht, die die kommen und denken, du bist eine Büchse Schmalzfleisch. Zugreifen und rein in den Korb. Klar, kann ja sein, dass einer eigentlich gar nicht so ist, wie er tut, wenn er ankommt: Eh, Mäuschen! – Aber ich meine, wenn er woanders schon so tut, wie er gar nicht ist, dann legt er vielleicht auch zu Hause die Beine auf den Tisch, weil er meint, das muss so sein, er ist der Herr im Hause. Die hab ich mir jedenfalls vom Leibe gehalten. Mensch, haben die anderen zu mir gesagt, was willst du denn eigentlich? Dass einer kommt mit 'nem Blumenstrauß und auf die Knie fällt? Männer sind eben so, die müssen sich aufplustern. Was dahinter steckt merkst du schon zeitig genug. – Ich war die Einzige, die nicht verheiratet war, von achtundzwanzig! – Aber so wollte ich das jedenfalls auch nicht: Komm mit, du frierst. – Und dann Liebermann! Schlimmer ging's bald gar nicht. – Jedenfalls, wenn man

nimmt, was er als erstes gesagt hat: »Rück mal ein Stück!«
Das war im Frühjahr Sechsundsiebzig. Schneeschmelze.
Schlamm bis zu den Waden hoch und auf den Straßen eine
Schmiere, dass dir schon beim Laufen angst werden konnte.
Und dann dreimal mit dem Küchenwagen vom Wohnlager
zur Baustelle raus. Zweites Frühstück, Mittag, Vesper. Sonst
hätten die alle erst ins Lager laufen müssen. Zweieinhalb Kilometer. – Na. Jedenfalls, das war noch schlimmer als der
Schnee im Winter. Wenn du im Bett lagst, abends, dann lagst
du. Da zuckte nichts mehr. Augen zu, und wenn der Wecker
klingelte, hast du erst gemerkt, dass du vergessen hattest, das
Licht auszuschalten. – Jedenfalls, ich werde munter, weil die
Tür aufgeht. Vielleicht bin ich auch schon wach geworden
vom Trampeln auf der Wohnwagentreppe. Aber richtig munter war ich, als die Tür aufging. Ich gucke, kommt einer rein,
strampelt sich die Stiefel von den Beinen und legt die Mütze
auf den Ofen. Licht war an. Ich sage: He, was soll denn das?
Und Bärbel im Bett über mir: Mach, dass du rauskommst! –
Aber der: Licht aus und ran zu mir ans Bett und: Rück mal
ein Stück! – Dreckig wie er war. Kombi mit Schmieröl von
oben bis unten. Ich: Sag mal, spinnst du? – Und er: Hab dich
nicht so, ich bin müde. Bärbel über mir: Müde, so was kennen
wir. – Aber der war wirklich müde. So was von müde hab ich
nie wieder gesehen. Tausendachthundert Kilometer hatte er
hinter sich. Bei dem Straßenzustand! Und dann noch zweimal Reifenwechsel dabei. Irgendwelches Profileisen auf dem
Auflieger. Eiltransport. Seinen zweiten Mann hatte er ins
Krankenhaus bringen müssen, irgendwo hinter der Grenze.
Blinddarm. – Eigentlich hätte er ja warten müssen, bis Ersatz
kommt. Aber er hatte sich gedacht: Die lassen sich das Eisen
doch nicht ohne Grund mit dem LKW bringen. So was läuft
doch normalerweise über die Schiene. – Jedenfalls wir keifen
und keifen, Bärbel von oben und ich schieb mit dem Hintern,

aber der schläft schon lange. – Er ist dem Licht nachgegangen. Hat seinen Wagen abgestellt und ist dem Licht nach. Der war ja nicht von uns. Von Autotrans Berlin war der, und Wohnung in der Löwenberger Straße. Gleich um die Ecke unsere Kaufhalle. Das muss man sich mal vorstellen! Jahrelang rennen zwei aneinander vorbei, und dann irgendwo in der Ukraine...
– Ich war jedenfalls erst mal ganz schön sauer auf ihn. Am Tag vorher hatte ich erst die Bettwäsche getauscht. Und der mit seinen Ölklamotten. Aber da konnte ich schieben, wie ich wollte, der schlief. – Bin ich dann zu Bärbel hoch.
Nach dem Vesper, als wir unsere Freistunden hatten, schlief der immer noch. Sind wir ganz leise gewesen. – War ja klar, dass der müde sein musste. – Bärbel sagte: Der weiß vielleicht gar nicht, in was für ein Bett er gekrochen ist. Und ich hab gesagt: Eigentlich ist er mein Typ. – Ehrlich, hab ich damals schon gesagt, dass er eigentlich mein Typ ist. Obwohl ich Wut auf ihn hatte. – Das Bett sah vielleicht aus. – Nach dem Abendbrot war ich dann Profi. – Prophylaktische Vorbereitung der Folgemahlzeiten. Das kam von Klaus. Der musste sich immer irgendwie wichtig haben. Prophylaktische Vorbereitung und so. Stimmte vorne und hinten nicht, aber klang wie was. – Wir sagten Profi. Da hattest du zu tun. Fleisch schneiden, Frühstücksportionen auswiegen, Abwaschen auch schon. Muss ja alles hintereinander weggehen. Sonst stehst du die halbe Nacht am Becken. – Nach vorn jedenfalls, mal sehen, wie die Truppe futtert, das war nicht drin. Das hast du gesehen, wenn du an der Ausgabe warst. – Na, jedenfalls kommt Bärbel und sagt: Du, dein Typ, der sitzt jetzt vorn. Und ich: Siehst doch, dass ich zu tun habe. – In den Hintern hätte ich mich beißen können, nachher. Am nächsten Tag war er nämlich weg. Frühstück. Ich gucke: Nichts. Zweites Frühstück: Nichts. Hab ich mich vorsichtig erkundigt. – Was, der von Autotrans? Der ist noch in der Nacht gefahren, zurück

an den Westabschnitt. Der war fehlgeleitet. – Also ernsthaft, ich hab zwei Tage nichts gegessen. Dabei war doch nichts. Überhaupt nichts war doch nicht gewesen. Bloß, dass er gesagt hatte: Rück mal ein Stück. – Aber so muss das wohl sein. Gleich musst du irgendwie wissen, das ist er, egal, ob er was sagt oder nicht. – Jedenfalls sag ich zu Bärbel: Da schneit schon mal einer vorbei, wo du denkst, der und sonst keiner, da verdünnisiert der sich, ohne dass noch irgendwie was gewesen ist. – Wenigstens danke schön hätte er doch sagen können, oder einen Zettel schreiben, so wie er mir die Wäsche versaut hat. Aber nichts. – Hab ich schließlich Schumann genommen. Der schlich schon lange um mich rum. Nicht aufdringlich, nein, immer mit Angst in der Hose. Mal am Teekübel mit anfassen oder abends bei der Disko einen Blick von weitem, mehr nicht. – Schumann war ein Verklemmter. Solche kriegen nie eine Frau, oder eine, die sie aus Mitleid nimmt. – Ich hab ihn ja dann auch irgendwie aus Mitleid genommen.
Gott, wenn er sich schon so müht, hab ich gedacht, und dann bist du wenigstens die ewige Grapscherei von den Anderen los. – Ich meine, zu verstehen war das schon irgendwie. Zwölf Frauen auf der Baustelle und bald dreihundert Männer. Und das stimmt ja nicht, dass wir das gar nicht wollen, in der Bahn, zum Beispiel, dass einer dich anguckt und du merkst, der guckt nicht bloß, weil er gerade kein Buch bei sich hat, oder weil er die Strecke schon hunderttausendmal gefahren ist. Warum sonst machen wir denn die ganze Fummelei mit den Haaren und Lippen und Augen und Parfüm? Hätten wir ja alles nicht nötig, wenn wir's nicht so wollten, dass einer auch mal zufasst, meine ich, einfach so, ohne was zu wollen. Aber dort, da war das eben bisschen viel manchmal. Und manchem ging's ja auch nicht bloß darum, mal 'ne andere Art Arm angefasst zu haben. – Aber wenn du jemanden fest hat-

test, dann warst du da raus. Das war Gesetz. Ein Verhältnis war tabu. Da rührte keiner dran. Mal tanzen, ja. Aber irgendwie versuchen, einem das Mädchen auszuspannen, das gab's nicht. Da haben sich sogar solche wie Seltmann dran gehalten. – Also Schumann jedenfalls, das war ganz und gar meine Sache. Hör mal, hab ich gesagt, was guckst du 'n immer so? Stehst du irgendwie auf mich oder was? Und der mit Schlucken und Schnaufen: Naja, schon. – Klar, das ist vielleicht nicht die übliche Methode wie zwei zusammenkommen, aber warum sollen denn immer bloß die Männer den Anfang machen. Ist doch klar, dass dann solche wie Seltmann im Vorteil sind. Am Ende wird dann geschieden, bloß, weil die Frauen selber zu feige sind, mal hinzugehen und zu sagen: Hör mal, du guckst immer so. – Bei Schumann hab ich das gemacht. Und, ehrlich, das war ein gutes Gefühl. Ich meine, dass ich das mal bestimmt hatte und nicht, dass ich mir bloß blöd vorkam, immer wieder nein zu sagen. – Aber eigentlich, hab ich dabei an Liebermann gedacht . – Ich weiß nicht, irgendwie ist der mir immer wieder ins Bild gerutscht. Egal, was ich machte, plötzlich sah ich ihn liegen in seiner Ölkombi auf dem weißen Bett. Und als er dann eines Tages wieder vor mir stand, hab ich vor Schreck einen Stapel Teller fallen lassen. – Im August war das. Weiß ich wie heute. In der Küche Temperaturen um die fünfzig Grad. Da zogen wir bloß Slips an und den Küchenkittel drüber. – Und mit einem Mal steht der an der Ausgabe und starrt mich an. Ich dachte, ich bin nackt. – Also ernsthaft. Das müsste mir mal einer erklären, wie so was zusammenhängt. Bei den anderen hat mich das überhaupt nicht gestört, nicht einmal, wenn ich bemerkt habe, wie sie versuchten, mit ihren Augen auch noch hinter den Kittel zu peilen. – Soll'n sie doch, hab ich gedacht, gepeilt ist nicht angefasst. Aber bei dem … Dabei hat der mir ins Gesicht gesehen. Bärbel sagte: Das ist dein Nächster, wetten? Ich: Du

spinnst wohl! – Schumann ist nach Hause, die Hochzeit vorbereiten. Aber die lachte bloß. – Ich dachte, lass sie. Der fährt morgen wieder weg, und wenn er dann mal wiederkommt, heiß ich lange Schumann. – Aber der blieb. Vier Tage! Und immer guckte er mich an. Und eines Abends, als wir vor der Kulturbaracke aufeinandertreffen, sagt er: Nimm mal die Brille ab. – Ich nehm die Brille ab, und der: Hab ich doch gewusst, du siehst aus, wie meine Oma.
Da hab ich losgeheult. Von einem Moment auf den anderen hatte ich die Backen nass. – So ein Idiot, hab ich gedacht, da kann man nicht schlafen, nächtelang, weil er einem immer wieder im Kopf rumgeistert, während Schumann schon den Eigenheimbauvertrag unterschrieben hat, und dann solche Komplimente.
Aber das mit Schumann ging nun plötzlich überhaupt nicht mehr. – Wollen wir nicht lieber noch ein Jahr warten, hab ich gesagt, als er zurückkam. Aber er: Meine Mutter hat schon den Stoff für das Brautkleid gekauft. – Da bin ich mit Seltmann in die Büsche. Sonntagnachmittag und so, dass Schumann es sehen musste. Ich weiß nicht, wie ich gerade darauf gekommen bin, aber ich hab gedacht: Kurzer Prozess, das ist das Allerbeste. Und so war's dann auch. Schumann ist zum Kaderleiter gegangen und hat sich auf eine andere Baustelle versetzen lassen. – Danach bin ich mir vorgekommen wie eine Hure, wie eine richtige dreckige Straßenhure. Und wenn ich gekonnt hätte, hätte ich mir irgendwas auswechseln lassen, so hab ich mich vor mir selber geekelt. – Dann aber hab ich auf Liebermann gewartet. Einmal wird er schon wiederkommen, hab ich gedacht. Das machen die doch nicht, dass sie immer wieder neue Leute auf die gleiche Tour schicken. – Und dann ist er auch tatsächlich gekommen, mitten im Winter. Minus zwanzig Grad. Drinnen war's warm. War ja inzwischen alles längst fertig. – Baracken und Fernheizung

und Speisesaal mit richtiger Küche. – Von wegen Wattehosen und Filzstiefel am Herd, das war vorbei. Alles vorschriftsmäßig, sogar weißes Schiffchen auf dem Kopf. – Na, jedenfalls kommt Bärbel und sagt: Auf dem Parkplatz steht ein Sattelschlepper von Autotrans. – Ich, nichts wie raus. Bloß mal gucken, was es für eine Nummer ist. Und wie ich hinkomm, liegt einer drunter im Schnee und fummelt irgendwas zurecht.
Sind Sie von Autotrans, frag ich, und er reicht mir die Taschenlampe zu und sagt: Halt mal!
Blöd wie ich war, hab ich das gemacht. Und dann hab ich gestanden mit meinem dünnen Kittelchen. Und er immerzu: Halt mal! Gib mal! Leuchte mal! – Mir hätte sonst was einfrieren können. Aber weggehen konnte ich nicht. Er war's ja. – Na gut, er hat schließlich gemerkt, was für einen Blödsinn er macht. Ist gut, sagt er jedenfalls nach einiger Zeit, bist ein Pfund. Geh mal wieder rein. Ich trinke nachher einen Grog bei dir. – So was von Liebeserklärung. Film ist gar nichts, hab ich zu Bärbel gesagt, da hängen sie immer noch irgendwelche Kinkerlitzchen dran, damit's auch jeder begreift. – Wir wussten beide, jetzt ist alles klar. Und als er dann kam, haben wir gar nicht mehr viel reden müssen. – Danach hat er Briefe geschrieben, jeden Tag einen, egal wo er gerade war: Meine liebe Eierkuchenpfanne! Und ich: Liebster Schmierölschlumper! Anderthalb Jahre lang. – Später hat er mir dann mal gesagt, dass er gleich in der verrückten Nacht gedacht hatte, also die, das wäre vielleicht eine, aber er war eben zu müde. Und dann hat er wieder gedacht: Eine, die an die Trasse geht, was kann das schon für eine sein.
Bloß gut, dass du zu müde warst, hab ich geantwortet. Ich hätte dir wahrscheinlich eins mit dem Filzstiefel über den Kopf gegeben.

Veröffentlicht in Neue Deutsche Literatur, Heft 12/1983

Vertrauliches Geständnis oder
Die Macht der Literatur

ZENTRALE POLIKLINIK DER BAUARBEITER BERLIN
BETR.: RÜCKFÜHRUNG EINES PATIENTEN VON DER DRUSHBA-
TRASSE
PATIENT: WERNER, WILLI, GEB: 21.3.45
WOHNHAFT: 40 HALLE, ERNST-THÄLMANN-STR.17
DIAGNOSE: KNÖCHELFRAKTUR, ABBRUCH DES HINTEREN
TIBIAKANTENDREIECKS. MIT UNTERSCHENKELGEHGIPS VERSORGT.
TRANSPORT: SITZEND, OHNE BEGLEITPERSON.
ANKUNFT: SCHÖNEFELD - 13.12.75 - 5.45 UHR
GEZ.: MR DR. KANT

Dieses Telegramm hängt, flankiert von zwei schwarzrotgold umrahmten Urkunden, unter Glas in unserem Wohnzimmer über dem Fernseher, so dass es mir in den Blick fällt, sobald ich mich auf die Couch setze, um die Beine auszustrecken. Der Platz ist mit Bedacht gewählt, und meine Frau, die selbst die entsprechenden Nägel in die Wand geschlagen hat, ist überzeugt, auf diese Weise die Bedeutung des Telegramms für eine Wendung in meinem Leben angemessen gewürdigt zu haben, aus der sich ihre Hoffnung speist, den beiden Urkunden im Laufe der kommenden Jahre noch weitere hinzufügen zu können. Wüsste sie allerdings, welche Rolle in diesem Zusammenhang der Textzeile »Transport: Sitzend, ohne Begleitperson« zukommt, hätte sie wohl kaum den russischen Wein, der vorher die Wand über dem Fernseher zierte, in den Korridor neben den Garderobenspiegel verbannt, wo er auch prompt die Blätter fallen ließ.

Was die Zuordnung der Urkunden zu dem Telegramm betrifft, so kommt dies den von ihr vermuteten Zusammenhängen schon näher, denn mein Name wäre ohne dieses Telegramm, beziehungsweise ohne die Umstände, die zur Absendung dieses Telegramms geführt hatten, wohl niemals bis zu jenen Gremien vorgedrungen, deren Wirken meine Frau zu der Annahme berechtigt, den Freiraum zwischen der Oberkante des Fernsehers und den Unterkannten der Urkunden nicht zu Unrecht etwas großzügig bemessen zu haben.
Ihr Irrtum in diesem Zusammenhang bezieht sich auf mein diesbezügliches Empfinden. Sie meint, mich freue das.
Aber der Reihe nach.
Ich war dreißig Jahre alt, Bauingenieur und in der Regel mit der Leitung solcher Baustellen betraut, deren Existenz für des Ansehen unseres Kombinats wenig ins Gewicht fielen, die aber trotzdem, oder möglicherweise gerade deshalb besonderer Anstrengungen bedurften, wenn man nicht dafür verantwortlich gemacht werden wollte, dass sie für das Ansehen des Kombinats ins Gewicht fielen.
Es begann meist schon am Montagmorgen. Irgendeinem Eigenheimbauer war vom Produktionsdirektor für das Wochenende der Autokran zugesprochen worden, und der war damit prompt in eine Klärgrube gefahren. Bis man sich von einer anderen Baustelle einen zweiten Kran erbettelt hatte, um den ersten aus der Grube heben zu können, war der Vormittag vergangen und die sieben Stützpfeiler für eine Fußgängerbrücke, die in dieser Zeit gesetzt werden sollten, lagen immer noch im Schlamm.
Mit dem Versprechen auf Verschwiegenheit und zwanzig Mark aus der eigenen Tasche überredete man dann den Fahrer des zweiten Kranes zu drei Stunden sozialistischer Hilfe und so konnte bis zum Feierabend der Rückstand aufgeholt werden.

Am Dienstag brach der Schwenkarm des Kiesschrappers an der Betonmischanlage und die Betonbauer, die sich auf das Schütten irgendeiner Zwischendecke vorbereitet hatten, griffen demonstrativ zu den Skatkarten. Da stellte man sich gemeinsam mit dem Meister auf den Kies und bewies mit der Schaufel in der Hand, dass ein Schrapper zwar gut, aber im Notfall auch ersetzbar ist. Mittwochs brannte der Motor des Förderbandes und am Donnerstag riss der Wind dem Zimmererbrigadier das einzige Duplikat der Bauteilzeichnung für das Lüfterfundament aus der Hand und trug es bis zum Saalewehr, wo es zwischen rundgestoßenen Holzkloben und angeschwemmten Spielzeugbällen unter dem weißen Schaum des schwärzlichen Wassers verschwand. Da saß man dann ab Freitagnachmittag und stellte auf Transparentpapier eine Kopie her, denn die Nachlieferung einer Lichtpause durch den Projektierungsbetrieb war erfahrungsgemäß frühestens in einer Woche zu erwarten.

Meine Frau war zu dieser Zeit achtundzwanzig Jahre alt, arbeitete als Montiererin im Fernsehgerätewerk und hatte, außer mehreren ausgesprochen reizvollen Grübchen, das unnachahmliche Talent, finanzielle Rücklagen immer gerade dann für einmalig günstige Käufe aufgebraucht zu haben, wenn diese für die Bezahlung der Miete, der Versicherungsbeiträge, fälliger Kreditraten oder von Nachnahmesendungen benötigt wurden. Kinder hatten wir nicht.

Das lag weniger an unseren körperlichen Voraussetzungen, als an der Auffassung meiner Frau, dass Eltern verpflichtet seien, den Kindern bestmögliche Bedingungen zu schaffen, bevor sie sie in die Welt setzen. Was sie nicht hinderte, mich mitten in der Woche mit der Nachricht zu empfangen, dass sie für den Abend im Konzertcafé des Interhotels zwei Plätze bestellt habe, oder, dass in einer Viertelstunde ein Taxi vorfahren werde, um uns nach Merseburg zu bringen, wo im

Schlosshof ein Konzert mit irgendeinem bekannten Posaunisten stattfinde, von dem sie nicht einmal den Namen wusste.

»Irgendwann muss ich das neue Kleid doch mal anziehen. Und für die dreckige Straßenbahn war es einfach zu teuer. Oder bist du anderer Meinung?«

Meiner Zuneigung zu ihren Grübchen wegen war ich meist nicht anderer Meinung, wenn mir dadurch auch ein Abend verloren ging, an dem ich endlich wieder einmal die in den zurückliegenden zwei Monaten veröffentlichten Gesetzblätter nach Bestimmungen durchsehen wollte, die meinen Verantwortungsbereich betrafen, oder an dem ich das längst fällige Gespräch mit einem Arbeitsbummelanten vorbereiten wollte. Ich zog mich also um, und wenn das Taxi hupte und sie aus dem Fenster winkte, griff ich hinter den Garderobenspiegel, wo ich die Reste meines wöchentlichen Taschengeldes zu sammeln pflegte, um notfalls das Taxi auch bezahlen zu können. Streit hatten wir kaum. Ich bin kein Mensch, mit dem man streiten kann. Es erscheint mir sinnlos, mit gesteigerter Lautstärke beweisen zu wollen, was bei einem Mindestmaß an sachlicher Überlegung auch ohne solchen Aufwand einleuchtend ist. Und so ziehe ich mich meist in ein demonstratives Schweigen zurück oder lächle überlegen, bis es dem anderen selbst zu dumm wird, seine haltlosen Argumente immerfort aufs Neue vorzubringen.

Stritten wir also doch einmal miteinander, stritt in der Regel eigentlich nur sie, während ich mich an das Reißbrett setzte oder mich anzog und spazieren ging.

Anlass war meist eine Situation, die sich aus der Art ihrer Finanzwirtschaft und meiner Reaktion darauf ergab. Zum Beispiel, wenn es wieder einmal abends an der Wohnungstür geklingelt hatte und ich, in der Vermutung, dass es sich nur um den Versicherungskassierer oder um den Hausverwalter

handeln könne, nach dem Ruf: »Schatz, geh du doch mal bitte«, auf kürzestem Wege zur Toilette gelaufen war und die Tür verriegelt hatte.
Hörte ich dann einen Dialog, der meine Ahnung bestätigte, ließ ich demonstrativ die Toilettenspülung laufen und wusch mir so lange die Hände, bis es ihr gelungen war, die notwendigen Verhandlungen auf irgendeine Weise zu einem beiderseitig befriedigenden Ergebnis zu führen.
»Du hättest ja ruhig auch einmal ...«, begann sie dann meist das folgende Gespräch, worauf ich gewöhnlich entgegnete: »Mein Taschengeld beträgt zwanzig Mark die Woche, damit komm ich aus. Für alles andere bist du zuständig.«
Manchmal schlug sie darauf einfach nur die Küchentür hinter sich zu und ließ mich von dort her einzelne Worte eines von kurzen spitzen Schreien unterbrochenen Monologs hören. Manchmal aber ging sie gezielt zum Abtropfkorb des Spülbeckens oder zum Tisch, auf dem noch das Geschirr vom Abendessen stand, um dann mit einem Teller in der Hand in das Wohnzimmer zu kommen, wo ich am Reißbrett saß oder irgendwelche Berechnungen vornahm, und ihn dort mit demonstrativer Heftigkeit auf den Fußboden zu werfen, wozu sie dann: »Da sitzt er und sitzt«, schrie, »während andere sich dumm und dämlich verdienen mit Gutachten und Bauaufsicht pro forma und Projekten für Dachausbau und Tiefgaragen. – Was hat mich bloß für ein Teufel geritten, dass ich so einen Idioten zum Mann genommen habe!«
Warf sie nur die Küchentür zu, wusste ich, dass eine Einsichtsphase bevorstand. Sie schlich denn gewöhnlich eine halbe Stunde später auf Zehenspitzen zum Bad, ließ Wasser in die Wanne laufen, und wenn sich dann der Duft von Apfelblütenschaumbad in der Wohnung auszubreiten begann, wusste ich, dass ich bald eine grundsätzliche Erklärung zu hören bekommen würde.

»Ab morgen, Liebster, machen wir alles ganz anders.«
Dieser Vorsatz hielt dann meist so lange vor, bis sich ihr Lohn und mein Gehalt zu einer reizvollen Summe auf dem Konto vereinigt hatten und das Schaufenster eines Schuhladens oder irgendeines Haushaltwarengeschäfts zu einem unüberwindlichen Hindernis auf ihren Nachhauseweg wurde.
»Nicht wahr, Liebster, das ist doch praktisch, so ein Folienschweißgerät? Wenn wir mal eine Tiefkühltruhe haben, packen wir alles in kleine Plastetüten und: klapp, schon sind sie zu.«
Bei der Aktion mit dem Teller dauerte es gewöhnlich länger, bis sie sich zu einer selbstkritischen Einstellung durchrang. Und es konnte vorkommen, dass ich in die Gefahr kam, ihr Zugeständnisse machen zu müssen. Doch schließlich stellte sich immer wieder heraus, dass sie ebenso abhängig von einer gewissen häuslichen Harmonie war wie ich.
Anfangs hatte ich immer noch versucht, ihr in der Zeit zwischen ihrem ersten stimmaufwändigen Ausbruch und dem Atemholen für den zweiten, meine Haltung zu erklären.
»Schatz«, sagte ich dann etwa, »du musst verstehen, dass ein Bau genauso hilflos ist wie ein Kind. Wenn du dich nicht genügend um seine Nöte kümmerst, verkommt es und wird niemals richtig lebensfähig.«
Oder ich habe ihr von meinem Vater erzählt, der den Fußbodenglanz in seiner Stellwerkskanzel im Braunkohlentagebau gegen allen Schlamm und Schmutz ringsum mit Bohnerwachs und Lappen verteidigt, auch wenn die Leute von der anderen Schicht ihre Zigarettenkippen mit den Schuhen darauf breittreten. »Sauberkeit bewahren,« so lautete seine Erklärung, »kostet immer Kraft. – Aber wenn du nichts tust gegen den Schmutz, der dich von außen bedrängt, setzt er sich nach und nach auch in dir selber fest.«
Leider ließ sie mir aber meist nicht die Zeit für solche Erklärungen, und so zog ich es schließlich vor, das Tuschefläsch-

chen zuzuschrauben, die Zeichnungen zusammenzulegen, meinen Mantel anzuziehen und aus dem Haus zu gehen, um so lange durch die Straßen zu laufen, bis ich annehmen konnte, dass sie in ihrer Auseinandersetzung mit mir jenen Punkt erreicht haben könnte, an dem sie sich für das Einlassen des Wassers in die Badewanne entschied.
Bei solch einem Gang auf die Straße fand ich mich dann eines Tages vor einer Wohnungstür stehen und mit dem Finger einen weißen Klingelknopf drücken. Und noch bevor ich mich erschrocken umdrehen und die Treppen hinablaufen konnte, wurde die Tür geöffnet, und Sylvia, unsere Baustoffingenieurin sagte: »Komm rein, ich zieh mir gleich was an.«
Wir kannten uns seit einem knappen Jahr, seit sie ihre Arbeit in der technischen Überwachung des Kombinats aufgenommen hatte, und immer, wenn wir uns zufällig auf den Korridoren des Direktionsgebäudes begegneten oder aus Anlass irgendwelcher dienstlicher oder gesellschaftlicher Veranstaltungen aufeinandertrafen, schwangen jene unwägbaren Zwischentöne in unseren Gesprächen mit, deren Wirkung es wohl zuzuschreiben ist, wenn ernstzunehmende Leute im Hall kahlwändiger Treppenhäuser den Schmelz der Stimmen bekannter Schlagersänger zu imitieren versuchen, im Geschwindschritt zur Straßenbahnhaltestelle kleine verspielte Hüpfer unterbringen oder im fleckigen Spiegel irgendeiner Baustellentoilette aufmerksam ihr Profil mustern. Nachgegangen war ich diesen Zwischentönen nie. Ich geriet schon über solch einen Blick in den Toilettenspiegel in Verwirrung und die Tatsache, dass meine Frau hin und wieder einige Missstimmung in unser gemeinsames Leben brachte, änderte nichts daran, dass ich mich auch nach fünfjähriger Ehe immer noch zu ihren Grübchen hingezogen fühlte.
Deshalb hielt mein Erschrecken auch an, als Sylvia längst die Tür hinter mir geschlossen hatte, ein zweites Glas aus dem

Schrank geholt und sich, nicht wie angekündigt, etwas angezogen, sondern, mit untergeschlagenen Beinen auf die Couch gesetzt hatte. Sie trug einen kimonoartigen Hausmantel, seidig glänzende Bettschuhe und hatte die Haare zu einem lockeren Zopf geflochten.

Ein anderer an meiner Stelle hätte den launig über die Knie geschlagenen Deckenzipfel sicher als Hinweis darauf genommen, dass für sie die Zwischentöne in den Gesprächen über Festigkeitswerte von Beton und ähnliche Probleme einen anderen Wert hatten, als den einer kollegialen Sympathiebekundung, und er hätte höchstwahrscheinlich daraus schlussfolgernd versucht, sich mit ihr über Möglichkeiten und Konsequenzen zu verständigen, zumal die fleckige Röte, die sich an ihrem Hals zum linken Ohr hin abzeichnete, den Bereich der Möglichkeiten schon so gut wie erörtert erscheinen ließ. Aber ich war eben nicht ein anderer. Ich war ich und so sprach ich, als ich mein erstes Erschrecken wieder einigermaßen überwunden hatte, in die andere Ecke der Couch gedrückt, wieder nur über Betonproben und Festigkcitswerte, während sie an ihrer Unterlippe zu kauen begann und schließlich doch in ihr Badezimmer ging, um sich ein Kleid überzustreifen.

Zwei Tage später dann meldete ich mich zum Einsatz an der Trasse.

Diesen Entschluss fasste ich spontan und unbeeindruckt durch die von den Zeitungen aufgebaute Trasseneuphorie. Ich empfand mich schon über das Alter hinaus, wo einem das Wort Abenteuer ein sehnsuchtsvolles Grummeln in die Magengrube setzt. Die einmaligen Dimensionen des Unternehmens bewegten mich nicht sonderlich, wusste ich doch, dass mein Anteil daran nicht der Rede wert sein würde, und die hochgepriesene Aussicht, »im Lande Lenins, an der Seite der Komsomolzen...« – Nun ja, Beton hat seine eigenen Gesetze, und ob er von Komsomolzen und FDJlern gemeinsam gemischt und verdichtet wird oder nicht, hat auf seine Festigkeit kaum Einfluss. Es sei denn, es ist einer vor der Arbeit mit der Tasche zum Konsum geschickt worden.

Ausgelöst wurde mein Entschluss wohl eher durch das Zusammentreffen von Umständen, die zu den von den Zeitungen propagierten Gründen kaum in Beziehung standen.

Am Morgen hatte ich meiner Frau mit den über drei Monate hinter dem Garderobenspiegel gesammelten Taschengeldresten ausgeholfen. Mittags erteilte mir der Produktionsdirektor die Weisung, eine Fußbodenlegerbrigade, die ich seit zwei Wochen mit Baustellenaufräumungsarbeiten beschäftigen musste, weil die PGH des Malerhandwerks ihren vertraglichen Verpflichtungen nicht nachkam, eben jener PGH in sozialistischer Hilfe zur Renovierung ihres Ferienheimes zur Verfügung zu stellen. Und am Nachmittag blieb Sylvia auf dem Direktionskorridor ohne das übliche Lächeln im Gesicht vor mir stehen und gab mir zu wissen, dass ich ein ausgemachter Trottel sei: »Ich wollte dir nur einmal ganz beiläufig sagen, dass eine Frau auch nur ein Mensch ist.«

Kurz darauf sprach ich dann beim Sekretär der FD-Leitung des Kombinats vor und fragte, ob man an der Trasse auch noch Leute meines Alters gebrauchen könne.

»Aber prima«, rief der daraufhin aus. »Das stell ich gleich durch. Wir haben sowieso die Auflage, einen Bauleiter zu delegieren«, und hatte schon den Telefonhörer in der Hand, ehe ich ihm noch zu erklären vermochte, dass es sich eigentlich nur um eine rein hypothetische Frage gehandelt habe.

Nach vier Tagen klopfte mir der Parteisekretär auf die Schulter, am fünften der BGL-Vorsitzende und am sechsten fragte meine Frau: »Und Taschengeld bekommst du extra noch?«, ehe sie das Apfelblütenduftschaumbad zum Wasser in die Badewanne gab.

Und bereits nach zwei Wochen, an einem Mittwochmorgen, gegen dreiuhrzehn saß ich im Flugzeug, und kaum, dass das Rumpeln des Fahrwerks der Maschine unter mir aufgehört hatte, der Boden nach hinten gekippt war und das glutrote Licht des aufgehenden Sonnenballs durch die Kabinenfenster geschossen kam, empfand ich zum ersten Mal Elvira.

Ich sage bewusst, empfand, weil ich sie zunächst tatsächlich nicht sah, sondern nur eine eigenartige Beklemmung fühlte, die, wie mir dann bewusst wurde, von einem Duft ausging. Ein Duft, der unaufdringlich, aber unüberriechbar in unregelmäßigen Intervallen meine Nase erreichte.

Bis heute kann ich nicht sagen, was für ein Parfüm sie verwendete, ob es im Inland produziert wird oder aus dem Ausland kommt, mit einem gewöhnlichen Griff ins Portemonnaie zu erlangen ist oder erst einer Abbuchung vom Sparbuch bedarf, ob sie mehrere verschiedene Parfüms zu einer neuartigen, nur ihr bekannten Mischung zusammenstellte oder ein einzelnes durch die Kombination mit irgendwelchen Küchenkräutern zu dieser einmaligen Wirkung läuterte. Von Bedeutung ist das wohl auch nicht, von Bedeutung ist dagegen, dass dieser Duft so unverwechselbar zu ihr gehört, dass ich heute noch in irgendeinen überfüllten Bahnhofswartesaal geraten könnte und, ohne sie zu sehen, sofort wüsste, dass sie da ist, falls sie da wäre.

Im Flugzeug saß sie drei Reihen vor mir auf dem am Mittelgang gelegenen Platz der anderen Seite, und der Duft, der nach und nach das Klima der gesamten Kabine bestimmte, ließ mich sie entdecken, obwohl ich zunächst kaum mehr als einen leicht auf die Armlehne des Sitzes gestützten Ellenbogen und eine Strähne kastanienbraun getönter Haare sehen konnte. Ich erroch sie also förmlich.

Wäre sie die einzige Frau gewesen, hätte mich das nicht weiter gewundert, aber in dieser Maschine flogen auch noch andere Frauen mit, und jede hatte sich bemüht, ihre Ausstrahlung mit Hilfe von Parfüm zu intensivieren. Doch waren das im Vergleich zu der Wirkung, die von Elviras Parfüm ausging, nichts als hilflose Versuche.

Nachdem ich sie also errochen hatte, versuchte ich natürlich auch, sie zu sehen, aber mehr als die Haarsträhne und den Ellenbogen gab sie vorläufig nicht preis. Doch ließ der Eifer, mit dem ein neben ihr sitzender Mann bemüht war, ihre Aufmerksamkeit an sich zu binden, bei mir eine Vorstellung von ihrem Gesicht entstehen, die so treffend war, dass ich richtiggehend erschrak, als sie sich nach etwa einer Stunde Flug unvermittelt umdrehte und unsere Blicke sich begegneten.

Zu diesem Blickwechsel wird einiges zu sagen sein, doch zunächst zu den Bemühungen des Mannes.

Er war sichtlich um einige Jahre älter als ich und die anderen mit dieser Maschine zu ihrem Einsatz anreisenden »Trassniks«, wie wir genannt wurden, rundgesichtig, bebärtet und ohne die uns zugeteilte, hellblaue, der amerikanischen Bluejeansmode nachempfundenen Trassenkleidung. Und er sprach in einer Lautstärke auf sie ein, als käme es ihm darauf an, dass auch die links und rechts und vor und hinter ihr Sitzenden mitbekommen mussten, was er von sich gab, um mit deren Reaktionen die Wirkung zu verstärken, die er bei ihr auszulösen versuchte. Also warb er um sie. Und er warb mit einem solchen Eifer, dass ich zu der Überzeugung kam, dass sie nicht nur ungewöhnlich duftete, sondern dass sie auch ungewöhnlich schön sein musste. Dass sie das wusste und auch wusste, wie sie auf Umwerbungen solcher Art zu reagieren hatte. Sie nahm sie an und ließ den jeweiligen Umwerber zugleich aber auch spüren, dass sie ihm mehr als das nicht zugestehen würde. Dem Eiferling neben ihr ging es aber offensichtlich um mehr, denn er redete ununterbrochen, mit gestenreichen, schauspielerischen Einschüben auf sie ein, übertönte hin und wieder das allgemeine Gesprächsgesumm mit einem überlauten Lachen und lehnte sich befriedigt zurück, wenn sie ihn in der darauf entstehenden Stille ein winziges Beifallskichern hören ließ. Dieses Kichern störte mich zunächst, dann aber bemerkte ich, dass auf der dem Gang zugewandten Seite der Rückenlehne ihres Sitzes nach und nach mehr als nur ihr Ellenbogen sichtbar wurde. Zuerst erschien ein Stück Oberarm, dann eine Schulter, schließlich die halbe Hinterhauptspartie ihres Kopfes und mit dem Beginn der zweiten Flugstunde drehte sie sich plötzlich um, und es kam zu jenem bereits erwähnten Blickwechsel. Es war keiner jener Blickwechsel, die man gewöhnlich in spätabendlichen Fernsehfilmen zu sehen bekommt. Ein Augenpaar wird gezeigt, aufgeschlagen, die Kamera fährt dicht heran, dann erfolgt ein Schnitt und ein zweites Augenpaar gerät ins Bild. Dieses konzentriert sich ebenso intensiv wie das erste auf die heranfahrende Linse, und wenn dann die Hand des eifersüchtigen Dritten jäh dazwischenfährt und einem der Augenpaare mehr oder weniger brutal die Sicht versperrt, weiß man, dass eine tragische Geschichte ihren Anfang nimmt. Nein, solch ein Blickwechsel war das nicht. Es war ein ganz normaler Blickwechsel, einer von denen, die man öfters erlebt, in Straßenbahnen, Geschäften, Bahnhofshallen oder in Fußgängertunneln. Man geht oder steht, sieht Taschen, Beine, Hüte, Frisuren und hin und wieder auch Augen, Augen, die nicht ausweichen, sondern zurückblicken, ein bisschen neugierig forschend, ein bisschen verspielt oder auch erschrocken, weil mit einem ebenso neugierig forschenden oder verspielten Zurückblicken nicht gerechnet worden war. Sie haben kaum etwas zu bedeuten, sind meist nicht mehr, als die befriedigt wahrgenommene Bestätigung, dass man noch bemerkt wird. Im nächsten Moment hat man sie schon wieder vergessen.

Was den Blickwechsel im Flugzeug aber von jenen unterschied, war, dass ich meinte, sicher sein zu können, die so ungewöhnlich duftende und, wie ich dabei irgendwie beglückt auch bestätigt bekam, ungewöhnlich schöne Frau würde am Ende des Fluges, wenn die Maschine ausgerollt war und wir unsere Plätze verlassen und aussteigen durften, an ihrem Platz so lange verhalten, bis ich zu ihr aufgerückt war, um mir dann mit einem Lächeln, einer hochgezogenen Augenbraue oder auf irgendeine andere Weise zu verstehen zu geben, dass auch sie meinte, es wäre besser gewesen, die ordnende Hand der Stewardess hätte am Beginn des Fluges nicht dem so aufdringlich um ihre Zuneigung buhlenden Mann, sondern mir den Platz neben ihr zugewiesen.

Eine Gewissheit, die ich auch durch die Körperhaltung bestätigt sah, die sie nach diesem Blickwechsel einnahm. Ellenbogen und Schulter verschwanden zwar wieder hinter der Rückenlehne, aber ihre Hand erschien auf dem Armstützpolster. Und während die Gesten des Mannes komödiantischer wurden, sein Lachen vertraulicher und sie hin und wieder ein lockendes Gurren hören ließ, klopften die Finger ihrer Hand irgendeinen kichernden Rhythmus.

Sie spielte also. Sie spielte in der Gewissheit, dass ihr jemand zusah und die Genugtuung über den durch das Spiel herausgeforderten Irrtum mit ihr teilte. Und obwohl sie in der restlichen Flugstunde nicht ein einziges Mal versuchte, sich dieser Gewissheit zu versichern, und Kopf und Körper hinter der Rückenlehne verborgen blieben, kam ich bezüglich der Bedeutung, die ich diesem Fingergetrommel zuschrieb, niemals ins Wanken.

Dass es dann allerdings nicht zu einer wie auch immer ausfallenden Verständigung kam, lag an Umständen, die weder von ihr noch von mir vorauszusehen waren, aber eigentlich als logische Folge ihres Spiels angesehen werden können.

Als die Maschine ausgerollt war, wollte ihr Sitznachbar offenbar so etwas wie weltmännischen Charme demonstrieren, denn er drängte sie, kaum dass das Signal zum Lösen der Sicherheitsgurte ertönt war, vor sich her auf den Gang und reckte sich dann nach der über ihrem Sitz positionierten Gepäckablagebox, um ihr ihre Handtasche herabzureichen. Wobei diese allerdings aufsprang und sich neben Kamm, Spiegel, Parfümfläschchen, Lippenstift und anderen Kleinigkeiten, auch mehrere einzeln verpackte Kondome auf dem Boden des Mittelganges verstreuten. Und so wurde ich, während sie mit gerötetem Gesicht in die Knie ging, um alles einzusammeln und in die Tasche zurückzustopfen, von den zwischen mir und ihr aus den Reihen tretenden anderen Passagieren zum hinteren Ausgang gedrängt, lief die Gangway hinab, stand dann, eingekeilt zwischen Koffern und Schultern, im vorderen Bereich des Zubringerbusses, während sie im hinteren Teil Platz fand, und nachdem ich am Flughafengebäude wieder hinausgeschoben worden war, bot sich keine Gelegenheit mehr für irgendeine weitere Kontaktaufnahme. Die Zoll- und Devisenerklärungen mussten ausgefüllt werden, die Pässe vorgezeigt, die Koffer in Empfang genommen, und kaum hatten wir das Empfangsgebäude nach der anderen Seite wieder verlassen, wurden wir per Namensaufruf in verschiedene bereitstehende Busse geleitet. Schon brummten deren Motoren auf, setzten sie sich in Bewegung, und während meiner an der Autobahn nach Kiew über die Brücke rollte, bog der, in den sie eingestiegen war, nach rechts ab und fuhr in entgegengesetzter Richtung davon. Womit diese, den Beginn meines Einsatzes an der Trasse bestimmende Episode eigentlich ihren Abschluss gefunden hatte. Denn dass ihr Bus in Richtung Osten fuhr, während meiner in Richtung Westen abgebogen war, bedeutete, dass sie offensichtlich zum Personal der Bauabschnitte A, B, C, oder D gehörte, während ich als Bauleiter die Errichtung der Unterkünfte für das Personal des Bauabschnitts F zu leiten haben würde. Eine nochmalige Begegnung war damit so gut wie ausgeschlossen, lagen doch ihr und mein Einsatzort im ungünstigsten Fall fünfhundert Kilometer voneinander entfernt. Nur, dass ich es doch als eine ziemlich ungerechte Fügung ansah, dass, wie ich bei der Teilung der Buskolonne an der Autobahn sehen konnte, ihr sie so eifrig umwerbender Platznachbar aus dem Flugzeug, zwar mit etwas verkniffenem Gesicht und mehrere Sitzreihen entfernt, aber eben doch im selben Bus mit ihr davonfuhr. Doch vermochte ich das im weiteren Verlauf der Fahrt als Ausdruck einer typisch männlichen verletzten Eitelkeit einzuordnen, für die ich mich dann auch vor mir selbst ein bisschen schämte. Ich war doch wohl nicht an die Trasse gefahren, um irgendwem seine Hoffnungen auf ein amouröses Abenteuer zu neiden, geschweige, dass ich selbst irgendwelche Hoffnungen dieser Art gehabt hätte.

Nur, dass ich noch einige Zeit meinte, auch in dem Bus, mit dem ich transportiert wurde, hin und wieder einen Hauch ihres so beeindruckenden Dufts vernehmen zu können. Aber auch diese Empfindung verschwand schließlich. Und nachdem wir bei der Anhäufung von Bauwagen angekommen waren, die den Standort des Wohnlagers der Baustelle markierten, auf der unter meiner Leitung ausreichend beheizte Unterkünfte für den bevorstehenden Winter errichtet werden sollten, blieb mir keine Zeit mehr, mich an Düfte, Blicke mutmaßliche Mutmaßungen zu erinnern.

Denn kaum, dass ich ausgestiegen war, wurde ich schon zu dem für den Gesamtkomplex der vorgesehenen Bauleistungen zuständigen Oberbauleiter beordert und bekam zu wissen, dass er für die nächsten Wochen ausfalle und ich seine Aufgaben zu übernehmen habe. Er hatte wohl schon zu Hause dazu geneigt, auf Unzulänglichkeiten in ihm übergeordneten Verantwortungsbereichen mit erhöhtem Blutdruck zu reagieren und vielleicht war er in der Hoffnung an die Trasse gefahren, bei solch einem exponierten Unternehmen gesünder leben zu können. Die tatsächlichen Bedingungen aber hatten dann seinem Kreislauf Unmögliches abverlangt. So sagte er nur noch: »Fühl du dich hier mal so lange als der Chef von allem«, bevor er zu einem mit Blaulicht herbeigekommenen Krankenwagen geleitet wurde, der ihn zum Flugzeug nach Berlin bringen sollte.

Und obwohl er mir noch versicherte, dass er spätestens im September wieder zurück sei, war ich auch noch im November Chef und hatte zu sehen, wie ich damit zurechtkam.

Siebenundzwanzig Leute befanden sich zu dem Zeitpunkt auf der Baustelle. Dazu gehörten ein Versorgungsleiter, ein Arzt, der FDJ-Sekretär, der BGL-Vorsitzende, der Parteisekretär, ein Bereichsleiter für Glas- und Gebäudereinigung, ein Dispatcher, sowie zwei Köche, eine Krankenschwester, die Dolmetscherin und ein Transportleiter. Blieben Fünfzehn, die mit Hammer, Schaufel und Kelle umzugehen verstanden. Mehr davon sollten in nächster Zeit folgen, folgten aber nicht, weil die politische Oberleitung des Gesamtobjekts inzwischen das »Kampfziel« propagiert hatte, bis zum hundertsten Geburtstag Wilhelm Piecks den ersten Kilometer Rohr zusammengeschweißt zu haben. Also wurden von der technischen Oberleitung alle Kräfte an jenem Bauabschnitt konzentriert, wo sich dieser Kilometer Rohr repräsentativ ins Bild rücken ließ. Bei uns kamen dafür Ausrüstungsgegenstände für den Winterbau an: Flächenheizgeräte, Frostschutzmittel mit abgelaufener Lagerfähigkeit, Wattebekleidung, Pelzwesten und Filzstiefel und eine Ladung Musikinstrumente als Geschenk der FDJ-Kreisorganisation Klingenthal. Wofür ich die Möglichkeiten zur sachgemäßen Lagerung allerdings erst mithilfe der nicht angereisten Fach-

kräfte hätte schaffen müssen. Das alles veranlasste mich von Beginn an, recht respektlos mit den Vertretern anderer Verantwortungsbereiche umzuspringen. So fragte ich zum Beispiel den Baustellendoktor, ob er sich eigentlich wohlfühle, als ich ihn im Campingsessel vor seinem Ambulanzwagen sitzen sah, wo er offenbar darauf wartete, dass auch bei mir der Kreislauf zusammenbrechen würde.
»Wieso?«, fragte er zurück und ich antwortete: »Na, überleg mal, Kollege Trassenbauer.«
Am nächsten Morgen meldete er sich bei dem mit dem Beräumen der Bauplätze für die Wohnbaracken beschäftigten Sägetrupp, und nachdem auch die ihm beigeordnete Krankenschwester beim Verbrennen des geschlagenen Reißigs eine ihren Fähigkeiten angemessene Beschäftigung gefunden hatte, hielten es auch andere für angebracht, ihre körperlichen Kräfte zum Einsatz anzubieten, wenn sie ihre geistigen nicht ausgelastet fühlten.
So half die Dolmetscherin das Werkzeugmagazin einzurichten, der Glas- und Gebäudereinigungsleiter betätigte sich als Anschläger bei den Entladearbeiten und der Parteisekretär ritt mit dem Dumper über Bodenwellen und Wurzeln und fuhr den Schotter für die Barackenfundamente an Ort und Stelle. Nur der FDJ-Sekretär war ununterbrochen damit beschäftigt, den Kontakt zu den örtlichen Organen des Komsomol herzustellen, damit die Jugendarbeit reibungslos anlaufen konnte, sobald die Schar der planmäßig vorgesehenen jugendlichen Bauarbeiter anrücken würde. Für diesen Eifer lobte ich ihn mehrere Male anlässlich der Tagesauswertungen und ab der zweiten Woche fand dann auch er sich am Bahnhof der nahegelegenen Kreisstadt ein, um beim Umladen der als Schüttgut angelieferten Ziegel auf die Transportfahrzeuge unserer Baustelle zu helfen. Mehr Schwierigkeiten hatte ich mit meinem Bemühen, Bäumen das Leben zu erhal-

ten. Man hatte uns als Standort für das Wohnlager einen kleinen Wald zugewiesen. Dort sollten Baracken aufgestellt werden, eine Heizanlage für Fernwärmeversorgung, der Speisesaal, die Krankenstation, Gebäude für Kultur, Dienstleistung und Verwaltung, Gebäude, die allerdings nach Beendigung der Arbeiten alle wieder wegzureißen waren. Von zu Hause gewohnt, auf freier Fläche zu bauen, hatte man vor meiner Ankunft bereits begonnen, den Wald großflächig zu roden. Ich aber sah nicht ein, warum ich einen halben Hektar siebzigjähriger Buchen vernichten sollte, nur weil dort für drei bis vier Jahre ein Barackenlager aufgebaut wurde. »Ich weiß«, sagte ich deshalb auf der ersten Baustellenversammlung, »dass Bäume beim Bauen ungemein störend sind, aber sie sind außerdem Schattenspender und schön. Mit der Zeit werden wir das zu schätzen wissen. Also roden wir sie künftig nur noch streifenweise.«

Die Maurer fluchten, weil sie mehr Mühe heim Umbau der Rüstungen für die Brandwände hatten, und die Betonbauer beschwerten sich, weil der Beton teilweise mit Schubkarren zu den Streifenfundamenten für die Baracken gefahren werden mussten. Der BGL-Vorsitzende schaltete sich ein. »Umweltschutz, gut«, sagte er, »aber wenn darunter die Arbeitsproduktivität leidet...«

»Setz deine Überredungskünste bei der Baustellenleitung ein«, antwortete ich, »die haben mir schon vor Wochen einen Kiesschrapper zugesagt. Der würde mir zwei Leute an der Mischanlage freisetzen.« Und auf der nächsten Versammlung betonte ich nochmals: »Kein Baum wird ohne meine ausdrückliche Genehmigung gefällt.«

Schließlich erschien der Sicherheitsinspektor der Baustellendirektion. Die Brandschutzbestimmung lege fest, erklärte er, dass die Zwischenräume zwischen den Baracken für die Löschfahrzeuge freizuhalten seien.

»Wenn es hier brennt«, entgegnete ich, »kannst du jedes Löschfahrzeug, das zwischen die Baracken zu fahren wagt, gleich mit auf die Abschreibungsliste setzen, und zwar samt Mannschaft.«
Er drohte mir fünfzig Rubel Strafe an, falls ich seiner Weisung nicht nachkommen würde.
Als er das nächste Mal vom Basislager herübergefahren kam, legte ich ihm eine Liste vor, in der aufgeführt war, wann, in welcher Zeit und wo in der DDR eine Baracke des Typs abgebrannt war, wie wir ihn hier gerade aufbauten. Den Rekord hielt eine Baracke bei Halle-Neustadt mit zwölf Minuten. Es war das einzige Beispiel, das stimmte, alle anderen hatte ich erfunden, aber er war nach dem Studium der Liste zumindest bereit, sich meine Argumente anzuhören.
»Wenn ringsum Kiefern stünden, brauchte keiner mit mir zu diskutieren, aber Buchen haben kein Harz. Die fangen so schnell nicht Feuer.«
Er blieb aber trotzdem bei dem mir angedrohten Bußgeld.
Als er das dritte Mal kam, führte ich ihm eine automatische Warnanlage vor, die von Blitz und Zuck, unserem Baustellenelektriker, entwickelt worden war. Sie schlug an, sobald die Temperatur in einer der Baracken auf über achtzig Grad anstieg. Dieses System akzeptierte er dann. Ja, er veranlasste Blitz und Zuck sogar, es als Beitrag der Abteilung Betriebssicherheit für die Messe der Meister von Morgen einzureichen. Wozu ich ihm bei seinem nächsten Besuch ausdrücklich gratulierte: »Es ist schon bemerkenswert«, erklärte ich, »welche genialen Lösungen die menschliche Schöpferkraft hervorzubringen vermag, wenn sie von den richtigen Leuten in die richtigen Bahnen gelenkt wird.«
Er rächte sich, indem er mir ein Bußgeld in Höhe von fünfzehn Rubel auferlegte, da an der Feuerlöschgerätetafel neben dem Werkzeugmagazin die Kreuzhacke fehlte.

Über diese und andere Kämpfe, solche, die Spaß machten, weil ein Triumph blieb, und solche, die weniger erquicklich waren, vergingen die Wochen und die Briefe meiner Frau wurden sehnsuchtsvoller. Ich schrieb sehnsuchtsvolle Briefe zurück, und zuweilen kam es vor, dass ich im Kalender die bis zum Beginn meines Urlaubs verbleibenden Tage zählte.
Die Erinnerungen an die Frau mit dem beeindruckenden Duft aus dem Flugzeug waren zunehmend verblasst. Ja, als nur noch drei Wochen verblieben waren, bis ich mich wieder für einige Zeit an den Grübchen meiner Frau würde erfreuen können, schienen sich die Vorstellungen, die sich bei mir mit dem Blickwechsel und dem nicht erfolgten »Na endlich!« verbanden, schon gänzlich verflüchtigt zu haben.
Dann aber stand sie mir eines Tages unvermittelt gegenüber, und obwohl diese Begegnung ganz anders verlief, als ich es mir in meinen Träumen ausgemalt hatte, kann ich noch heute das schockartige Zusammenkrampfen nachempfinden, mit dem mein Körper reagierte, als ich die Tür des »Willis Ranch« genannten Brettergehäuses öffnete, das ich zum Schutz vor Regen und Wind um die Mischanlage der Baustelle hatte bauen lassen, und plötzlich von einem Schwall des so einzigartigen Dufts getroffen wurde.
Es war der erste Mittwoch im November. Am Morgen war der Bus vom Flughafen gekommen und hatte nicht die von mir sehnsuchtsvoll erwartete Maurerbrigade mitgebracht, sondern einen Gärtnermeister und zwei Mädchen für Wäschereiannahme und chemische Reinigung. Die Maurerbrigade war von der Zentrale kurzfristig auf eine andere Baustelle umgeleitet worden. Ich setzte mich sofort ans Telefon und versuchte, den Produktionsdirektor zu erreichen. Das dauerte. Der Schaltweg für solch ein Gespräch war so kompliziert, dass es möglicherweise leichter gewesen wäre, irgendeinen Ort hinter dem Polarkreis zu erreichen, als die

vierhundert Kilometer entfernte Baustellendirektion. Meldete sich dann aber doch einmal die dortige Vermittlung, hörte ich sie, aber sie hörte mich nicht, oder der Produktionsdirektor war gerade in einer Besprechung, aus der er nur im Falle einer Katastrophe herausgeholt werden durfte. Das zerstörte mit der Zeit meinen Vorsatz zu ruhiger Sachlichkeit. Und in der dritten Stunde war ich bereit, loszufahren und mindestens einen Schreibtisch umzukippen.

Auf die Einreise dieser Maurerbrigade hatte ich wochenlang gedrängt. Sie gehörte zur vorgesehenen Besatzung unserer Baustelle und ich brauchte sie, um vor dem Einsetzen des Winters das Gebäude für die Wasserversorgungsanlage und die Garagen für das Löschfahrzeug, den Krankenwagen und einen Trecker zum Anschleppen der anderen Fahrzeuge fertigstellen zu können. Fünfzehn bis zwanzig Grad unter null waren uns als normal für den Winter in dieser Gegend angekündigt worden. Das hatte ich in meinen Winterfestmachungsplan hineingeschrieben und dabei erwähnt, dass wir ohne eigene, frostsichere Wasserversorgung, darauf angewiesen seien, das Wasser aus zwanzig Kilometer Entfernung mit dem Tankwagen heranschaffen zu müssen. Mein Plan war bestätigt worden, wurde in seiner Gründlichkeit gegenüber den Plänen anderer Baustellen hervorgehoben, und die Direktion hatte für diesen Fall sogar eine Weisung korrigiert, die darauf zielte, vor dem Winter kein zusätzliches Personal mehr einfliegen zu lassen, weil nicht genügend Unterkünfte vorhanden waren. Für mich hatte man eine Ausnahme zugelassen. Und nun das.

»Herzlichen Dank für die meine persönliche Schöpferkraft anregende Maßnahme!«, sagte ich deshalb, als ich den Produktionsdirektor endlich am Apparat hatte. Doch der war nicht einmal bereit, sich wenigstens anzuhören, welche Probleme mir durch seine Entscheidung entstanden. Denn er

entgegnete, noch ehe ich beginnen konnte, ihm diese im Einzelnen aufzuzählen: »Lernen Sie endlich zu verstehen, dass bei einem Vorhaben wie diesem andere Prioritäten als nur bautechnische Gesichtspunkte zu berücksichtigen sind.«
Danach hatte ich wohl eine halbe Stunde lang mit zusammengebissenen Zähnen in meinem Bürowagen hinter dem Schreibtisch gesessen und die Umstände verflucht, die mich in die Rolle eines Oberbauleiters gedrängt hatten, wo ich doch schon als schlichter Bauleiter meine Schwierigkeiten gehabt hatte, mit Gelassenheit auf Eingriffe dieser Art in meine Planungen zu reagieren. Schließlich aber raffte ich mich doch wieder zusammen und ging die Arbeiten beim Betonieren des Fundaments für die Heizanlage kontrollieren, die in der kommenden Woche angeliefert werden sollte. Dabei traf mich dann dieser Duft und unmittelbar darauf sah ich die dazugehörige Frau, wie sie, bekleidet mit Wattejacke und Schutzhelm, gemeinsam mit dem Doktor hektisch schaufelnd den Mischgutkübel der Betonmischanlage mit Kies befüllte. Das war eine Arbeit, die zu der Lösung gehörte, die ich als Ausweg aus der Not gefunden hatte, in die ich geraten war, nachdem der Transportmischer und die Betonpumpe, die mir seit einer Woche vom Direktor für Technik der Baustelle A zugesprochen worden waren, durch die zentrale Leitung kurzfristig zur Baustelle C umgeleitet wurden, weil deren FDJ-Organisation sich verpflichtet hatte, gemeinsam mit der dortigen Kreisorganisation des Komsomol im Kulturpark der Kreisstadt, eine Freitanzfläche zu errichten. Mich aber drängte der Termin, zu dem die Monteure des westdeutschen Konzerns anreisen sollten, von dem die Anlage zur Beheizung der Wohnbaracken und Wirtschaftsgebäude gekauft worden war. Beton braucht Zeit zum Abbinden. Jeder Tag Verzögerung erhöhte das Risiko, dass das Fundament der Last der Anlage nicht standhielt. Also

hatte ich mich entschlossen, es in Handarbeit schütten zu lassen, und hatte bei der Wochenauswertung am Sonnabendabend wieder einmal um sozialistische Hilfe gebeten. »Jeweils zwei Mann, jeweils zwei Stunden. Am Abend ist das vergessen.«
Wobei die zwei Arbeitskräfte, die ich aus den fachfremden Arbeitsbereichen brauchte, die Aufgabe des Kiesschrappers zu übernehmen hatten, dessen Lieferung trotz der Bemühungen des BGL-Vorsitzenden immer noch ausstand.
Ein Kiesschrapper aber ist ein gefühlloses, nur von den Impulsen der steuernden Mechanik und der ihm zugeführten Energie abhängiges Gerät. Menschen dagegen sind Menschen, und die, die dessen Funktion zu übernehmen hatten, waren in einen kräftezehrenden, zermürbenden Rhythmus eingebunden. Der Mischgutkübel, der auf einer Laufbahn zum Fuß des Kiesberges herabgefahren kam, musste in genau dem Zeitraum gefüllt werden, der blieb, um die Mischertrommel, deren Inhalt gerade in die Kippwanne eines Dumpers entladen worden war, erneut mit Mischgut zu füllen, ehe der nächste Dumper heranrollte. Zeit zum Verschnaufen blieb da kaum. Und so hielt ich die Teilnahmslosigkeit, mit der die so einzigartig duftende Frau mich ansah, als ich durch die Tür der Williranch getreten war und der Doktor mich mit den Worten: »Und das hier i s t Willi!« vorstellte, zunächst für eine Folge der Erschöpfung durch die für sie gewiss ungewohnte Arbeit. Aber auch, als ich ihr dann mit unter dem Hals klopfendem Puls die Hand reichte, während der Doktor mir erklärte, dass sie Elvira heiße und ihm vom Basislager als Urlaubsvertretung für Schwester Lydia zugeteilt worden sei, – »Ich hab sie gleich für die sozialistische Hilfe gewonnen.« – konnte ich in ihrem Blick nicht die geringste Spur eines besonderen Interesses, geschweige denn eines Wiedererkennens entdecken. Was hieß, dass die Vorstellungen, die ich mit

dem Blickwechsel im Flugzeug verbunden hatte, nichts als Illusionen gewesen waren. Ich war nicht der, den sie während des Fluges lieber in ihrer Nähe gesehen hätte. Ich war auch nicht der, mit dessen heimlichem Beifall für ihr Spiel mit den Hoffnungen des sie so eifrig umwerbenden Mannes sie rechnete. Ich war nicht einmal einer von denen, dessen Blick im Moment der Begegnung mit ihrem Blick irgendeine besondere Regung bei ihr ausgelöst hatte. Also war ich nicht mehr, als einer von den vielen, deren Blicken sie begegnete, wenn sie durch Straßen ging, in Cafés saß oder in Bahnhofshallen auf einen verspäteten Zug wartete. Im Grunde war ich also keiner. Deutlicher konnte einer wohl kaum auf das Unmaß an Selbstüberschätzung hingewiesen werden, dem er aufgesessen war. Und so hatte es wohl auch etwas mit einer Reaktion auf diese bittere Erkenntnis zu tun, dass ich die Bemerkung des Doktors, er habe sie für die sozialistische Hilfe gewonnen, mit: »Na, fein«, kommentierte, »da weiß sie ja gleich, wie es bei uns langgeht.« Der Blick, den ich daraufhin zugestanden bekam, beförderte mich dann zwar doch aus der grauen Masse der von ihrem Duft und ihrer Schönheit beeindruckten Männer in den Rang eines besonderen Exemplars. Doch war die Kategorie, der sie mich dabei offensichtlich zuordnete, kaum geeignet, mein im Augenblick ohnehin schon am Boden liegendes Selbstwertgefühl wenigstens etwas zu stabilisieren. Und so drehte ich mich wortlos um und ging nachschauen, wo der nächste Dumper blieb, der, sollte der für ein gleichmäßiges Abbinden des Betons notwendige Rhythmus der Arbeiten eingehalten werden, längst schon wieder unter der Mischtrommel hätte stehen müssen, und fand ihn dann in einer Lage, die mehr als nur eine Störung dieses Rhythmus bedeutete. Er war von der Rampe gerutscht, von der aus der Beton in das Fundament gekippt wurde und hatte die halbe Schalung eingedrückt. Was hieß, von einem gleichmäßig abgebundenen Beton konnte keine Rede mehr sein. Denn bevor der Kran vom Bahnhof herbeigeholt worden wäre, um den Dumper aus der Grube zu heben und die Zimmerleute die Schalung wieder aufgebaut hatten, würde es Abend sein. Abends aber konnte ich die Mischanlage nicht mehr arbeiten lassen, weil die provisorische Umspannstation durch die elektrische Wohnwagenbeheizung und die Lagerbeleuchtung ohnehin schon überlastet war und alle halbe Stunde die Sicherungen durchbrannten. »Ihr Hornviecher!« schrie ich deshalb. »Könnt ihr denn nicht aufpassen!« und trat, um meinem Ärger noch kräftigeren Ausdruck zu verleihen, mit dem Fuß gegen die Wanne des abgekippten Dumpers. Die Folge war dieses abgebrochene Tibiakantendreieck. Die Folge war aber auch, dass ich der mir inzwischen als Elvira bekannten, so einmalig duftenden Frau auf eine Weise nahekam, wie ich es mir selbst in den kühnsten Träumen nicht hätte vorstellen können. Der Doktor nämlich entschloss sich, höchstwahrscheinlich, um sie mit seinen umfassenden Fähigkeiten zu beeindrucken, das bei diesem Tritt gegen die Dumperwanne abgebrochene Tibiakantendreieck selbst in die ihm zukommende Position zurückzudrücken, statt dieses von den entsprechenden Spezialisten des nächsten örtlichen Krankenhauses erledigen zu lassen. Wozu ich dann auf der in seinem Sanitätswagen installierten Liege Platz zu nehmen hatte, während sie, hinter mir kniend, meinen Kopf zwischen ihre Brüste legte, ihre Arme fest um meine Schultern spannte und mir in den Pausen, die er einschieben musste, den kalten Schweiß von der Stirn tupfte und meine vom Schmerz verspannten Wangen streichelte. Wozu sie unentwegt: »Brav!«, sagte, »Brav! – Du stehst das durch. Leute wie Du stehen noch ganz andere Sachen durch.« Und so ist die Auszeichnung mit einer der durch die beiden Urkunden belegten Medaillen eigentlich vor allem als Folge meines durch dieses Streicheln ausgelösten Irrtums zu sehen, dem Irrtum, dass sie mit dieser Floskel wirklich mich gemeint habe. Nun werde mal nicht gleich melancholisch«, antwortete ich nämlich dem BGL-Vorsitzenden, der durch meinen Unfall die Chance vergeben sah, das Wettbewerbsbanner des Bundesvorstandes für die beste Baustelle zu erringen. »So ein Beinbruch ist doch kein Beinbruch. Ich bleibe hier und betreibe das Geschäft vom Bett aus. Für den Knöchel macht es keinen Unterschied, ob der Gips, in dem er ausheilen soll, auf einem von meiner Frau gewaschenen Laken lagert oder auf dem eines angegrauten Baustellenbetts. Bin ich aber hier, kann ich dir weiter so lange auf die Nerven gehen, bis du es doch geschafft hast, uns einen Schrapper für die Mischanlage zu besorgen.« Zunächst hatte er ja Bedenken, weil er über die Rechtslage im Fall von Komplikationen nicht informiert war, aber als ich ihn fragte, ob wir nun als Revolutionäre oder als Rückversicherer an die Trasse gefahren seien, gab er mir mit einem kämpferischen Schulterklopfen zu verstehen, dass auch er sich eher als Revolutionär sehen wollte. Und so konnte ich mich während der folgenden zwei Wochen, jeweils morgens halb sechs, mittags halb eins, nachmittags um drei und abends halb sieben an dem unvergleichlichen Duft erfreuen, der mir mit den jeweiligen Mahlzeiten ins Zimmer getragen wurde und registrierte jeden auch noch so geringen Hinweis darauf, dass die Zuwendung, die mir die Trägerin dieses Dufts während der Bemühungen des Doktors erwiesen hatte, die Teile meines Fußes in die ihnen zukommende Position zu rücken, mehr als nur die während ihrer Ausbildung gelernten Patientenberuhigungsrituale gewesen seien. Zum Beispiel, wenn sie mir beim Aufstehen half, um das Laken meines Betts straff ziehen zu können und mich ihre Haare dabei am Ohr kitzelten. Wenn sie mir nicht einfach nur das Essen auf den Tisch stellte, davonging und erst wieder zurückkam, wenn das Geschirr abzuräumen war, sondern bei mir blieb, bis ich aufgessen hatte und mir dabei den neuesten Baustellenklatsch erzählte, oder wenn sie gar am Abend noch für eine Stunde auf mein Zimmer kam, um gemeinsam mit mir und Katerchen, dem Baustellenökonomen, der im Zimmer nebenan wohnte, eine Flasche Rotwein zu leeren. Hinweise, von denen ich mehr und mehr meinte, sie als Signale ansehen zu können, dass auch sie mit dem Gedanken spielte, solche eher zufälligen Berührungen in weniger zufällige oder gar beabsichtigte wandeln zu können.

Daneben aber kümmerte ich mich selbstverständlich um die Belange, die mir als Oberbauleiter zukamen. Wobei ich dann allerdings in eine Situation kam, in der ich noch gnadenloser über meinen die Beziehungen zwischen ihr und mir betreffenden Irrtum aufgeklärt wurde als während der Begegnung am Fuße des Kiesberges in der Williranch. Mit Beginn der dritten Woche hatte mir der Doktor nach einem Überprüfungsröntgen einen gut verlaufenden Heilungsprozess bescheinigt und mir die baldige Ersetzung des Gipses durch einen Stützverband in Aussicht gestellt, weshalb ich mich gewissermaßen in einer gehobenen Kampfesstimmung für ein Gespräch mit dem Sicherheitsinspektor befand. Der war gekommen, um die Berechtigungsscheine und Betriebsfahrerlaubnisse der Gerätefahrer zu überprüfen. Und natürlich hatte er dabei auch ein Scheinchen gefunden, auf dem ein Stempel fehlte, der bereits in der DDR hätte draufgedrückt werden müssen und jhatte es eingezogen. Aber nicht etwa, um selbst einen Stempel darauf zu drücken, sondern, um es zum Abstempeln in die DDR zu schicken.

Ich hatte zwei Baggerfahrer. Der eine hatte diese Tätigkeit direkt als Beruf erlernt, der andere war eigentlich Bereichsleiter in einer erzgebirgischen Holzspielzeugschnitzerei. Er hatte drei Kinder und brauchte eine größere Wohnung. Die Aussichten waren gleich null. »Geh doch zur Trasse«, hatte ihm da jemand geraten, »dort sichern sie dir nach Bauabschluss eine Wohnung zu.« Also besuchte er einen Kurzlehrgang, wurde Baggerfahrer und kam an die Trasse.

Saß aber der gelernte Baumaschinisten auf den Bagger, konnte ich darauf warten, dass nach zwei Stunden die Hydraulikpumpe streikte, irgendeine Dichtung kaputt ging oder die Kupplung auseinanderfiel. Saß dagegen der Puppenschnitzer auf dem Bagger, brauchte ich mit keiner Störung zu rechnen. Ja, dann wurden sogar Gräben und Gruben an Stellen ausgehoben, wo man teilweise Schwierigkeiten hatte, mit dem Motorrad hinzugelangen. Aber gerade auf seinem Scheinchen fehlte der Stempel. Was allerdings hieß, ich würde ihn bis zu dessen Rücksendung durch die Stempel aufdrückende Stelle in der DDR nicht auf dem Bagger einsetzen dürfen.

»Nimmst du mir den Puppenschnitzer vom Gerät«, erklärte ich deshalb, als der Sicherheitsinspektor selbst nach der Darstellung dieser Zusammenhänge kein Einsehen zeigte, »dann rufe ich bei der Miliz an und die filzen dich morgen bei deiner Rückfahrt zur Zentrale so lange, bis sie auch bei dir fehlenden Stempel oder so etwas gefunden haben.«

Worauf er: »Versuchs«, antwortete und höhnisch lächelnd aus dem Zimmer ging.

Zwei Stunden später aber, als ich einbeinig zur Toilette gehüpft war und aus dem Fenster blickte, während ich meine Hose ordnete, sah ich dann allerdings eine andere Art Lächeln auf seinem Gesicht und zwei Arme, die sich in unmissverständlicher Weise um seinen Oberkörper schlangen, die Arme, die noch am Morgen mein Laken glattgezogen und mein Bett aufgeschüttelt hatten.

Und diesmal fuhr der Doktor doch mit mir zum Krankenhaus der Kreisstadt. Und die Brüste, zwischen die mein Kopf gedrückt wurde, als der dort tätige Chirurg das bei meinem Tritt gegen den unter dem Toilettenfenster angebrachten Heizkörper, trotz der Umhüllung mit Gips, erneut abgebrochene Tibiakantendreieck mit einem einzigen Ruck in die richtige Position brachte, waren Brüste, deren Duft von einer Mischung aus Schweiß und Knoblauch bestimmt wurde.

Aber ich versichere, dass ich nicht bei der Miliz angerufen habe, und dass die Fahrzeugkontrolle, die am nächsten Morgen unweit unseres Wohnlagers durchgeführt wurde, gewiss nur einer reinen Routineentscheidung zuzuschreiben war oder zu jenen Spielchen der örtlichen Organe gehörte, mit denen sie uns immer wieder einmal wissen lassen wollten, dass sie uns zwar freundschaftlich gewogen waren, aber eben doch als die eigentlichen Machtorgane kenntlich bleiben wollten. Unverhoffte Verkehrskontrollen oder die Zuführung von auf dem Heimweg von diversen Freundschaftstreffen zum Wohnlager zu laut singenden Trassenbauern gehörten dazu.

Außerdem hatte der Sicherheitsinspektor doch wohl gewusst, dass er am nächsten Morgen ins Basislager zurückfahren wollte. Also hätte er nicht so viel trinken dürfen, nachdem er sich am Abend mit Elvira in den Bettenwagen der medizinischen Ambulanz zurückgezogen hatte oder wenigstens nicht so lange.

Sie aber hatte offensichtlich andere Schlüsse gezogen. Wovon der Umstand sprach, dass sich in den darauffolgenden Tagen mein Zimmernachbar Katerchen um meine Verpflegung kümmerte, und dass sie, als Schwester Lydia aus dem Urlaub zurückkam, abreiste, ohne wenigstens »Auf Wiedersehen!« gesagt zu haben.

Dass es dann aber doch noch zu einem Wiedersehen kam, hing damit zusammen, dass der Sicherheitsinspektor wegen des Vorwurfs der Trunkenheit am Steuer und des darauf erfolgten Einzugs der Fahrerlaubnis durch die Miliz in die DDR zurückgeschickt wurde und auch Elvira daraufhin ihre Tätigkeit in der Ukraine aufkündigte. Sie flogen gemeinsam mit derselben Maschine zurück, in der ich sitzend ohne Begleitperson transportiert wurde. Und der Zufall wollte es, dass neben mir der Mann saß, der beim Hinflug neben ihr gesessen hatte. Und der sagte, als er bemerkte, dass auch ich, ebenso wie er, mehrmals neidvoll nach den Sitzen zwei Reihen vor uns schaute: »Die doofsten Kerle kriegen immer die besten Weiber.«

Und vielleicht war es so etwas wie Eitelkeit oder ein hämisch angehauchter Triumph, dass ich ihm von den Umständen erzählte, durch die ich in den Genuss der besonderen Zuwendung der neben dem Sicherheitsinspektor sitzenden Frau geraten war.

Der aber erklärte sofort: »Mensch, das ist doch endlich eine Geschichte! – Das vierte Mal bin ich nun schon bei euch an der Trasse gewesen, um eine zündende Idee zu finden, mit der sich die besondere Haltung illustrieren lässt, mit der ihr euch dieser historisch einmaligen Aufgabe stellt, aber mehr als das, was mir auch zu Hause in der DDR begegnet, ist mir bisher nicht über den Weg gelaufen. Du bist mein Mann. Aus dir mach ich eine Geschichte. Vom Bett aus die Baustelle geleitet! Wenn das nichts ist!«

Er war Schriftsteller, wie sich herausstellte, und war von seinem Verlag beauftragt worden, einen Roman zu schreiben, in dem sich die ganze Vielfalt des heldenhaften Kampfes der Trassenbauer um die Erfüllung der Jahrhundertaufgabe widerspiegele. Sogar einen Vorschuss hatte er dafür schon erhalten.

Als erstes schrieb er jedoch eine Reportage. Da stand mein richtiger Name zu lesen. Sie wurde in vierzehn Zeitungen abgedruckt. Dann schrieb er ein Theaterstück. Da hieß ich schon anders, aber alle, die Bescheid wussten, flüsterten sich zu, wer jene Figur in Wirklichkeit sei, die da so heroisch um die Meisterung der Schwierigkeiten kämpfte.

Dieses Stück machte mich dann bei jenen Gremien bekannt, deren Wirken es zuzuschreiben ist, dass ich meiner Frau nach dem nächsten Staatsfeiertag die erste Urkunde nach Hause schicken konnte. Aus dem Theaterstück wurde bald ein Fernsehfilm, und als ich meinen Einsatz an der Trasse nach drei Jahren beendete, präsentierte mir meine Frau stolz das Telegramm und die Urkunden im Prachtrahmen über dem Fernseher.

»So, Schatz«, erklärte sie dazu. »Jetzt können wir auch das mit den Kindern in Angriff nehmen. Zwei, denke ich, sollten es mindestens sein.«

Ich aber begegne seitdem Journalisten und Schriftstellern mit ausgesprochener Vorsicht, und wenn ich mich auf die Couch setze, um die Beine auszustrecken, scheint es mir oftmals, als wehe von den drei über dem Fernseher platzierten Bilderrahmen ein Duft zu mir herüber, der sich sehr von dem Apfelblütenduft des Schaumbads unterscheidet, das meine Frau dem in die Wanne einlaufenden Wasser beigibt, wenn ich mich wieder einmal auf die Toilette zurückgezogen hatte, als es abends an der Wohnungstür klingelte.

1977

Einer hieß Marula

Dass ich über Marula schreiben würde, wusste ich, als er die Schaufel an die Garagenwand stellte und davonging, Triumph im Gesicht und eine Spur Erschrecken. Erschrecken darüber, dass da Erschrecken in ihm war, so widersinnig das auch klingen mag.
Kurz vorher war der Baustellenleiter an der Garageneinfahrt erschienen und hatte: »Kollege Marula«, gesagt, »packen Sie Ihre Sachen zusammen, Sie fliegen noch heute.«
Das Sie war nicht üblich an der Trasse, dort wo gebaut wurde. Und noch ehe wir begriffen hatten, was das zu bedeuten hatte, hatte Marula seine Schaufel an die Garagenwand gestellt.
»Na, hat er's geschafft«, sagte Gerhard, der Brigadier, nachdem er gegangen war, grußlos und mit dieser Mischung von Triumph und Erschrecken im Gesicht.
Wir schütteten weiter das Schotterbett für den Unterbeton. Abends ging ich los und erkundigte mich.
»Marula?« wurde mir dabei gesagt. »Warum Marula? Das ist doch nicht typisch.«
»Woher soll ich das wissen?«, antwortete ich. »Ich brauche Fakten.«
Ich wusste nur, er war an diesem Morgen bei unserer Brigade erschienen und hatte gesagt: »Ich soll hier mitmachen.«
Dann hatte er geschaufelt, emsig, flüssig, schweigend.
Nur in einer Pause, als das Gespräch auf die Schallplattenpreise in der Sowjetunion kam, begann er zu reden. Er erzählte, dass er eine Diskothek habe zu Hause, bei tausend

Platten, nicht nur Beat und Popmusik, auch Strawinski, Haydn, Bach. »Wenn ich was mitnehme von hier«, erklärte er dabei, »dann Platten, nur Platten.«
Über die Preise kamen wir auf das Sparen zu sprechen, und das war ihm Anlass, von sich zu reden. Er habe eine ganz andere Haltung zum Geld als die meisten, meinte er, er achte jeden Pfennig. Zu Hause seien sie sechs Kinder gewesen, der Vater Invalidenrentner, kaputtgeschuftet auf dem Bau, die Mutter durch die Kinder an das Haus gebunden. Da sei jeder Pfennig heilig gewesen. Erst als er ausgelernt hatte und von zu Hause fortzog, habe er eigenes Geld gehabt.
Das Geld spielte in allem was er sagte eine Rolle. Auch, als er zu formulieren begann, warum er jetzt bei uns arbeiten müsse.
»Ich kann das nicht mit ansehen«, sagte er, »wie hier das Material verschludert wird. Mit Zement mauern! Das könnte ich mir nicht leisten. Warum haben sie keinen Kalk? Was das kostet, blanken Zement in den Mörtel. Das regt mich auf, da mach ich den Mund auf. – Und Werkzeug. Warum ist kein Werkzeug da? Das ist doch lächerlich, einen Zweihundertfünfziglitermischer mit der Hand beschicken. Warum haben sie keinen Schrapper? – Jetzt drehen sie mir einen Strick, weil ich den Mund aufmache. Wenn du den Mund aufmachst, bist du geliefert.«
»Das ist doch normal, dass du versuchst, die Schuld von dir wegzuschieben, wenn du Scheiße baust«, erklärte Gerhard dazu. »Wer gibt schon zu, dass er ein Schweinehund ist?«
Gerhard war die siebzehnte Woche an der Trasse und hatte seinen Urlaubstermin freiwillig um sechs Wochen hinausgeschoben, er und fünf seiner Brigademitglieder, obwohl Briefe kamen von seiner Frau, die zu öffnen er sich fürchtete. Seine Eltern, mit denen er zusammen in einem Haus wohnte, hatten begonnen, seine Frau zu drängen, einen Teil der Woh-

nung zu räumen. – »Zum Kotzen so etwas. Die eigenen Eltern«, sagte er. »Aber soll ich hier einfach abhauen, wo ich seh, die haben keine Maurer? – Backt euch doch welche, ich bin mit Urlaub dran! – Das kann sich doch jeder ausrechnen, dass die Technik steht, wenn sie nicht in die Garagen kommt im Winter. Lass hier erst mal zwanzig Grad minus sein!«
Marula, erfuhr ich am Abend, war vor fünf Wochen an die Trasse gekommen, eingestellt als Meister für den Wohnungsbau. Vom Betrieb delegiert und als Kandidat aufgenommen in die Partei, kurz bevor er abfuhr.
Nach zwei Wochen hatte er begonnen, auf eine Änderung seines Arbeitsvertrages hinzuwirken. Er wollte nicht mehr Meister sein. Als Produktionsarbeiter wollte er arbeiten. Als Meister verdiene er zu wenig Geld. Seine Freundin sei gegen seinen Einsatz gewesen, und nur die Aussicht, dass er viel Geld verdienen würde, habe sie überzeugen können. Als Meister blieben die Möglichkeiten dafür beschränkt. Kein Leistungszuschlag, höhere Steuern, keine Überstundenbezahlung. Er befürchte, seine Freundin würde unter diesen Bedingungen eine so lange Trennung nicht auf sich nehmen. – Also, entweder die Möglichkeit, mehr Geld zu verdienen, oder zurück nach Hause.
Als seinem Bemühen nicht stattgegeben wurde, man auf die Erklärungen verwies, die er abgegeben hatte, bei der Bewerbung für einen Einsatz an der Trasse oder für die Aufnahme in die Partei. Als man nachwies, dass er auch gewusst habe, wieviel er verdienen werde, begann er seine Aufgaben als Meister zu vernachlässigen, krittelte an Weisungen seiner Vorgesetzten herum, unterließ Organisation und Kontrolle, verweigerte schließlich die Arbeit.
Aussprachen wurden geführt, Ermahnungen ausgesprochen. Die Parteigruppe fragte, wie er seine Absicht, Mitglied zu werden, mit seinem Verhalten in Übereinstimmung bringe.

Er verwies auf das Organisationschaos und die ungenügende Vorbereitung des Bauvorhabens. Eine besondere Verantwortung für Leistungs- und Einsatzbereitschaft, die aus den real vorhandenen Missständen für ihn als Genossen entstünde, wollte er nicht sehen. Schließlich kamen Arbeiter seines Meisterbereichs zum Bauleiter und verlangten, dass man ihn vom Bau entferne, weil er sie bei der Arbeit behindere. Er wurde abgelöst und aushilfsweise Brigaden in anderen Bereichen zugeteilt, bis sich ein freier Platz für den Rückflug gefunden hätte.
Triumph und Erschrecken sah ich in seinem Gesicht, als er die Schaufel an die Garagenwand stellte. Erschrecken, dass da Erschrecken war in ihm. – Ob da vielleicht irgendwo Ehrlichkeit gewesen war in seinen Erklärungen, ob es nicht nur blanke Berechnung gewesen war, als er sich zum Einsatz an der Trasse entschloss? – Geld, gesellschaftliche Anerkennung, besondere Förderung. – Ob er nun erschrak vor der Konsequenz der Haltung, die er vorgeführt hatte, davor, dass die kleine Welt des Ich, des zweisamen Ich, sich als bröcklig erweisen könnte eines Tages, nicht zu kitten durch das, auf das er baute, Geld?
Typisch? – Nein, typisch war seine Haltung nicht. Aber typisch war, dass die Realität der Trasse die Realität der Motive entlarvte, sie von aufgesetzten, übernommenen oder nur vorgegebenen Formulierungen befreite. Und typisch war, dass das zu Konflikten führte, in jedem Fall. Einer davon hieß Marula.

1977

Osterspaziergang oder
Das Dorf hinter dem Hügel

Das Dorf hinter dem Hügel lag jenseits der Straße, nicht weit im Feld, aber doch zu weit, um mit ein paar Schritten erreichbar zu sein, und so war ich noch nicht dort gewesen, obwohl es mich schon im Herbst interessiert hatte, als ich die Rauchfahnen bemerkte, die vor der untergehenden Sonne in den gelblichroten Abendhimmel stiegen.
So ein Dorf hinter dem Hügel, hatte ich dabei gedacht, wird manches bewahrt haben, was in den Dörfern entlang der großen Straßen längst verschwunden ist, und ich hatte mir Ziehbrunnen vorgestellt mit giebelförmigen Schutzdächern, reichverzierte Fenstereinfassungen und ein Kirchlein, bei dem die hölzernen Schindeln des Zwiebelturmes mit den ausgestreckten Fingern zu erreichen sein würden.
Im Winter war ich dem Dorf sogar schon einmal ganz nahe gewesen, als ich die Ski ausprobierte, die wir von der ukrainischen Patenbrigade geschenkt bekommen hatten, war aber dann doch in die Weite der schneebedeckten Felder gelaufen, wo sich eine Schar Krähen eifrig um etwas raufte. Die Reste eines entlaufenen Hausschweines fand ich da, und die Vorstellung, welches Misstrauen aufbrechen mochte in einem Dorf hinterm Hügel, wo einem plötzlich das Schwein im Stall fehlt, verstärkte meine Scheu vor der Rolle des Fremden, der einbricht in eine relativ geschlossene Welt und mit sensationslüsternen Augen um sich schaut. Und so war es Ostern geworden.
Seit zwei Wochen hielten sich Willi und Gerd bei uns im Lager auf.

Willi ist Maler und war zu einem sechswöchigen Studienaufenthalt an die Trasse gekommen.
Gerd ist Dichter. Von ihm erhofften sich die Organisatoren Texte für »trassentypische Lieder.« Denn manche der Gesänge, die zuweilen von wodkaseligen Stimmen durch die Nächte gebrüllt wurden, standen uns als Vertretern des »neuen« Deutschland in dieser Region nicht gerade gut zu Gesicht.
Auch Gerd und Willi interessierten sich für so ein Dorf hinter dem Hügel.
»Willi nimmt die Staffelei mit«, sagte Gerd deshalb. »Wenn einer malt, werden die Leute neugierig. Da kommt man leichter ins Gespräch mit ihnen.«
Ich aber wollte erst zur Kreisstadt auf den Markt fahren, um Löffel zu kaufen. Und weil ich mit meinem zu Ende gehenden einjährigen Einsatz als Tiefbauarbeiter gewissermaßen als eingesessener galt, kam mir das letzte Wort zu.
Also fuhren wir zunächst zum Markt.
Die Löffel, die ich kaufen wollte, interessierten mich schon, als ich in den Geschäften meine Wünsche noch mit ausgestrecktem Zeigefinger und eifrigem Kopfnicken vortrug. Sie waren in der Ukraine nahezu auf allen Märkten zu finden; hölzern, grob geschnitzt, unverziert und unpoliert, nicht als Attraktion für kauflustige Touristen gedacht, sondern als Gebrauchsgegenstand für Einheimische, denen der Borschtsch vom Porzellanteller kein wirklicher Borschtsch ist, sondern nur eine belanglose Gemüsesuppe, die ihn aus der Schüssel essen wollen, mit langem Arm von der Mitte des Tisches zum Munde geführt, und genüsslichem Schlürfen genossen. Ich mochte diesen säuerlichen Eintopf mit den geschnitzelten roten Rüben ebenfalls, wenn auch nicht gerade aus der gemeinsamen Schüssel auf der Tischmitte. Aber Schlürfen schien mir schon dazuzugehören, und das recht-

fertigt sich vor sittenstrengen Ohren nur durch diese Löffel, die einfach zu groß sind, als dass man sie geräuschlos und mit geschlossenen Lippen leeren könnte. Also hatte ich mir vorgenommen, solche Löffel mit nach Hause zu bringen, scheute aber zunächst den Kaufakt, denn auf den Märkten wurden die Preise genannt und standen nicht angeschrieben, und später war ich wählerisch geworden. Denn trotz aller Einfachheit gab doch jeder Schnitzer den von ihm gefertigten Löffeln ein ganz eigenes, von seinem Formempfinden bestimmtes Aussehen. An diesem Ostersonntag aber sollte es endlich werden. Das Osterfest wird in der Ukraine noch nach dem alten Kalender bestimmt und fiel deshalb auf das Wochenende nach dem unsrigen, weswegen mit einem besonders reichen Angebot auf dem Markt zu rechnen war. Also stiegen wir nach dem Frühstück in den Bus und fuhren zur Kreisstadt: Willi, der Maler, Gerd, der Dichter, ich, der Schriftsteller. Die Sonne schien warm, der Himmel war blau, und in den Häusern entlang der Straße pulten die Kinder verwitterte Zeitungspapierstreifen aus den Ritzen zwischen Fenster und Rahmen, die dort von den Vätern vor dem Winter zum Abdichten hineingestopft worden waren. Auch in der Kreisstadt war allgemeiner Frühjahrsputz. Aus Anlass von Lenins Geburtstag kratzten die Leute im Subbotnikeinsatz[1] mit Schaufeln und Hacken den Winterdreck aus den Rinnsteinen, trugen ihn zu Häufchen zusammen und verluden ihn auf herbeifahrende Lastkraftwagen. Am Busbahnhof die Mädchen vom Textilkombinat. Eine Wolke schnatternder, kreischender, kichernder Weiblichkeit mit Kopftüchern, Trainingshosen, Nylonstrümpfen, Blusen, Mänteln, mit Filzstiefeln, Stöckelschuhen, Galoschen, Schubkarren, Hacken und

---

1 | Subbotnik war ein nicht nur in der UdSSR üblicher, dem Allgemeinwohl dienender freiwilliger Arbeitseinsatz.

Schaufeln; und mit frühlingswachen Augen. »Keine Männer«, sagte Willi, als wir vorübergingen. »Wenn du irgendwo welche mit Schaufeln siehst, dann sind das Frauen.« Vielleicht war dieser Subbotnik der Mädchen vom Textilkombinat nicht gerade ein günstiges Beispiel für diese Beobachtung, aber unrecht hatte er nicht. Es erstaunte auch mich immer wieder, sehen zu müssen, wie Frauen und Mädchen sich mühen und Männer stehen daneben, rauchen und schauen zu. Schwere Lasten kann man sie von LKWs heben sehen, angeleitet vom Kraftfahrer, der »Dawai! Dawai!« sagt oder: »Ostoroshno! – Vorsicht!«, sie mauern auf dem Bau, putzen Wände und Decken, stopfen in Gleisbaukolonnen Schotter, legen Schwellen aus und schleppen immer wieder Beutel und Säcke über Kilometer von der Kreisstadt zum heimatlichen Dorf oder in entgegengesetzter Richtung. Die Männer fahren die LKW, bedienen die Lastaufzüge, geben Hinweise. Es muss erheblich viel Vergangenes in diesem Verhalten liegen, älteres und jüngeres, schlussfolgerte ich deshalb. Die Revolution ist kaum ein Menschenleben alt. Die Gleichheit als Gesetz schafft lange nicht die Achtung, die sie braucht, um Norm zu werden. Und als im Krieg die Männer ihre Körper täglich einem Tod entgegenstellten, der auch auf sie gerichtet war, wuchs wohl aus Sehnsucht, Angst und Hoffnung bei den Frauen ein Gefühl der Nachsicht, das es auch heute noch nicht zulässt, einfach zu sagen: »Hör mal, Genosse, willst du nicht wenigstens die Hände aus den Taschen nehmen?« Vieler Frauen Hände sind ungewöhnlich groß und kräftig, und unter den Jüngeren, wird gesagt, wächst die Zahl derjenigen, die an ein Leben denken mit einem Kind oder zweien, aber ohne Mann. Vom Busbahnhof gehen wir an den beiden Kirchen vorbei, vorbei am Gebäude des Parteikomitees, vor dem an der Tafel der Besten die Ordensträger des Rayons ernst und entschlossen in die Zukunft schauen, und schon stehen wir an der Straßenkreuzung vor dem Kaufhaus. Dort ist ein Stau. Zwei Trauerzüge begegnen sich. Der eine kommt von der Kirche her, der andere will zu ihr hin. Stumm verhält der, der von der Kirche kommt, und lässt den anderen vorüber. Dann setzt die Musik wieder ein, und auch er zieht weiter; voran die Kapelle, dahinter vier Männer mit dem Sargdeckel, auf dem Brot liegt und Salz und ein Kissen mit Orden und Auszeichnungen. Ihnen folgend ein LKW mit heruntergeklappten Planken, teppichbehängt, geschmückt mit grellbunten Kunstblumengeflechten, und auf der Ladefläche, aufgebahrt, der Tote. Hinter dem Wagen die Trauernden. Die Leute bleiben stehen am Straßenrand, die Männer mit dem Hut in der Hand, die Frauen mit gesenktem Blick.

Nicht, wer da vorübergefahren wird, ist wichtig. Sie wissen, einer von ihnen. Man schaut ihm nicht nach.

Man lässt ihn vorüber. Wer es ist, erkennt man an denen, die ihm folgen. Ob er gut aussah oder nicht, ist das von Bedeutung für ihn? Man ist erinnert worden, dass es vergänglich ist, das Leben, und man hat sich die Zeit genommen, es zu bemerken.

Auch wir senken den Blick und gehen dann dem Strom der Leute nach, die zum Markt eilen.

Man muss zu den Märkten etwas sagen. Man muss etwas sagen zu den einzelnen Kühen am Straßenrand, ganztags bewacht von gertenbewaffneten Großvätern. Man muss etwas sagen zu den Großmüttern auf dem Bänkchen vorm Haus an der Landstraße, mit zwei Kohlköpfen neben sich, sechs Zwiebeln, einem Leinentuch mit einer Handvoll ausgepresstem Quark oder einem Säckchen Sonnenblumenkernen.

Als ich das erste Mal solch einen Markt sah, setzte sich neben der romantischen Begeisterung über das bunte Gedränge, die langen Verkaufstafeln, das Geschnatter von Käufern und Verkäufern, eine nachhaltige Verwunderung in mir fest.

Gebildet an Berichten über Wasserkraftwerke und Industriegiganten, Weltraumfahrt und Kernforschung, ausgerüstet mit der Erfahrung eines Touristen, der herumgeführt wird durch Neubaugebiete, Gemäldegalerien, Kathedralen, Schatzkammern und Industrieausstellungen, hatte sich ein Bild geprägt von diesem Land, in das dies alles nicht recht passen wollte; die Kleiderberge auf Decken gestapelt, die beutelbeladenen Mütterchen mit Kopftuch und Samtjäckchen, die Alte, die am Boden kniend ihre Hand nach Almosen ausstreckt, die langen Reihen alter Frauen und Männer, die kaum mehr anzubieten haben als ein Kopftuch voller Walderdbeeren, ein Glas selbstgepressten Sonnenblumenöls, eine Kanne Bienenhonig, sieben bis acht mittelgroße Frühkartoffeln, zwei blankgeriebene reife Tomaten, Kräutersträußchen oder Knoblauchzwiebeln, geröstete Kürbiskerne, getrockneten Fisch, Walnüsse, Mohn, Maulbeeren, geriebenen Meerrettich, gebrühte Krebse, Hanf- und Hirsestrohbesen, selbstgebrauten Kwas oder im Wechsel der Jahreszeiten dann auch Himbeeren, Pflaumen, Melonen und Pilze. Jeder, der etwas zu bieten hat, kann hingehen auf den Markt und verkaufen. Jeder, der etwas braucht, kommt und schaut sich um. Den Preis regelt die Nachfrage. Gegen Spekulanten hilft die Volkskontrolle.
Man kauft mit Lust, streitet mit Wonne um Preis und Qualität, kostet und vergleicht und kauft in verwirrend großen Mengen. Fünfzehn Kilogramm Fisch, sechzig Eier, drei Hühner, einen Zentner Melonen, zwei Kilo Sonnenblumenkerne, sechs Pfund Speck oder drei Liter Speiseöl. Aus den Markttoren quillt ein Strom Netze schleppender, taschentragender Frauen, Lächeln im Gesicht oder dieses Irrlichtern unterdrückter Siegesfreude in den Augen. Sie sind nicht kulanter, die Preise auf dem Markt, aber die Waren sind frischer, und es ist zu haben, was möglich ist, der Jahreszeit entsprechend, vorausgesetzt, man ist rechtzeitig da.

Entstanden sind diese Märkte lange vor der Revolution, bekamen in der Zeit der NÖP[2] neue Bedeutung und sind wohl geblieben, weil sie notwendig sind. Es ist schwer, in diesem riesigen Land ein Handelssystem aufzubauen, das unserem vergleichbar wäre. Die Entfernungen sind größer, die Wege oft mühselig und Querverbindungen unrationell. Die Märkte helfen also Lücken zu schließen. Und sie bieten vielen Leuten die Möglichkeit, ihr Einkommen aufzubessern. Auch dafür gibt es Notwendigkeiten.

Es lohnt sich also für die Babuschka, am Sonnabend im Wald Beeren zu pflücken und sich am Sonntagmorgen an die Landstraße zu stellen, um mit einem vorüberfahrenden LKW zur Kreisstadt zu fahren. Es lohnt sich für den Moldawier, mit zwei Säcken, gefüllt mit Granatäpfeln, in ein Flugzeug zu steigen, achthundert Kilometer nach Norden zu fliegen, sich neunzig Kilometer auf der Ladefläche eines LKW durchschütteln zu lassen und dann die Früchte auf dem Markt irgendeiner Kleinstadt zu verkaufen, das Stück zu siebzig Kopeken. Es lohnt sich, die Kuh am Straßenrand entlangzuführen und sie das Gras fressen zu lassen, das keiner erntet, um Quark aus der Milch herzustellen oder die dicke saure Sahne, Smetana genannt, die man zu Salzhering essen kann, zu geschnittenen Tomaten, Pelmeni, in den Borschtsch ge-

---

2 | Die Neue Ökonomische Politik war ein Wirtschaftskonzept der UdSSR, mit dem der seit 1918 für Handel und Produktion geltende Kriegskommunismus beendet wurde und durch die Dezentralisierung und Liberalisierung einen Aufschwung in Landwirtschaft, Handel und Industrie mit sich brachte, durch den eine wesentlich bessere Versorgung der Bevölkerung erreicht wurde. Die NÖP wurde von Lenin 1921 verkündet und wurde bis 1928 erfolgreich durchgesetzt. Dem folgte allerdings die unter Stalin organisierte Entkulakisierung mit der Deportation oder Hinrichtung hunderttausender durch diese Politik zu Wohlstand und Einfluss gelangter Bauern und Kleinindustrieller.

rührt, oder morgens mit Zucker auf gerösteten Weißbrotschnitten.

Das Bild der Märkte ist entsprechend bunt. Textilabteilungen gibt es, Seilquadrate, in denen auf Decken Kleider gestapelt sind, auch Mäntel, Mützen, Filzstiefeletten, Kopftücher, Steppdecken, Wattejacken und Stoffe. Zwischen allem steigt der Verkäufer umher, nimmt auf Zurufe hin Jacken auf, lässt Filzstiefel probieren, den Stoff eines Mantels befühlen, nennt Preise. Irgendwo in der Mitte, unter einer mit einem Gurkenglas beschwerten Zeitung, sammeln sich die Einnahmen. Töpferstände kann man finden und solche, an denen Schuhe verkauft werden, Werkzeuge, Möbel, Wohnzimmerlampen. Es kommt vor, dass ein Lieferwagen vorfährt und hinter ihm sammeln sich die Leute, ordnen sich in langer Reihe, warten, bis der Fahrer ausgestiegen ist und die Tür des Wagenkoffers öffnet. Schuhe sieht man dann, eine Sorte, der ganze Wagen voll, und die Reihe der Leute ordnet sich neu. Wer kaufen will, bleibt, wer sich nur erst einmal einen Platz in der Reihe sichern wollte, schert aus und geht weiter.

LKWs kann man sehen, da steht zu lesen: »Kolchos Kalinin«, und auf der Ladefläche liegen zum Verkauf: Zwiebeln, Hirsestrohbesen, die Hinterachse eines Moskwitsch, eine Kiste mit Hühnern, eine mit Kleiderbügeln. An einem anderen, sieht man, ist die Reihe besonders lang und besonders geordnet. Dort wird Wurst verkauft, eine besondere Wurst, hausschlachtene etwa, um einen Vergleich zu wählen.

Wir mischen uns unter die Leute an den Ständen, kosten Bienenhonig, betrachten Sämereien, zerknacken gekonnt schwarzglänzende Sonnenblumenkerne zwischen den Zähnen und lassen uns den Gebrauch verschiedener Kräuter erklären. Gerd spricht recht gut russisch, und die Verkäufer haben es gern, wenn man sich interessiert. Wo einer schaut, schauen auch andere. Das lockt die Leute an.

In der Nähe des Marktausganges finde ich meine Löffel. Eine Frau bietet sie an. Sie unterscheiden sich von
denen, die ich bisher gesehen habe, durch die Stiele. Sie sind breiter ausgezogen, das gefällt mir, und ich entschließe mich zu kaufen. Bei vierzig Kopeken etwa liegt der Preis, weiß ich, und frage, nachdem ich mir sechs Stück ausgesucht habe: »Skilki? – Wieviel?«

»Tschetiri Rublej, pjatdesjat Kopejki«, antwortet die Frau. Vier Rubel, Fünfzig. – Also fünfundfünfzig Kopeken das Stück. Das scheint mir doch etwas arg übertrieben, und so lege ich sie griffgerecht auf den Stapel zurück, den sie vor sich zwischen ein Paar Lackschuhen und zwei kümmerlichen Kürbissen aufgeschichtet hat »Nema, daragoi. – Nein, nein, zu teuer.«

»Gut, drei Rubel.«

Wo gehandelt wird, bleiben die Leute stehen. Das interessiert. Manchmal ergreift man auch Partei. Ein Mann mischt sich ein. Was das für ein Preis sei, drei Rubel für sechs Holzlöffel, fragt er, worauf die Frau ihn sofort mit schriller Stimme zu beschimpfen beginnt. Er schimpft zurück, weniger laut, aber bestimmt, und schließlich spuckt er verächtlich aus und geht davon.

Die Frau schimpft noch eine Weile hinter ihm her, dann sagt sie: »Zweisechzig«, und ich kaufe die Löffel.

»Da ist so etwas wie unterschiedliche Bewältigung der Vergangenheit aufgebrochen«, sagt Gerd und erklärt uns: – Warum sie ausnutzen wolle, dass wir die Preise nicht kennen und Schwierigkeiten mit der Sprache hätten, hatte der Mann gefragt, und die Frau hatte geantwortet: »Das sind doch Deutsche, die haben genug kaputt gemacht bei uns.«

Ob sie den Preisaufschlag in die Staatskasse spenden wolle? Was ihn das angehe? Sie könne die Preise machen, wie sie es für richtig halte.

Dann hatte der Mann ein Wort gesagt, das auch Gerd nicht verstand, und hatte ausgespuckt.
Später treffen wir ihn wieder. Er hat den gleichen Weg wie wir, vom Stadtausgang über den Damm am See, hinüber zur Vorstadtsiedlung.
Ob wir gekauft hätten, fragt er.
»Ja«, antworte ich.
»Für fünfzig?«
»Nein, für vierzig«, lügt Gerd.
»Das ist ein möglicher Preis.«
Aber ganz zufrieden ist er trotzdem nicht. Es drängt ihn, noch etwas zu erklären.
»Sie sagt so etwas«, sagt er, »und weiß gar nichts. – Ich weiß, aber ich rede nicht so etwas.«
Und dann sehe ich zum zweiten Mal in meinem Leben die auf den Unterarm tätowierte blaue Nummer. Diesmal auf dunkel behaarter Haut.
Es war ein Irrtum gewesen, ein richtiger Irrtum. Er ist deportiert worden nach Deutschland, als Arbeitskraft, gleich im ersten Jahr, und ist irgendwo, er weiß nicht wie, auf dem Transport in einen anderen Zug geschoben worden, mitten zwischen Kriegsgefangene.
Jeder sah, er war zu jung, um Soldat zu sein, jeder sah, er war keiner. Aber er war aufgenommen als Zahl und blieb als Zahl und lebte vier Jahre lang mit Angst vor dem Tod.
Die Lagernamen, die er nennt, sind die bekannten. Vom Alter, auf das man ihn schätzt, kann man getrost zehn Jahre abziehen. »Ich erzähl es euch«, sagt er, »aber ich werf es euch nicht vor. – Ihr seid anders.«
Und dann drängt er uns vier Milchbrötchen auf, vier von fünfen, die er in seinem Netz hat.
Mit Mühe können wir ihn überzeugen, dass er wenigstens eins wieder zurücknimmt.

An der Straßengabel trennen wir uns. Er geht zur Siedlung, wir schlagen die Richtung zum Wohnlager ein.

Zwölf Kilometer werden wir zu laufen haben. Wir wollen sie laufen. Es ist Frühling, Ostern, wir haben zu reden.

»Das erstaunt mich immer wieder«, sagt Gerd, »wie unterschiedlich sie damit fertig geworden sind.«

Und Willi sagt: »Ob wir wirklich schon so anders sind? – Wenn du siehst, wie wir herabblicken von unseren fernbeheizten Baracken auf ihre mit Stroh gedeckten Lehmhäuser, auf die grellfarbigen Wände. Wie wir die Mädchen mustern und die Wäsche auf den Leinen belächeln. Wie wir in die Kaufhäuser strömen und kaufen, als wäre alles nur für uns bereitgestellt. Unser herablassendes Bedauern der alten Mütterchen, die unter Zentnersäcken gebeugt zum Stadtausgang marschieren, in der Hoffnung, dass sie irgendein Fahrzeug mitnimmt ...« Und dreht sich plötzlich um und läuft zurück, und nimmt einer alten Frau zwei Wassereimer ab, die sie den Berg hinaufschleppt.

Wir waren vorübergegangen an ihr, ohne sie zu bemerken, oder mit eben diesem bedauernden Seitenblick. »Kuda?« fragt Gerd. »Wohin?«

»Dort, zum Haus«, antwortet sie. Ihr Atem geht immer noch schwer.

Das Haus ist blau, schief in den Wänden, nicht groß. Fünf mal acht Meter vielleicht. Das Dach ist teilweise eingefallen, und der Schornstein scheint jeden Augenblick umzukippen. Vor dem Häuschen bellt sich ein schwarzweiß gefleckter Kinderfilmhund die Kehle aus dem Hals.

Sie sei gerade aus dem Krankenhaus gekommen, erzählt die Alte. Sechs Wochen habe sie gelegen. Das Herz sei kaputt. Niemanden habe sie mehr, nur den Hund. Am liebsten wolle sie sterben. Und dann küsst sie Willi in Dankbarkeit für seine Hilfe die Hände.

Willi reißt die Hände erschrocken nach oben, als habe er sie sich verbrannt. Nein, das wollte er nun auch wieder nicht, diese Erniedrigung.

Auf dem Hügel, außerhalb der Stadt, holt er seine Mundharmonika aus der Tasche und spielt. Willi kann keine Melodien spielen. Er benutzt die Mundharmonika als Ausdrucksmittel seiner Stimmung, reiht Töne aneinander, wie sie seinem Gefühl nach zusammenpassen, presst sie in Rhythmen, nach denen er stampfen, gehen, sich wiegen kann. Zwischendurch redet er zwei, drei Worte oder einen ganzen Satz oder stößt unvermittelt einen Schrei aus. Es ist angenehm, ihm zuzuhören. Lust, die Arme auszubreiten, springt über, und die Glieder lockern sich. Einen halben Kilometer rennen wir.

Später stoppt ein LKW.

»Wystupij, chlopzje!« ruft der Fahrer. »Aufsteigen, Jungs!« Willi und ich steigen auf die Ladefläche. Gerd setzt sich ins Fahrerhaus. Durch das hintere Kabinenfenster sehen wir ihn reden und gestikulieren. Die Oberkörper weit über das Dach der Kanzel gebeugt schreien wir gegen den Fahrtwind an, der uns ins Gesicht schlägt. Die Leute am Straßenrand schauen uns nach. Weit eher als vorgesehen, sind wir am Lager.

Der Fahrer hupt noch einmal, dann fährt er zurück zur vier Kilometer entfernten Bahnstation. – »Nitschewo!« – Kein Problem.

Nachmittags dann gehen wir zum Dorf hinter dem Hügel. Willi hat die Feldstaffelei unter dem Arm. Gerd trägt eine vorgrundierte, weiße Pappe. Über uns steht warm die österliche Frühlingssonne.

Der Weg zum Dorf trägt noch die Spuren der Schneeschmelze. Tiefe Rinnen sind in den Boden gegraben, geformt von mahlenden Fahrzeugrädern und vertieft vom ablaufenden Tauwasser. Der feuchte Grund zeigt mattglänzenden Lehm.

Es gibt in der Ukraine, dort, wo unser Bauabschnitt liegt, keine Steine auf den Feldern, es gibt keinen Kies, es gibt keinen Sand. Die Erde ist schwarz und schwer und lehmig. Wenn man bauen will, muss man Granit brechen in vierzig bis achtzig Metern Tiefe, muss ihn zerkleinern zu Splitt und Steinsand und dann zum Bauplatz transportieren, über hundert oder zweihundert Kilometer. Bauen ist deshalb teuer in diesem Gebiet, vor allem Straßen bauen, und es gibt Straßen, die notwendiger sind als die zu einem Dorf hinter dem Hügel. Wir gehen am Wegrand, dort, wo die Leute die Ackerkrume glattgetreten haben, als sie zur Arbeit gingen oder zum Einkauf in die Stadt.

Der Weg ist nicht lang, anderthalb Kilometer vielleicht, von der Straße bis zu den ersten Häusern. Der Himmel darüber ist klarblau und auf den Feldern vor den Gartenzäunen paaren sich die Hunde.

Am Ortseingang springt uns ein hochbeiniges Traktorchen entgegen, mal links, mal rechts des Weges fahrend. Ein Vater lehrt seinen vierjährigen Sohn das Lenken.

Als sie auf ihrem Traktor an uns vorbeispringen, lächeln wir dem Vater zu. Er lächelt zurück. Dann überwinden wir die Restpfützen zwischen den ersten Häusern auf den dort ausgelegten Wathilfen: Balkenstücke, defekte Eimer und Schüsseln, alte Autoreifen.

Wenige Meter weiter gabelt sich der Weg und schwingt sich in zwei akkuraten Halbkreisen um eine große Wiese herum, auf der ein Brunnenhäuschen steht, mit Giebeldach, wie vermutet, eine Trafostation und ein aus Stangen zurechtgezimmertes Fußballtor.

Vor dem Tor treiben Kinder einen Ball hin und her. Am Brunnen stehen schwatzend Frauen.

Das Dorf ist ein sauberes Dorf. Der Anstrich der Häuser ist nicht verwittert. Die Zäune sind mehr als bloße Eingrenzung

des privaten Territoriums. Sie sind auch Schmuck. In den Höfen stehen geschälte Obstbaumkronen, an deren Ästen Tonkrüge und Töpfe zum Trocknen aufgehängt sind oder zur Dekoration. Genau ist das nicht zu bestimmen.
Die Frauen am Brunnen schauen zu uns herüber, als wir uns nähern. Die Kinder treiben unbekümmert ihren Ball.
Wir nicken den Frauen zu und setzen uns auf einen Stapel Rundholz, der am Rand der Wiese liegt. Die Frauen nicken zurück.
Es ist ein frühlingswarmer Ostersonntag in einem ukrainischen Dorf mit blauem Himmel, spielenden Kindern, schwatzenden Frauen am Dorfbrunnen und dünnen Rauchfahnen an den Schornsteinen über den strohgedeckten Häusern.
Willi baut seine Staffelei auf, drückt Ölfarben aus verschiedenen Tuben auf die Palette und beginnt sie zu mischen. Ein lichtes Blau mischt er, ein helles Grün und gelbtöniges Braun, warme, freundliche Farben.
Da kommt ein Jeep gefahren, stoppt am Weg hinter uns, zwei Männer steigen aus und kommen auf uns zu. Ihren Gesichtern sehen wir an, nicht Neugier treibt sie.
Was das werden solle, fragt der eine.
»Er malt«, antwortet Gerd.
Die Kinder lassen ihren Ball und kommen herbeigerannt.
»Fort!« faucht sie der andere an. »Was wollt ihr hier? Geht spielen!«
Sie bleiben stehen, gehen dann zurück, rückwärts, zwei, drei Schritt, wenden sich schließlich und widmen sich wieder ihrem Ball.
Für die Frauen scheint es nichts Wichtigeres zu geben als ihr Gespräch über die Ernteaussichten im kommenden Jahr, die Qualität des Brotes oder die Sendungen der erreichbaren Fernsehprogramme.

Willi will das erste Lichtblau für den Himmel auf das Weiß der Pappe setzen.
»Nichts da!«, wird ihm bedeutet. »Hier wird nicht gemalt.«
»Warum?« fragt Gerd.
»Kein Warum«, sagt der Mann. »Einpacken, aber schnell. – Kümmert euch um eure Angelegenheiten.«
»Da ist wohl eine Diskussion zwecklos«, sagt Gerd. »Gehen wir.«
Willi zögert noch.
»Sag ihm, dass ich Maler bin, dass ich das Panorama malen möchte, die Gesichter der Leute.«
»Schnell, schnell!«, heißt die Antwort. »In eurem Lager gibt es auch Panorama und Gesichter. – Wenn ihr etwas wollt, meldet euch im Dorfsowjet.«[3]
Und dann, wohl um der Forderung Nachdruck zu verleihen, stellen sie sich vor: Namen, schwer zu merken in der Erregung, und die Funktionen: Kolchosvorsitzender und Vorsitzender des Dorfsowjets.
Wir gehen, grübeln, reden, versuchen zu erklären, was uns da begegnet ist. Besonders schlechte Erfahrungen mit der Generation unserer Väter mutmaßen wir, oder verletzte Eitelkeit der Behörde oder einfach nur Misstrauen. Es erklärt, aber es nimmt uns nicht die Bedrückung.
Da hilft auch nicht, dass abends, als wir vor der Baracke am großen runden Tisch sitzen, den wir uns aus einer Kabeltrommel gezimmert haben, der Kreisarzt vorbeikommt, uns lobt für die Sauberkeit im Lager und in Erinnerung ruft, was uns bisher als Regel begegnet war: unvoreingenommene ukrainische Freundlichkeit. Das Akkordeon lässt er sich geben und beginnt zu spielen, Lieder, Tänze, Improvisationen. Sein Kollege singt, die Assistentin tanzt mit Schorsch, dem Kranfahrer.

---

3 | Ein Dorfsowjet ist so etwas wie in Deutschland der Gemeinderat

Anderntags malt Willi aus der Erinnerung ein Bild. Himmelblau über strohgedeckten Häusern, helles Wiesengrün, der Dorfbrunnen und ein Fußballtor. Aber im Vordergrund stehen zwei düstere Gestalten, die mit ausgestreckten Armen den Betrachter zurückweisen.
Die Bedrückung aber lässt uns auch in der Woche nicht los, und so gehen wir am Sonntag zum Büro des Dorfsowjets.
»Guten Tag«, sagt Gerd. »Wir sind gekommen, um eine Erklärung zu finden.«
Stühle werden frei gemacht, und schon steht eine Flasche Wodka auf dem Tisch..
»Das ist gut so«, wird geantwortet. »Kommen Sie zu uns, dann wissen wir, wer Sie sind. – Wir zeigen Ihnen, wo Sie malen können. Das da ist kein guter Platz. Das ist das Alte.«
Wenig später sitzen wir in seinem Jeep und fahren die Straße entlang zur Siedlung an der Bahnstation, dort, wo der Montageplatz für die Starkstromleitung liegt, die am Dorf hinter dem Hügel vorbeiführen wird. Siebenhundertfünfzig Kilovolt elektrischer Spannung soll sie dann aufzuweisen haben, und es wird die erste sein in der Welt, die so eine Leistung erreicht.
Nicht weit davon vor einem Neubaublock halten wir an. Es ist ein Neubaublock, wie er in Neustrelitz stehen könnte, in Debrecen, in Pilsen oder auch in Wuppertal, kantig, viergeschossig, zweckorientiert.
»Bitte schön«, wird gesagt. »Das ist das Neue. Malen Sie!«
»Um diesen Klotz zu malen, brauch ich nicht in die Ukraine zu fahren«, sagt Willi. »Ich will die Landschaft malen, in der die Leute leben, die ihre Sitten geformt hat, ihre Gesichter, ihren Schönheitssinn. Mich interessiert das Farbempfinden, das gewachsen ist über Jahrhunderte. Sag ihm das!«
»Mal!« antwortet Gerd. »Du siehst doch, ihn macht das stolz.«

Später erst fällt mir die Spur Herablassung auf, die in dieser Bemerkung mitschwingt, und noch viel später finde ich folgenden Text:
»Man sehe sich die Karte der Russischen Föderativen Sowjetrepublik an. Nördlich von Wologda, südlich von Rostow am Don und von Saratow, südlich von Orenburg und von Omsk, nördlich von Tomsk ziehen sich unermessliche Landstrecken hin, auf denen Dutzende riesiger Kulturstaaten Platz finden könnten. Und auf all diesen Landstrecken herrschen patriarchalische Zustände, Halbbarbarei und ausgesprochene Barbarei. Und in den entlegenen ländlichen Gebieten des übrigen Russland? Überall dort, wo Dutzende Werst Feldwege, richtiger Wegelosigkeit, das Dorf von der Eisenbahn, d. h. von der materiellen Verbindung mit der Kultur, mit dem Kapitalismus, mit der Großindustrie, mit der großen Stadt trennen? Herrschen nicht an all diesen Orten ebenfalls patriarchalische Zustände, Oblomowtum, Halbbarbarei?«
Der das im Jahre Neunzehnhunderteinundzwanzig schrieb, nannte sich Lenin, und der hatte bestimmt keinen Grund, schwarz zu malen. Er bezeichnete nur, was war, und hatte eine Vorstellung davon, wie das zu ändern sein würde: »Kommunismus – das ist Sowjetmacht plus Elektrifizierung des ganzen Landes.« Gesprochen in einer Zeit, da die Truppen von 14 ausländischen Staaten (Großbritannien, Serbien, Frankreich, China, Japan, Finnland, Deutschland, Griechenland, Italien, Polen, USA, Rumänien, Tschechoslowakei, Türkei) auf sowjetischem Gebiet standen und gemeinsam mit den Armeen von vier weißgardistischen Generälen zu verhindern versuchten, dass es jemals dazu kommen sollte. Nachdem sie besiegt waren, blieben gerade zwanzig Jahre, bis deutsche Armeen sich aufmachten, um diesmal nicht nur diese Idee zu vernichten, sondern sogar das ganze Volk, das sie umzusetzen entschlossen war. Und es dauerte vier Jahre

bis auch sie schließlich zurückgeschlagen wurden. Das war gerade einmal dreißig Jahre her.
Hatte der Mann vom Dorfsowjet, der uns im Frühjahr 1976 diesen Neubaublock nahe des Montageplatzes für eine 750 KV-Leitung vorführte, nicht ein Recht auf seinen Stolz?

Willi malt ein Bild. Da ragt ein ziegelroter Bau, quadratisch, kantig, trist, hoch über Einfamilienhäuser mit schiefen, strohgedeckten Dächern.
Der Mann schaut zu, neugierig, interessiert, verwundert. Manchmal runzelt er die Stirn.
»Er malt sehr gut«, sagt er zu Gerd, als Willi dem Himmel über dem Block eine Spur bonbonfarbener Morgenröte verleiht. Dann fährt er uns in seinem Jeep zurück zum Lager. Willi schenkt ihm das Bild.
»Es muss erst eine Woche stehen«, erklärt er, »bevor es in den Rahmen kommt.«
Am Abend liest uns Gerd ein Gedicht vor.
Von alten Frauen ist darin die Rede, die mit schweren Beuteln auf dem Rücken, Engelsflügeln gleich, auf steilen Wegen durch die Felder gehen und die zu grüßen man nicht unterlassen sollte, falls man ihnen dort begegnet.
Ich schreibe einen Brief an meine Frau. Und Willi übermalt mit einem neuen Grün die beiden düsteren Figuren auf seinem Bild aus der Erinnerung.
Zu sehen bleibt ein ukrainisches Dorf im Frühlingssonnenschein mit einem Brunnenhäuschen auf einer jungen Wiese, farbigen Zäunen und sich paarenden Hunden.

Aus »Die Schublade – Texte aus erster Hand«
Mitteldeutscher Verlag Halle Leipzig 1985

Schimmels Geschichten

Schimmel erzählt. Schimmel erzählt gern. Aber was Schimmel erzählt, das sollte man nicht für bare Münze nehmen. Schimmel ist außer Maler, Bildhauer, Bühnenbildner, Maultrommelvirtuose und Tierstimmenimitator auch noch Puppenspieler. Und so erzählt er, wenn er erzählt, als säße er im Publikum und höre seinen Puppen zu, wie sie erzählen, was er selbst erzählen zu müssen meint. Der wirklichen Wirklichkeit fügt er dabei wohl manchmal etwas hinzu oder spart das eine oder andere aus.

Noch weniger sollte man glauben, wenn Schemmel erzählt, was Schimmel seine Puppen erzählen lassen hat. Denn Schemmel ist Theaterdramaturg. Und so erzählt er, wenn er erzählt, was Schimmel seine Puppen erzählen lassen hat, wie er meint, dass diese es erzählen hätten sollen. Auch dabei ist dann nicht auszuschließen, dass ihm das, was man als die wirkliche Wirklichkeit ansehen könnte, zuweilen ein bisschen aus den Augen gerät.

Ich nun bin Schriftsteller. Und wenn ich erzähle, was Schemmel als Schimmels Geschichten in die Welt gesetzt hat ...

Halten Sie davon, was Sie wollen.

Mein schönstes Ferienerlebnis oder Wie Schimmel zur Kunst kam

In der Schule, erzählt Schemmel, hatte Schimmel einen Stempel weg. Er war der »Kaptalistensohn«. Sein Vater besaß eine kleine Möbelfabrik. Acht Angestellte. Hauptproduktion Schulmöbel. Wohl deshalb war er nach 1945 der Enteignung entgangen, obwohl in den »Möbelwerken Schimmel« auch schon während der Nazizeit Tische und Bänke für Schulen hergestellt worden waren. Doch als Kriegsgewinnler hatte man ihn deshalb nicht einstufen können, zumal er ja auch drei Jahre lang seine Mitschuld an dem, was in dieser Zeit gewesen war, beim Holzeinschlag in einem Kriegsgefangenenlager hinter dem Ural abgearbeitet hatte. Als Beispiel aber taugte er.
Denn wie sollte den Kindern in der Schule vermittelt werden, was ein Kapitalist ist, wenn der Braunkohletagebau, der an den Rändern des Auenwaldes von Tschepkau nagte, sich ebenso in Volkes Hand befand wie die Brikettfabrik von Zauche, deren Schwefelschwaden an schwülen Sommertagen die Luft knapp werden ließ und die Ergebnisse der Prüfungen für das Sportleistungsabzeichen negativ beeinflusste? »Möbelwerke Schimmel« aber, das bedeutete privater Besitz an Produktionsmitteln. Und acht Männer, die für einen arbeiteten, das war doch wohl Ausbeutung? Willi Schimmel also war »Der Kaptalistensohn«.
Doch war es nicht das, was ihm die Freude an der Schule vergällte. Die Freude an der Schule vergällte ihm die Reaktion seiner Eltern auf die von ihm als Leistungsnachweis vorgelegten Zeugnisse: »Nee, an dir kann man aber auch wirklich keene Freide haben.«

Linkshänder war er und Stotterer, und da er mit der rechten Hand zu schreiben hatte, sah das was er schrieb, etwa so aus wie er sprach.
»Mu... musst mir eben gr... grüne Tinte kaufen«, entgegnete er deshalb, als seine Mutter wieder einmal »keene Freide« gehabt hatte, weil beim Elternabend zuerst seine Schulhefte vorgezeigt worden waren und dann die von Hedwig Kaiser. Hedwig Kaiser war die Tochter eines der Tischler, die in den »Möbelwerken Schimmel« arbeiteten und sie schrieb mit grüner Tinte. Sie schrieb sehr schön mit grüner Tinte. Sie hätte auch ohne grüne Tinte sehr schön geschrieben. Sie schrieb am schönsten von allen. Auch ansonsten eignete sie sich hervorragend als Beispiel für die Richtigkeit der Bildungspolitik im Arbeiter- und Bauernstaat. Alle ihre Zeugnisse wiesen in allen Positionen nur Einsen aus, während Willis Zeugnisse von Vieren strotzten. Dreien zählten schon zu den Seltenheiten und eine Zwei hatte er während der ersten vier Jahre des Unterrichts nur ein einziges Mal vorweisen können. Da war ihm angerechnet worden, dass er wegen seines Sprachfehlers lieber schwieg als redete. Verhalten: Zwei. Nein, mit ihm konnten seine Eltern wirklich »keene Freide« haben. Das sah er auch selber so. Weshalb er hin und wieder versuchte, ihnen wenigstens die Anlässe für ihren Stoßseufzer zu ersparen.
So verbarg er zum Beispiel in der zweiten Klasse das Halbjahreszeugnis und erzählte, so etwas gäbe es nicht mehr. Die Kinder sollten lernen, sich ein eignes Urteil über ihre Leistungen zu bilden. Wer schlechte Zensuren habe, wisse das selbst am besten. Man müsse ihn nicht auch noch damit vor die Klasse stellen.
Dann klierte er mit ungelenken Buchstaben den Vornamen seiner Mutter über die Pünktchenreihe, die mit den Worten »Unterschrift eines Erziehungsberechtigten« gekennzeichnet

war, und verstand es sogar, dieses Zeugnis nach den Ferien der Klassenlehrerin auf eine Weise zu übergeben, dass sie die Fälschung nicht bemerken konnte und es in den Ablagefächern des Schulsekretariats verschwand.
Leider aber kam seine Mutter wenig später in eine Situation, in der sie meinte, ein Loblied auf die DDR singen zu müssen. Weshalb auch dieser Versuch Willis, die Zweifel seiner Eltern an der Zukunftsfähigkeit ihrer eigenen Schöpfung etwas zu mildern, ein kompletter Fehlschlag wurde.
Willi Schimmels Mutter war eine vorsichtige Frau. Nicht nur, dass sie das im Wäscheschrank verborgene sexuelle Aufklärungsbuch vernichtete, als sie bemerkte, dass Willi es offenbar erstöbert hatte, sie hatte auch aus dem Bildband, den der Vater als Besucher der Olympiade von 1936 mit nach Hause gebracht hatte, mittels einer Schere alle Hitlerköpfe und Hakenkreuze entfernt, die auf den darin veröffentlichten Fotos zu sehen gewesen waren. »Das kannst du nie wissen, ob sie dir daraus nicht mal einen Strick drehen werden«, hatte sie das dem Vater gegenüber begründet, und dass bei ihren radikalen Schnitten, zuweilen auch den auf der Rückseite abgebildeten Sportlern die Köpfe verloren gegangen waren, hatte er eben hinzunehmen.
Nun kam sie in eine Situation, wo sie, eingeklemmt in eine ihren Kopf umfangende Trockenhaube, einem von links neben ihr nach rechts neben ihr und zurück geführten Gespräch zuhören musste, wo in höchster Erregung Maßnahmen zur Erhöhung der Produktion erörtert wurden, die sich der »Spitzbart« hatte einfallen lassen, wie Walter Ulbricht genannt wurde und die ja nun wohl das Fass zum Überlaufen bringen würden. Und obwohl sie mit allem, was da gesagt wurde, übereinstimmte, hielt sie es doch für angebracht, dem Gespräch eine andere Wendung zu geben, indem sie vom Wegfall der Halbjahreszeugnisse berichtete und erklärte, dass

sie das als »einen Schritt in die richtige Richtung« ansehe. Leider stellte sich aber heraus, dass eine der beiden Frauen mit der Frau des Schuldirektors befreundet war und so hatte Schimmels Mutter dann doch wieder ihren Stoßseufzer ausstoßen müssen: »Nee, an dir kann man aber wirklich keene Freide haben!«
Dennoch gab sie ihn offenbar nicht verloren, denn sie kaufte ihm tatsächlich grüne Tinte, nachdem ihr der Unterschied zwischen Hedwig Kaisers und seinen Schulheften so offen demonstriert worden war. Doch als er am nächsten Schultag damit zu brillieren versuchte, wurde ihm das von der Lehrerin entschieden verwehrt: »Du lern erst mal richtig schreiben.«
Was sollte da noch werden?
Dann aber war Frau Holting, die Deutschlehrerin, vor den Ferien »guter Hoffnung« geworden, wie die Mutter sagte, und nach den Ferien erschien statt ihrer Herr Kleinlein als Vertretungslehrer. Der unterrichtete eigentlich Physik und Chemie und half sich aus der Klemme mit dem Üblichen.
»Wir schreiben einen Aufsatz. Thema: Mein schönstes Ferienerlebnis.«
Schimmel war nicht in den Ferien gewesen. Ferien kamen in Schimmels Familie nicht vor. Höchstens, dass man mal zu einem Besuch ins Vogtland fuhr. Dort gab es einen Bruder seines Vaters oder Onkel oder Cousin. Der war auch ein Kapitalist. Seine Fabrik produzierte Fleischsalat. Die halbe Republik wurde damit versorgt, obwohl auch er nur acht Arbeiter beschäftigte. Doch die Probleme waren die gleichen. Man besprach sie nur im Flüsterton und wenn die Kinder im Raum waren, schwieg man ganz und gar.
Die Kinder der vogtländischen Verwandtschaft mochte Willi nicht. Sie sahen aus, als würden sie sich von übrig gebliebenem Fleischsalat ernähren, und ihre Sachen wurden mit

Waschmitteln gewaschen, die von Leuten vorbeigebracht worden waren, die für eine Familienfeier etwas mehr Fleischsalat brauchten, als in den Geschäften an Einzelpersonen abgegeben wurde. Schulmöbel dagegen wurden weniger von Einzelpersonen gebraucht, weshalb Willis Sachen mit den Waschmitteln gewaschen wurden, mit denen auch die Frauen von Schuldirektoren oder Mitarbeitern der Kreisschulämter ihren Kindern die Sachen wuschen. Was die Kinder der vogtländischen Verwandtschaft veranlasste, sich demonstrativ die Nasen zuzuhalten, wenn sie mit der Begründung: »Ihr könnt ja dem Willi mal eure Hula-Hopp-Reifen vorführen!«, zum Spielen in den Garten geschickt wurden. Deshalb hatte Willi so lange herumgezickt, als während der Ferien eine solche Fahrt ins Vogtland angekündigt wurde, dass seine Eltern schließlich entschieden, dass er zu Hause bleiben und sich um die Blumen kümmern solle. Es würden ja schließlich nur drei Tage sein.

Bereits am ersten Tag aber verlor er den Wohnungsschlüssel. Es war ein Sicherheitsschlüssel, und so schloss sich die Möglichkeit aus, das Schloss mit einem zum Dietrich zurechtgebogenen Nagel zu öffnen. Auch einen Nachschlüssel anfertigen zu lassen, war nicht möglich. Es sei denn, man verfügte über eine Vorlage. Eine Vorlage aber befand sich hinter der Tür am Schlüsselbrett.

Schon spielte er mit dem Gedanken, sich ein Beil zu verschaffen, die Tür aufzubrechen und nachts den Fernseher mit dem Handwagen in die am Stadtrand gelegene Müllkuhle zu karren, um einen Einbruch vorzutäuschen, da entdeckte er das offenstehende Speisekammerfenster. Es lag etwa drei Meter über dem Erdboden, dicht neben dem Fallrohr der Regenrinne und war etwa dreißig mal vierzig Zentimeter groß.

Wo der Kopf hindurch passt, hieß es aber, passt auch alles andere hindurch. Und wenn er das Fenster von unten her besah, schien ihm der Kopf zweifellos hindurchzupassen. Also hangelte er sich unter Nutzung des Fallrohrs die Mauer hinauf, schrammte sich die Knie, brach sich die Fingernägel ab, schwitzte und schnaufte und langte endlich am Fenster an, um die Probe machen zu können. Und tatsächlich, der Kopf passte.

Wenn er sich aber mit diesem Kopf voran durch das Fenster zwängen würde, überlegte er, würde er auch mit diesem voran auf der anderen Seite der Öffnung ankommen. Und von vorherigen, auf dem gewöhnlichen Weg erfolgten Besuchen der Speisekammer wusste er, dass sich das Fenster in der äußersten oberen Ecke der Wand befand und ein Halt für die Hände erst in einer beträchtlichen Entfernung darunter zu finden war. Also entschied er, zuerst die Füße durch die Öffnung zu zwängen und den Rest seines Körpers nachfolgen zu lassen. Was insofern zum Problem wurde, dass es ihm bereits nur mit äußerster Mühe gelungen war, Kopf und Schultern bis zur Höhe des Fensters emporzuziehen. Wie aber sollten seine Füße dorthin gelangen?

Doch das Wissen, es war die einzige Möglichkeit, nicht zwei Tage lang auf dem Fußabstreicher vor der Wohnungstür übernachten zu müssen, setzte offenbar ungeahnte Fähigkeiten in ihm frei. Und so schaffte er es schließlich doch, die Beine durch die enge Öffnung zu stecken, wenn dabei auch zu den abgebrochenen Fingernägeln und den beschrammten Knien ein, von dem mit Zinkblech beschlagenen Fensterbrett verursachter, mehrere Zentimeter langer Schnitt im rechten Oberschenkel und ein Riss in der Hose hinzukamen.

Bis zum Beginn des unteren Rippenbogens verlief dann alles Weitere problemlos, wenn er davon absah, dass nun auch sein linker Oberschenkel einen Schnitt hatte und die Hose an dieser Stelle einen Schlitz. Hatte er sich doch, der Form des Fensters folgend, zur Seite drehen und die Hüften gewissermaßen hochkant durch ein aufrecht stehendes Rechteck zwängen müssen.

Schmerzen verspürte er nicht, selbst nicht, als sein Brustkorb den Querschnitt des Durchbruchs durch die Außenmauer des Hauses vollkommen ausfüllte und das weitere Vorwärtskommen nur möglich war, wenn er im Rhythmus seiner kürzer werdenden Atemzüge Rippe für Rippe über die Kante des Fensterrahmens hob und dazu das Becken nach links oder rechts kippte. Dann aber erreichten seine Schultern diese Barriere und zwischen diesen befand sich sein Kopf.

Kopf, sagte aber die Regel, wo der Kopf hindurchpasst, passt auch das Andere hindurch. Von Kopf und Schultern zugleich war keine Rede.

Ein Zurück indessen gab es nicht, hatten doch auch seine Hände, mit denen er bis dahin die raupenartigen Bewegungen seines Körpers durch Druck und Stoß unterstützt und zugleich abgesichert hatte, den Kontakt mit der Außenmauer verloren. Sie fuchtelten nur am Ende seiner gen Himmel gestreckten Arme wie die Tentakel eines in das Maul eincs Pottwales geratenen Tintenfischs hilflos in der Luft umher. Denn inzwischen hatte sich die Lastverteilung seines über den Hüften durch die innere Mauerkante abwärts geknickten Körpers so verschoben, dass von dort ein Sog ausging, der jeglichen Versuch einer Gegenbewegung ausschloss. Willi Schimmel steckte in der Fensteröffnung wie ein Stopfen in einem Abflussrohr.

Schon wollte er schreien, obwohl er wusste, es konnte ihn niemand hören. Es war Sonnabendnachmittag. Die Maschinen in der Tischlerei waren abgestellt. Die Arbeiter waren nach Hause gegangen. Und weil der Montag ein Feiertag war, waren auch die Bewohner der Nachbarhäuser zu irgendwelchen Verwandten gefahren oder suchten, wie es in dieser Zeit durchaus noch üblich war, auf den im näheren oder weiteren

Umfeld gelegenen, abgeernteten Getreidefeldern nach zu Boden gefallenen Ähren.

Doch eine Hoffnung ist eine Hoffnung. Wenn er nur Luft zum Schreien gehabt hätte. Die ging ihm nämlich inzwischen auch aus, weil die innere Mauerkante gegen seine unteren Rippen drückte, während die oberen jeden Augenblick zu brechen schienen. Es hätte nur zu einem gequälten Wimmern gereicht.

Doch dann spürte er das Rutschen.

Millimeterweise zog ihn die Last seines überhängenden Unterkörpers abwärts und zwischen den harten Kanten des Fensterrahmens hindurch. Und endlich war der härteste Widerstand überwunden. Aus den Millimetern wurden Zentimeter. Und dann fiel er.

Als er wieder zu sich kam, saß er in einer Milchlache und sein erster Gedanke war: ›Wo ist der Tontopf?‹

Der Tontopf lag in seinem Schoß und war ganz.

Seine Mutter hatte ihn, weil sie Quark bereiten wollte, bedeckt mit einer Mullwindel, auf das Regal unter dem Fenster gestellt und er hatte ihn bei seinem Absturz offenbar nicht mit den Füßen, sondern erst mit den Knien oder dem Kinn oder gar erst mit den Händen mitgerissen, so dass er selbst vor dem Topf auf dem Boden und dieser in seinem Schoß gelandet und nicht zersprungen war. Ein Umstand, der bei ihm ein derart überwältigendes Glücksgefühl auslöste, dass er alle weiteren Handlungen mit einer unendlichen Gelassenheit vollzog.

Er nahm die an der Tür hängende Kehrschaufel und schaufelte damit die Milch zurück in den Topf, so lange wie sie sich schöpfen ließ, wischte den Rest mit der Windel auf, wrang sie aus, wusch sie dann, breitete sie wieder über den Topf, stellte ihn auf das Regal zurück, rückte auch noch alles andere zurecht, was sich verschoben hatte, reinigte schließlich den Fußboden, wobei er akribisch darauf achtete, dass auch nicht die geringste Spur von Milch zurückblieb, und kümmerte sich erst dann um seine Blessuren.

Diese erklärte er seine Eltern als Folgen eines Fahrradunfalls und fand dadurch auch eine Erklärung für den Verlust des Schlüssels. Der sei bei seinem Sturz in einen Gully geschleudert worden. Und als er auf gebührende Weise bedauert worden war, schien diese Episode ihren Abschluss gefunden zu haben. Denn weder wurde nachgefragt, wie er denn ohne Schlüssel in die Wohnung gelangt sei, noch fand die Beschaffenheit der Milch irgendwann irgendeine Erwähnung.

Nun aber: »Mein schönstes Ferienerlebnis«

Und er konnte machen, was er wollte, vom ersten Augenblick an, in dem der Aushilfslehrer dieses Thema genannt hatte, setzte sich in seinem Kopf der Satz fest: »Mir war der Hausschlüssel in den Gully gefallen.«

Es war ein einfacher, ein sehr klarer Satz. Und er zog einen zweiten nach sich: »Das war das Schlimmste, was mir passieren konnte.« Dem zweiten folgte ein dritter, dem dritten ein vierter, und nachdem er sich entschlossen hatte, sie doch aufzuschreiben, folgte einer auf den anderen bis zum letzten und der hieß: »Das Schönste aber ist, dass meine Mutter nichts davon gemerkt hat.«

Es war wie ein Rausch, in dem er schrieb. Und es war das erste Mal, dass er nicht krampfhaft nach den Sätzen suchen musste. Sie flogen ihm zu. Er brauchte sie nur auf das Papier zu setzen und das tat er wohl auch zum ersten Mal in der Schule mit der linken Hand. Und das sah schlimm aus, viel schlimmer noch, als wenn er mit der rechten Hand schrieb. Aber das war ihm vollkommen egal. Eine Vier würde er ja sowieso wieder fangen, denn ein schönes Ferienerlebnis war das ja wohl nicht. Aber auch das war ihm egal. Es war eine Vier, die er gewollt hatte. Es war seine Vier. Und die hatte für ihn eine Bedeutung, als habe er eine Zwei erhalten.

Dann aber wurden die Aufsätze zurückgegeben und Herr Kleinlein, der Vertretungslehrer, lief zunächst grinsend und vor sich hinpfiffelnd zwischen Lehrerpult und erster Bankreihe auf und ab, mit einem der abgegebenen Hefte in der Hand, mit seinem Heft, und begann dann vorzulesen. Und noch während er las und die Mitschüler sich vor Lachen ausschütten wollten, und Willi vor Scham am liebsten im Boden versunken wäre, dachte er: ›Fünf also!‹ Und begann darüber nachzudenken, wie er das nun wieder vor seinen Eltern verbergen könne.

Dann aber sagte Herr Kleinlein: »Eins, Willi Schimmel! – Eins für Ausdruck! Eins für Inhalt. Fehler: Drei. Und die Form die wollen wir einfach mal vergessen. – Das ist der beste Aufsatz, den ich je gelesen habe.«

»Noch heute könnte ich ihn knutschen«, sagt Schemmel, würde Schimmel immer erklären, wenn er diese Geschichte erzählt, »denn er hat mir bewusst gemacht, dass es in mir etwas geben muss, das mich den anderen gleichsetzt, wenn nicht gar über sie hinaushebt.«

Versteht sich, dass er die Einsen seinen Eltern nicht vorenthalten wollte, und obwohl seine Mutter sagte: »Der Haderlump! Und ich denk die ganze Zeit, was ist denn mit der Milch passiert?«, klang das ganz anders, als wenn sie wieder gejammert hätte: »Nee, an dir kann man aber wirklich keene Freide haben.«

Aus meiner Schublade

Es lebe die Revolution!

Stalin starb, als Schimmel zehn Jahre alt war. Die Lehrerin, Frau Schlunk, kam in die Klasse, stellte sich hinter dem Pult auf und sagte: »Kinder, bitte steht alle auf. Ich muss euch etwas sehr Trauriges mitteilen. Stalin ist gestorben.«
Dann zog sich ihr Gesicht auf seltsame Weise zusammen. Ihre Wangen wurden schlaff. Ihre Lippen zuckten. Dann ließ sie sich auf ihren Stuhl fallen, legte den Kopf auf die Arme und weinte.
Und alle weinten mit, auch Schimmel. Etwas anderes zu sagen, wäre Lüge. Für ihn war Stalin der beste und bedeutendste Mensch, den er sich vorstellen konnte. Er hatte Hitler besiegt. Er hatte Staudämme und Kanäle gebaut, das Flugwesen entwickelt, den Flieger Valerie Tschkalow um die Welt geschickt, die Mannschaft der Tscheljuskin aus dem Packeis des Beringmeeres gerettet und die Revolution zum Sieg geführt. Was sollte nun bloß werden?
Auch zu Hause weinte Schimmel, als er am Abendbrottisch der Familie die traurige Nachricht mitteilte. Worauf ihn sein um zehn Jahre älterer Bruder, wie immer bei solchen Gelegenheiten, am Hinterkopf die Härte seiner Fingerknöchel spüren ließ und der Vater, auch wie immer bei solchen Gelegenheiten, mit der flachen Hand auf den Tisch hieb und dazu schimpfte: »Ich hab dir das schon hundertmal gesagt, du sollst den nich gegen den Kopp kloppen, der ist so schon bleede genug!«
Mehr wurde nicht über Stalins Tod geredet, zumindest nicht in Schimmels Gegenwart. Er stellte für die Familie ein Sicher-

heitsrisiko dar. – »So wie der sich bei den Pionieren einschmiert, musst du aufpassen, dass du dir nicht die Zunge verbrennst.« –
Kein Zweifel, was die politischen Positionen betraf, hatte Schimmel, der »Kaptalistensohn«, die Klassen gewechselt.
Wo der Vater die Russen hasste, weil sie ihn drei Jahre lang das beste Holz, das er jemals gesehen hatte, per Hand aus dem Wald ziehen lassen hatten, um es dann zu Eisenbahnschwellen zu verarbeiten, waren sie für Schimmel das Größte, was es gab.
Kein Film aus den Mosfilmstudios, den er nicht gesehen hatte, kein Plakat mit Lenins oder Stalins Kopf, vor dem er nicht stehen blieb, um aufmerksam die längst vertrauten Züge zu studieren. Und lange schon, bevor er in der Schule den Reim »Nina, Nina. Tam Kartina. Eto Traktor i Motor« lernte, blieb er bei jedem nach Knoblauch und Machorka riechenden Regulierungsposten an der Tschepkauer Hauptstraße stehen und brillierte mit der Frage: »Skaschitje poschaluistwa, katorij Tschas?« – Sagen Sie bitte, wie spät ist es? –
Das ihm zuweilen mit: »Chail Chitler!«, geantwortet wurde, nahm er kaum wahr. Ihm genügte, dass er mit der Frage nach der Zeit gewissermaßen die rote Fahne gehisst und seiner revolutionären Gesinnung Ausdruck verliehen hatte.
Mit einer richtigen Antwort wäre er ohnehin überfordert gewesen, wie auch die Posten mit seiner Frage nach der Zeit überfordert waren.
Der Krieg war lange vorbei. Die, die ihn ausgefochten hatten, und bestrebt gewesen waren, sich für ihren Anteil am Sieg mit der Forderung: »Uri, Uri, dawai!« einen persönlichen Lohn zuzumessen, waren inzwischen durch solche ersetzt worden, die ihn, wie auch Schimmel, nur aus den Erzählungen der Heimgekehrten oder aus Filmen kannten.
»Uri, Uri, dawai!«, wussten diese aber, konnte eine Tracht

Prügel nach sich ziehen, wenn nicht gar das trockene Knattern einer Maschinenpistolensalve. Das hing von kaum kalkulierbaren Umständen ab.

Uhren also besaßen die Posten nicht, denen Schimmel mit der Frage nach der Zeit seine revolutionäre Sympathie zu bekennen versuchte, und welche Stunde geschlagen hatte, hatte ihnen gleichgültig zu sein. Sie wurden hingestellt an diese Kreuzung irgendwann und wurden auch irgendwann wieder abgeholt. Gut, wenn es zwischendurch einmal etwas zu essen gab. Also versuchten sie sich aus der Peinlichkeit, in die sie Schimmels Frage gestürzt hatte, mit einer Freundlichkeit zu retten, indem sie seinen Versuch einer auf Russisch geführten Konversation mit dem Versuch einer auf Deutsch geführten Konversation beantworteten. Wobei sie sich eines Wortgefüges bedienten, das sie aus Filmen kannten, wo es von den darin zu sehenden Deutschen als gängige Grußformel genutzt wurde: »Chail Chitler!«

Es sei denn, es fiel einem die Frage: »Wo Froilein?« ein. Was allerdings von einem erheblichen Grad an Realitätsferne des Betreffenden zeugte. Denn, selbst wenn Schimmel diese Frage zu beantworten in der Lage gewesen wäre, die Position des Regulierungspostens auf einer Straßenkreuzung gab eine Erfüllung der mit dieser Frage verbundenen Hoffnungen nicht her.

So endeten solche Begegnungen in der Regel damit, dass Schimmel sich mit der auf Thälmannart zur Faust geballten Hand und dem Ruf: »Es lebe die Revolution!«, verabschiedete.

Dann aber kam die Konterrevolution.

Schon am Morgen war ihm ein seltsames Schweigen am Frühstückstisch aufgefallen, und seine Mutter, die gewöhnlicher Weise auf seine ihr viel zu langsam erscheinenden Kaubewegungen mit wachsender Nervosität reagierte, unterließ sogar den Morgen für Morgen pünktlich sieben Minuten nach Sieben aus ihr herausbrechenden Ausruf: »Nu mache doch endlich e bissl hin!« und schenkte ihm stattdessen noch einmal Milch nach, ehe sein Vater seinen Stuhl zurückschob und erklärte: »Wenn mer Verhältnisse wie im Westen hätten, könnt'ste Milch mit Erdbeeren essen.«

In der Schule dann gab es ein Gewisper, aus dem er nicht schlau werden konnte. Irgendwer sagte, in Berlin werde demonstriert und das werde bald auch auf Tschepkau übergreifen. Doch dann wurden alle Klassen in die Turnhalle beordert und der Direktor erklärte, von Westagenten infizierte Marodeure hätten einen konterrevolutionären Aufstand vom Zaun gebrochen. Aber nun seien die Freunde der Roten Armee herbeigeeilt und schlügen die Feinde des Sozialismus zurück. Weshalb alle Schüler jetzt ganz diszipliniert nach Hause gehen könnten, während die Lehrer in der Schule blieben, um sie notfalls zu verteidigen.

Von einem disziplinierten nach Hause gehen wäre bei Schimmel dann allerdings kaum zu sprechen gewesen. Denn, kaum dass der Direktor seine Rede beendet hatte, hatte jemand: »Aber nicht zum Bahnhof gehen«, gerufen. »Dort haben sie Panzer aufgefahren.« Und Schimmel hatte sofort gewusst, genau das aber sei sein Platz.

Zu Hause hatte die Mutter das Heft in die Hand genommen. »Wir sind kein VEB«, hatte sie erklärt, als einer der Tischler nachfragen gekommen war, ob auch sie auf die Straße gehen dürften. »Bei uns kann nur so viel Geld rausgehen, wie reinkommt. – Das ist so und das bleibt so, so und so!«

Und dmit nicht auffallen konnte, dass bei ihnen gearbeitet wurde, waren alle Maschinen abgestellt worden, und es wurde getan, was schon lange überfällig war. Die gesamten Werkstattgebäude wurden einer Grundreinigung unterzogen. Der Vater bestimmte, wer, was, wo und wie.

Willi schlich sich in sein Zimmer, wühlte in der Wäschekommode, bis er ein lange schon ins Auge gefasstes weißes Unterhemd gefunden hatte, schnitt bis über die Schulternaht hinauf die Ärmel ab, weitete auch noch den runden Halsausschnitt und bemalte es dann vorn und hinten mit gleichmäßig breiten blauen Querstreifen.
Solche Hemden trugen in den Filmen die kühnsten der kühnen Revolutionäre, die Matrosen der Schwarzmeerflotte. Die kamen zu Hilfe, wenn alles verloren schien und rissen die Verzagten aus den Schützengräben und stürmten mit breiter Brust dem angreifenden Feind entgegen. Und wenn sich auf dem gestreiften Hemd des Fahnenträgers ein rundes Loch abzeichnete, aus dem dann dunkel das Blut schoss, reichte seine Kraft immer noch, um die Fahne einem anderen in die Hand zu geben. Worauf dann ein alles überwindendes vielstimmiges »Urrräää!« aufbrandete und es bei den Konterrevolutionären nur noch ein Laufen und Hasten und kopfüber zu Boden stürzen gab.
Eine Stunde später dann erreichte den Vater die Nachricht, sein Sohn Willi sei am Bahnhof bei den Russen und mache sich zum Affen. Und als er sich nach einigem Zögern aufmachte, um nachzusehen, was das heißen sollte, sah er ihn, wie er im blauweiß gestreiften Hemd, mit einem russischen Stahlhelm auf dem Kopf und einem Holzgewehr über der Schulter vor der Zufahrt zum Güterbahnhof auf und ab marschierte und dazu ab und zu die linke Hand zur Faust ballte, und dazu: »Es lebe die Revolution!« rief.
»Willi!«, rief er da von der anderen Straßenseite, ohne zu ihm hinüberzublicken: »Willi, geh sofort nach Hause!« Einmal beim Hingehen, einmal beim Hergehen und auch beim wieder Zurück. Bis zwei russische Soldaten auf Willis Kinderfahrrad daher gefahren kamen, einer auf dem Sattel, die Beine angewinkelt auf den Lenker gestützt, der andere vom Ge-

päckträger aus die Pedalen tretend, und ihm jubelnd zuwinkten.
»Willi!«, rief er da noch einmal und stieß fordernd den Zeigefinger seiner rechten Hand in Richtung des von den Panzerketten aufgeworfenen Kleinpflasters vor seinen Fußspitzen.
Aber Willi wusste, das war das Letzte, wozu sein Vater sich entschließen könnte, zu ihm herüberzukommen und damit zu bekennen, dass er zu ihm gehöre. Und so lief er weiter mit geschultertem Holzgewehr und entschlossenem Blick, die rechte Hand zur Faust geballt und dem Ruf »Es lebe die Revolution!« vor der Zufahrt zum Güterbahnhof hin und her, während sein Vater den Weg durch die sich längs der Gleise hinziehenden Kleingärten einschlug, um ungesehen wieder nach Hause zu kommen.
Niemals, erklärt Schimmel, wenn er von dieser Episode erzählt, niemals sei über diesen Vorfall in der Familie gesprochen worden. Nicht am Abend, nachdem er verschwitzt und verängstigt sein demoliertes Fahrrad in den Schuppen geschoben und das blauweiße Hemd in seinem Geheimversteck auf dem Dachboden deponiert hatte, nicht, als sich herausstellte, dass er unter dem Begriff »Maler« etwas vollkommen anderes verstand, als den von seinen Eltern für ihn ins Auge gefassten Handwerksberuf, nicht, als er tatsächlich auch ein Studium der von ihm als Malerei gemeinten Malerei begann, und auch dann nicht, als einer der Tischler den Vater wissen ließ, er habe gehört, dass jemand gehört habe, wie ein hinlänglich als Informant der allgemein gefürchteten Überwachungsinstitution bekannter Bekannter sich umfänglich nach den Umtrieben seines Sohnes Willi erkundigte, der im nahe gelegenen Leipzig als »der Blitzmaler« bekannt sei.
Es war, als habe es diesen Vorfall nie gegeben, oder als stelle er einen derart einschneidenden Einschnitt in das Verhältnis

seiner Familie zu ihm dar, dass es sich aus Gründen des familiären Zusammenhalts einfach verbot, darüber zu reden. Und erst vierzig Jahre später wurde Willi Schimmel bewusst, wie sehr sein Vater darunter gelitten haben musste. Es war, als man alle Triumphe feiern zu können schien. Die Möbelwerke Schimmel hatten den Sprung aus der Plan- in die Marktwirtschaft erfolgreich vollziehen können. Gepeitscht vom Misstrauen der Mutter war der Vater keinem der ihm die Bude einlaufenden wohlmeinenden Ratschläger mit Beteiligungs- oder Übernahmeangeboten aufgesessen, hatte sich selbst umgehört und hatte Verbindungen zu einem Handelshaus geknüpft, das die Schlichtheit der von ihm entworfenen und mit einem Markenschutz versehenen Schulmöbel in sein Angebotsprogramm zu übernehmen bereit war. Willis Bruder hatte sich wochenlang auf Insolvenzmärkten herumgetrieben und hatte, die zu DDR-Zeiten erworbene Fähigkeit zur Improvisation nutzend, einen scheinbar nicht kompatiblen Maschinenpark zusammengekauft, den sie dann gemeinsam zu einer hochproduktiven Fertigungslinie verknüpften, während die Frau des Bruders sich zur Sachbearbeiterin für Steuerfragen ausbilden ließ. Und die Tochter war zum Studium der Möbelgestaltung geschickt worden. Und wenn Willi zu Besuch kam, wurde die Garage aufgeschlossen und ein Wagen in die Sonne gerollt, für dessen Kaufpreis er samt Frau, Kind, Hund und Katz vier Jahre hätten leben können.
Zu reden aber gab es nichts. Man saß und hörte zu und zog die Mundwinkel einseitig schräg nach oben, wenn er von dem Dorf erzählte, in dem er inzwischen heimisch geworden war. Ein Besuch aber wurde mit der Begründung abgelehnt, dass man es sich nicht leisten könne, einfach mal so durch die Gegend zu gondeln. – »Und außerdem wollen wir was von der Welt sehen, wenn wir schon mal Urlaub machen.«

Dann starb die Mutter, und als sie begraben war, wollte man es nicht mehr ertragen, dass der Vater immer wieder in die Werkstatt kam, in der Tür stand und die Stirn runzelte. Und die Tochter brachte den falschen Mann angeschleppt und wurde schwanger, und konnte sich eine Wohnung in einer anderen Stadt nicht leisten. So dass Willi, wenn er nun nach Tschepkau fuhr, zwischen drei Wohnungen im Haus hin- und herpendeln musste, weil keiner mehr mit dem anderen redete.

Dann legte sich auch der Vater mit röchelndem Atem ins Bett. Das erfuhr Willi durch den Satz: »Nuja, däm gehts wo ni mehr ganz so gut«, als er zufällig wieder einmal anrief. Worauf er dann sofort losfuhr.

Und schon, als er in das Zimmer kam, in dem immer noch eines der beiden Betten mit einer rosafarbenen Überdecke bedeckt war, auf der ein goldener Brautkranz thronte, wusste er, dass nur er es wieder als Lebender verlassen würde. Und so nahm er sich vor, dem Vater zum Abschied ein Wort zu sagen, das er schon lange mit sich herumtrug: »Entschuldige, dass ich nicht so ein Sohn geworden bin, wie du ihn dir vorgestellt hast. Ich bin dir aber sehr, sehr dankbar, dass du mich trotzdem so hast sein lassen, wie ich bin.«

Der Vater aber krallte, kaum, dass Willi sich zu ihm ans Bett gesetzt hatte, nach seiner Hand und flüsterte röchelnd: »Das kann 'ch bloß dir sachen. – Ich war nämlich ni' wegen dem ›Durchhalten bis zum Ende‹, bei de Russen, sondern wegen meiner Bleedheid.«

Man hatte ihn noch in den letzten Tagen zum Militär geholt, als alles schon am Rennen und Hasten war. Doch hatte er nicht auch nur einfach davonlaufen wollen, sondern meinte, sich das durch eine Bescheinigung absichern zu können. Auf diese Idee waren zwei von denen gekommen, die schon die ganze Zeit dabei gewesen waren und sich auskannten.

In der Schreibstube des Regimentstabes, zu dessen Evakuierung sie abgestellt waren, werde es doch bestimmt blanco Marschbefehle geben, meinten die. Und so waren sie dorthin aufgebrochen, zu dritt, mit den Maschinenpistolen vor dem Bauch, um ihre Forderung nach den Zetteln mit dem entsprechenden Nachdruck vortragen zu können. Es sei sowieso schon »Mathilde am Letzten«, wie die Auskenner ihm das erklärten.

Das Zimmer aber, in das sie dann stürmten, während er an der Treppe Schmiere stand, war nicht die Schreibstube, sondern die Telefonzentrale. Und dort war eines der »Blitzmädchen«, wie die noch kurz vor Kriegsende eingezogenen und zu Flakschützen und Funkerinnen ausgebildeten jungen Frauen genannt wurden, gerade dabei, die Uniform gegen Kleidungsstücke zu tauschen, die sie in den Schränken der ebenfalls schon davongelaufenen Eigentümer des Gutshauses gefunden hatte, in dem der Stab untergebracht gewesen war. Und da hatten die beiden Auskenner wohl gedacht: »Besser wir als der Russe«, und hatten die Zettel Zettel sein lassen, während er weiterhin Schmiere stand.

Dann aber waren im Gutspark Schüsse zu hören gewesen, die anders klangen als die aus den eigenen Waffen. Und da seien die Auskenner plötzlich an ihm vorbei die Treppe hinabgestürmt. Statt ihnen aber nachzustürmen, weil es nun offensichtlich wirklich »Mathilde am Letzten« war, sei er gucken gegangen, was die Frau hinter der Tür denn heulte.

»Ich war immer so bleed. Mei ganzes Leben war ich so bleed«, erklärte er dazu.

Und Schimmel meinte, noch nie eine solche Liebe für seinen Vater empfunden zu haben, wie in diesem Augenblick. Weshalb er, während sich in dessen Augenwinkeln zwischen den geschlossenen Lidern zwei winzige Tröpfchen hervorzwängten, leise mit den Fingern seiner linken Hand den Rücken der immer noch um seine rechte gekrallten Hand zu streicheln begann. Doch stieß der Vater diese plötzlich mit einer heftigen Bewegung zurück und fiel dann in einen Dämmerschlaf, aus dem er nicht mehr erwachte.

Aus meiner Schublade

Die Zicke

Als Schimmel knapp elf Jahre alt war, erkrankte er an Scharlach. Scharlach war in den Jahren nach dem Krieg eine häufige, sehr ansteckende und nicht selten tödliche Krankheit. Wer Scharlach hatte, kam ins Krankenhaus in die epidemiologische Abteilung, was heißt, er wurde isoliert. Wobei Scharlachkranke mit Scharlachkranken zusammengelegt wurden und anderweitig Infizierte mit anderen anderweitig Infizierten. Die Krankheit war entscheidend. Das Geschlecht spielte eine untergeordnete Rolle. So wurde Schimmel mit einem Mädchen im selben Zimmer untergebracht. Sie war Neun und, wie sich bald herausstellen sollte, ein ausgesprochenes Luder. Denn sie hatte eine ältere Schwester. Von der wusste sie alles, was zwischen Mann und Frau anders sein sollte und was man damit anfangen konnte. Sie zeigte und wollte sehen und anfassen und probieren. Und auch Willi war begierig zu sehen und anzufassen und selbstverständlich auch zu probieren. Denn es hatte zu Hause ein Buch gegeben, das seine Mutter zwischen den im Wäscheschrank des Schlafzimmers der Eltern gestapelten Laken, Bettbezügen und Handtüchern versteckt hielt. Darin befanden sich Bilder mit Darstellungen der männlichen und weiblichen Geschlechtsorgane und ihrem zur Nachwuchszeugung empfohlenen Gebrauch. Willi aber hatte es entdeckt und die Zeichnungen in seinen Kopf übertragen, um sie dann an geheimen Orten, auf geheimen Zetteln nachzuzeichnen. Allerdings war seiner Mutter der Zugriff auf ihr Heiligstes nicht verborgen geblieben. Denn sie faltete und stapelte die Wäsche stets so akkurat, dass er sich noch so

sehr Mühe geben konnte. Wenn er es an den Platz zurücklegte, an dem er es gefunden hatte, blieb doch immer irgendeine Falte, die ihn verriet.
Weil es für die Mutter jedoch undenkbar war, ihn zur Rede zu stellen, – sie hätte ja dann die Existenz eines solchen Buches zugeben müssen – hatte sie es wohl eines Tages in den Ofen geschoben oder auf andere Weise verschwinden lassen. Denn so akribisch er auch suchte, er konnte es nicht mehr finden.
Umso deutlicher blieben die Zeichnungen in seinem Kopf und beschäftigten seine Fantasie.
Doch Fantasie war Fantasie. Das Mädchen im Krankenhaus aber war Realität und alles sah tatsächlich so aus, wie er es noch aus dem Buch wusste und passte tatsächlich auch in der abgebildeten Weise zusammen.
So erfuhr er zum ersten Mal das Weib, und zwar nicht nur in seiner Begreifbarkeit, weil er alles, was er dargeboten bekam auch anfassen durfte, sondern auch in seiner Unbegreifbarkeit, denn das Mädchen erwies sich als eine richtige Zicke. Sie lockte ihn immer wieder und hatte offenbar auch ihren Spaß an seinen Versuchen mit dem Ein- und Ausschlüpfen und dem damit verbundenen keuchenden Hin- und Her. Doch gleichzeitig piesackte sie ihn mit unerklärlichen Launen und verbalen Angriffen, sodass sie sich, wenn keine Gelegenheit zum Gucken und Anfassen war, bis aufs Blut stritten und sogar prügelten. Weshalb ihre Betten von den Stationsschwestern schließlich so weit auseinandergerückt wurden, wie das Zimmer es zuließ. Was die Zicke aber dann erst recht nutzte, ihn ihre Überlegenheit spüren zu lassen, indem sie immer wieder mit den Knien das Deckbett anhob und ihm ihr schönstes Teil darbot, aber wenn er dann aus seinem Bett stieg und sich näherte, rief sie nach der diensthabenden Schwester. Bis er, sobald sie das Deckbett hob, mit

allem was sich anbot, nach dem zu werfen begann, was sie ihm dabei präsentierte. Schuhe, Löffel, Schulbücher, Bauklötzchen. Was sie ebenfalls wieder nach der Schwester rufen ließ. So wurde er schließlich ins Babyzimmer verbannt, wo er vor jedem Besuch der Mutter Angst hatte, denn während diese ihm durch die Scheibe des Quarantänezimmers zuwinkte und das Erdbeerkompott zeigte, das sie mitgebracht hatte, befürchtete er, die Zicke, die hinter einer anderen Scheibe saß und der ebenfalls von einer Mutter zugewinkt wurde, könnte verraten, was zwischen ihnen vorgegangen war.

Viele Jahre später, so erzählt er, sei er dann einmal mit dem Bus unterwegs gewesen. Da habe ihn eine Frau immer wieder mit Blicken angeschaut, die er zu kennen meinte, und da sie dann an einer Haltestelle aufstand und den Klingelknopf drückte, wo es nur einen schmalen Weg gab, der in die Felder führte, und ihn noch einmal mit einem dieser Blicke anschaute, sei auch er aufgestanden. Und wortlos seien sie dann in die Felder gelaufen und hätten getan, was nach den Blicken, die sie getauscht hatten, zu erwarten gewesen sei, bis der Mond aufging und Tau zu fallen begann.

Geredet hatten sie dabei nicht, erzählt er. Es war keine Situation, die zum Reden anregte. Es war nur ein gieriges, schier unersättliches übereinander herfallen, und als es sich erschöpft hatte, gingen sie ebenso wortlos zurück zur Bushaltestelle, wo sie dann auf die andere Straßenseite ging, um in der entgegengesetzten Richtung davonzufahren.

Doch die Frage blieb: Wer war diese Frau gewesen? Und wieso hatte er gemeint, diese Art von Blicken zu kennen? Bis ihm eines Nachts ein Bild in den Traum geriet, in dem er sich selbst in einem Krankenhausbett liegen sah und aus dem Nachbarbett wurden ihm zwischen zwei auseinandergespreizten Knien hindurch genau diese Art von Blicken zu-

geworfen. Da wusste er, die Frau aus dem Bus muss die Zicke gewesen sein und es ließ ihm keine Ruhe, bis er von seiner Mutter erfahren hatte, mit wem er seinerzeit zusammen im Krankenhaus gelegen hatte.
»Aber die findste jetzt nich' mehr«, erklärte sie ihm allerdings dazu. »die sind gerade vorige Woche in den Westen gemacht.«

Aus meiner Schublade

Schimmel blondiert einen Wolf

Zu Tieren hat Schimmel ein besonders inniges Verhältnis. Er liebt sie, denn er sieht in ihnen die benachteiligte Kreatur, die der Mensch als Nebenprodukt der Schöpfung ansieht und ihr deshalb nur insoweit eine Existenzberechtigung zugesteht, wie sie ihm nutzt.
Wenn es ihm möglich ist, schützt er sie. Wenn er ihnen helfen kann, hilft er ihnen.
Ein Hund, der in perverser Geilheit eines Bekannten mittels dessen technischer Beihilfe bei der Kopulation eines Mopsrüden mit einer irischen Wolfshündin gezeugt worden war und einen Preis als hässlichster Hund der Welt verdient gehabt hätte, erhielt bei ihm Asyl. Ein verletztes Wildschwein, das sich in sein auch den Winter über offenstehendes Sommeratelier geflüchtet hatte, wurde so lange gehätschelt, bis es die Skulpturen von den Sockeln zu stoßen begann. Ein Rabe mit abgefahrenen Beinen, erhielt ein Wägelchen, auf dem er sich, mit den Flügeln schlagend, zum Futternapf bewegen konnte. Pferde, Hühner, Schafe, raupenförmige Katzen. Seine Frau Rinka trägt das alles mit Geduld.
Nur Puschel, ein kaukasischer Schäferhund, den Schimmel von einer Studienreise nach Jerewan mitgebracht hatte, konnte sie manchmal zur Weißglut bringen. Er litt unter einem Knalltrauma. Schon ein in der Ferne gezündeter Blitzknaller genügte, um ihn in Panik zu versetzen. Dann stürmte er los, wie blind, mit eingezogenem Schwanz, quer über die Felder und man konnte rufen und pfeifen und wütende Drohungen ausstoßen, es half nichts. Puschel rannte und rannte

und rannte, und wenn man nicht wollte, dass er von irgendeinem schießwütigen Jäger als Wilderer und Streuner angesehen wurde, musste man hinterher, und zwar möglichst in dem gleichen Tempo, in dem er davonlief.

Die Geschwindigkeit, mit der er davonrannte, hing von der Lautstärke des Knalls ab. Je lauter umso schneller. Und Blitzknaller kamen zu DDR-Zeiten relativ selten vor, Gewitter dagegen häufiger und das Durchbrechen der Schallmauer durch Abfangjäger beinahe jeden Tag.

Deshalb auch erklärte sie: »Dass du mir aber nicht noch so ein Vieh mitbringst«, als Schimmel zu einer sechswöchigen Studienreise an die Dushba-Trasse fuhr. »Ich packe meine Sachen und geh.«

Trotzdem besuchte er, als er in dem sich am Stadtrand von Tscherkassy befindenden Basislager der Baustelle angekommen war, noch ehe er sich bei den dort tätigen Funktionären meldete, den mit dem Lager Zaun an Zaun gelegenen Tierpark der Stadt und verliebte sich in einen Wolf.

Das heißt, er verliebte sich in etwas, das erst noch ein Wolf werden, beziehungsweise soeben daran gehindert werden sollte, einer zu werden. Denn er kam gerade dazu, wie ihn ein Tierpfleger aus dem Knäuel herumwuselnder Welpen eines frischen Wurfs herausfischte, auf den Arm nahm und entschlossen mit ihm davon ging. Was er denn mit ihm vorhabe, hatte er da, all seine kargen Russischkenntnisse mobilisierend, gefragt und hatte zur Antwort bekommen: »Piff, paff! Oi, oi, oi! – Umirajet saitschik moi.« Was heißen sollte. Dem ginge es jetzt so wie dem Hasen, der dummerweise dem Jäger vor die Flinte geraten sei.

»Potschemu?« war ihm dann als Frage nach dem Warum oder Wieso eingefallen. Und so wurde ihm erklärt, Wölfe gäbe es in den Tierparks der Ukraine genug. Also würde der Wurf bis auf einen einzigen Nachkommen reduziert. Selbstverständlich nicht alle mit einem Mal, sondern Stück für Stück, einer nach dem anderen, damit die Wölfin es nicht merke. Schließlich könne sie nicht zählen. Die Hauptsache es bliebe immer etwas, das nach ihrem Eigenen rieche und ihr die Milch abziehe, damit sich die Zitzen nicht entzünden könnten. Wenn man es gleich mache, nachdem sie geworfen habe, wäre das kein Problem. Alle weg, ehe sie an die Zitzen kommen und die Milch zum Einschießen bringen. Da ist die Wölfin noch so mit sich beschäftigt, dass sie gar nicht bemerkt, dass etwas fehlt. Aber er wäre in Urlaub gewesen und sein Kollege sei ein Durak, ein Dummkopf. Der habe alles verschlafen.

In Schimmels Kopf drehte sich alles. Er starrte auf das wuschelweiche fiepende Wollknäuel auf den Armen des Mannes, das sogar noch ein bisschen beruhigend im Nacken gekrault wurde, und es fielen ihm keine weiteren russischen Vokabeln ein.

Doch dann drängte sich das Wort Zigarillo in sein Bewusstsein.

»Zigarillos musst du mitnehmen«, hatte ihm ein Kollege geraten, der schon öfters zu Studienreisen in die Sowjetunion gefahren war. »Für Zigarillos kannst du alles bekommen. – Am besten Marke ›Don Pedro‹. Die ist billig und schwarz. Die reißen sie dir aus den Händen.«

Und tatsächlich wurden die Augen des Tierpflegers gierig, als Schimmel eine Schachtel »Don Pedro« aus der Tasche zog und sie ihm hinhielt. Und obwohl zur Anzahl der ihm zur Verfügung stehenden russischen Vokabeln kaum weitere hinzukamen, wurden sie doch handelseinig. Der Tierpfleger würde für ihn den kleinen Wolf bewahren und bekäme von ihm jede Woche eine Schachtel »Don Pedro« und nach sechs Wochen, wenn er ihn abhole, zwei ganze Stangen.

Dann erst meldete er sich bei den für sein Betreuung und Anleitung zuständigen Funktionären.

Die begrüßten ihn erwartungsgemäß mit den Worten: »Wir dachten schon, wo bleibt denn unser Künstler?«, und dann: »Willkommen bei den Trassenbauern!«
Worauf er, gewissermaßen um diese Förmlichkeit etwas aufzulockern: »Was sind Trassenbauern?«, antwortete. – LPG-Bauern kenne er, Gemüsebauern, Spreewaldbauern und die Bauern der Magdeburger Börde. Er aber sei von seinem Verband zu einem Studienaufenthalt bei den Erbauern der Erdgastrasse Freundschaft delegiert worden. Trassenerbauer müsse es deshalb wohl eher heißen. Was von den ihn Willkommen heißenden drei wohlgenährten Männern aber offensichtlich gar nicht als besonders lustig empfunden wurde. Denn das ihre Gesichter zierende Lächeln wandelte sich zu einer Art skeptischen Grinsens, bis nach einem kurzen Blickwechsel der wohlgenährteste von ihnen: »Na, dann studier mal«, erklärte, ehe sie ihn mit den weiteren, seinen Aufenthalt betreffenden Bedingungen und Erwartungen vertraut machten.
In den folgenden zwei Wochen studierte er. Er schaute den Bauarbeitern zu, den Zimmerleuten, den Tiefbauarbeitern, den Eisenflechtern und Maurern, den Küchenmädchen und Sekretärinnen und auch den wohlgenährten Männern aus dem Parteistab, dem FDJ-Stab und dem Stab des Gewerkschaftsbundes, wie diese Einrichtungen genannt wurden. Und er porträtierte sie, mit Ölkreide und Pastellstiften auf Papier und dann auch mit Ölfarben auf Hartfaserplatten, die er sich aus Resten der Verpackung von etwas wertvolleren Büroausrüstungsgegenständen zurechtschnitt.
Immer wieder aber ging er in den Tierpark. Nicht nur des Wolfes wegen, sondern auch, weil ihm Ähnlichkeiten aufgefallen waren. Der Leiter des Parteistabes zum Beispiel erinnerte ihn sehr an den einen, einsam und stumpfsinnig vor sich hinstarrenden Orang-Utan, über den der Tierpark verfügte. Oder dieser an ihn. Bei einer unentwegt mit in sich ge-

kehrtem Blick dicht an den Gitterstäben hin und her laufenden Tigerdame sah er eine Ähnlichkeit mit der Krankenschwester Rebekka, die er Tag für Tag, bekleidet mit kurzen Hosen und knappsitzendem Blüschen, das Gesicht in die Sonne gereckt, vor dem Wohnwagen, in dem sich der Behandlungsraum des Medizinischen Zentrums befand, hin und her laufen und auf Unfallopfer warten sah. Und an der von einer Betonmauer eingefassten Bucht, in der vier vietnamesische Hängebauchschweine sich um das ihnen zugeworfene Futter drängten, mochte er schon bald gar nicht mehr vorbeigehen. Da sah er sich gleich in das Sitzungszimmer des FDJ-Stabes versetzt.

Mit Beginn der zweiten Woche begann er diese Beobachtungen mit seinen Studien zu verbinden. Das heißt, er signierte die Porträts, statt mit seinem Namen, mit winzigen Tierzeichnungen. Die waren zwar so klein, dass sie sich nicht in den Vordergrund drängten, aber immer noch groß genug, um dem, der sie bemerkte, die Ähnlichkeit offenbar werden zu lassen.

»Warum er das denn mache«, wurde er deshalb eines Tages gefragt, und da antwortete er: »Das ist mein Markenzeichen. – Der Wettbewerb in der Kunst läuft nach den gleichen Regeln wie der Wettbewerb in der Produktion. Nur, wer auf sich aufmerksam macht, wird auch bemerkt.«

In der zweiten Woche veranstaltete er dann eine Ausstellung. Dazu verkleidete er die Rückwand des Werkstattcontainers mit blauem Fahnenstoff, den er sich beim FDJ-Stab ausgeliehen hatte und heftete seine Zeichnungen mittels Stecknadeln daran. Und alle kamen und guckten und kicherten und klopften ihm auf die Schulter oder gingen wortlos davon.

Dann aber wurde er wieder etwas gefragt.

Warum denn die Porträts von leitenden Angestellten und Funktionären auf seiner Ausstellung so überproportional zahlreich vertreten seien, wurde er gefragt. Schließlich befänden sie sich hier beim bisher bedeutendsten Jugendobjekt der DDR. Und da sei es doch wohl angebracht, dass er die Rolle der Jugend in den Vordergrund rücke. Worauf er entgegnete, genau das könne man ihm nicht zum Vorwurf machen. Er habe genau gezählt und die Proportionen in seiner Ausstellung würden mit den Proportionen der Realität im Basislager genau übereinstimmen. Nur beim medizinischen Personal habe er etwas schummeln müssen, weil er ja wohl schlecht nur ein Achtel des Kopfes der Schwester Rebekka habe ausstellen können, wie es dem Anteil des medizinischen Personals an der Gesamtzahl der im Basislager tätigen Trassenerbauer entspräche.

Am nächsten Tag erhielt er die Auskunft, dass ihm nun die Gelegenheit gegeben werde, die Proportionen seiner Studien in die richtigen Relationen zu rücken und wurde mit einem Kurierfahrer zu einer der Baustellen delegiert, wo die Verdichterstationen für das später zu transportierende Gas gebaut wurden.

Dort begegnete er dann Susanne und durch sie fand er schließlich eine Möglichkeit, sein Problem mit dem Wolf lösen zu können.

Auch Susanne war Krankenschwester und von ihrem Äußeren her hätte Schimmel sie den Seidenäffchen zugeordnet. Langes, weiches, ihren Kopf umschwebendes weißblondes Haar, kleines, rundes, beinahe kindliches Gesicht, große, erschreckt blickende Augen und ruckartige, ein bisschen fahrig wirkende Bewegungen. Alle verzehrten sich nach ihr. Sie aber verzehrte sich nach Interkack, dem Fahrer des Fäkalienwagens, mit dem mehrmals die Woche der Inhalt der Sammelgruben von drei am nächsten beieinander gelegenen Wohnlagern zu den Kläranlagen eines Betriebes oder einer Kolchose gefahren werden musste.

Interkack hieß selbstverständlich nicht wirklich Interkack, sondern Frieder Eisenhut, und er hatte sich als Tischler zur Trasse gemeldet. Tischler aber wurden, wie sich herausstellte, eigentlich nicht gebraucht.

»Gut« hatte er deshalb erklärt, »arbeite ich eben als Kipperfahrer. Die Fahrerlaubnis hab ich ja.«

Um als Kipperfahrer arbeiten zu können, brauchte man jedoch eine für Kipperfahrer geltende Betriebsfahrerlaubnis. Weshalb dann nur der Fäkalientanker blieb.

»Gut, nehm ich eben den.«

Und, um klarzustellen, dass er das überhaupt nicht als Zurücksetzung oder gar als minderwertig anzusehende Aufgabe im Zusammenhang mit dem als Jahrhundertbau gehandelten Projekt ansah, erklärte er, als er zu seiner ersten Fahrt zur nahe der Baustelle D gelegenen Zuckerfabrik »Krasnaja Snamja« (Rote Fahne) startete: »Hiermit nimmt die internationale Kackeabfahrgesellschaft ›Interkack‹ ihre Tätigkeit auf.«

Vielleicht war es diese Fähigkeit zur Selbstironie, die Susanne, das Seidenäffchen, veranlasste, sich immer wieder in seiner Nähe aufzuhalten oder ihm wie zufällig über den Weg zu laufen, wenn sie seinen Tanker bei der Rückkehr von der Zuckerfabrik am Ambulanzwagen des medizinischen Stützpunktes vorüberfahren gesehen hatte, und wusste, dass er nun bald mit Handtuch und Seife zum Duschwagen gehen würde. Wobei sie dann den Kopf auf eine Weise in den Wind zu drehen verstand, dass dieser ihr das Seidenhaar um das Gesicht wickelte und ihre Augen dann wie Hilfe suchend darunter hervorblitzten,

Er aber begriff nicht, was sie von ihm wollte. Oder er konnte einfach nicht glauben, dass gerade er es sein sollte, dem sie zugestehen würde, wonach alle anderen gierten und deshalb die eigene Gier unter Kontrolle hielt, um nicht zu sehr enttäuscht zu sein, wenn sie ihre Zuneigung irgendeinem anderen schenkte.

Eines Tages aber rasierte sie sich, aus welchem Grund auch immer, ihr langes, weiches, seidiges Haar bis auf die Kopfhaut ab. Und als sie ihm in dieser Gestalt auf seinem Weg zum Duschwagen in den Weg trat und ihn mit zusammengebissenen Zähnen und wütendem Blick ansah, erklärte er, zunächst wohl nur, um ihr etwas Freundliches zu sagen: »Schön! – Ich finde das richtig schön. – Jetzt sieht man auch, wer du wirklich bist.« Und nahm sie in die Arme, als sie daraufhin zu schluchzen begann und wusste danach auch, dass wirklich er es war, den sie meinte.

Und es schien, als würde jeder auf der Baustelle auf Zehenspitzen laufen wollen, als sich die Nachricht verbreitete, Susanne sei schon das dritte Mal mit Interkack zur Zuckerfabrik gefahren.

Eine Woche später zeigten sich dann die Spitzen ihrer nachwachsenden Haare. Die aber waren ganz und gar nicht seidigweiß und glänzend. Und als Willi Schimmel sie fragte, wie das zu erklären sei, antwortete sie: »Na, Wasserstoffperoxyd.«

Da wusste er, was er mit dem Wolf anzufangen hatte. Denn dass er nicht einfach mit einem Wolf unter dem Arm ins Flugzeug steigen könne, war ihm klar. Zwar versicherten ihm die Maurer und Betonbauer und Rohrleger einmütig, irgendein Tier mitzunehmen, sei überhaupt kein Problem. Sie flögen ja mit Sondermaschinen und es habe schon mancher, der in Urlaub gefahren sei, ein Hündchen oder Kätzchen für die Kinder mit nach Hause genommen.

Aber ein Hund ist ein Hund und eine Katze ist eine Katze, und ein Wolf bleibt ein Wolf.

Nachdem er aber das Wort: »Wasserstoffperoxyd« gehört hatte, wusste er, was er mit dem Wolf anzustellen hatte. Er musste ihn umfärben.

Woche für Woche hatte er mit dem Kurierfahrer eine Schachtel Zigarillos der Marke »Don Pedro« nach Tscherkassy geschickt und auch jedes Mal die Bestätigung bekommen, dass das Kerlchen noch lebe. Nun musste nur noch Susanne davon überzeugen, dass sie ihm etwas von ihrem »Wasserstoffdingsda« abgibt.

Und so senkte er die Stimme und winselte, als sei er selbst ein zum Tode verurteiltes Wolfsjunges: »Ein Ampüllchen oder zwei, oder worin sich das Zeug befinden mag. Du rettest damit ein Leben.«

Doch für Susanne war das überhaupt kein Problem. Im Gegenteil. Sie war sogar froh, das Zeug auf diese Weise loszuwerden. Denn Frieder beobachtete mit zunehmender Freude die kleinen dunklen Spitzen, die aus ihrer Kopfhaut zu sprießen begannen, und sie selbst wollte nicht wieder in Versuchung kommen.

Zwei Wochen später dann, drei Tage bevor sein Studienaufenthalt endete, blondierte Schimmel, gemeinsam mit dem Tierpfleger, den Wolf.

Sie strichen ihm das Fell ein, bis es nahezu reinweiß schimmerte und rasierten ihm den Schwanz, bis auf ein Haarbüschel an der Spitze, kürzten auch die Haare im Bereich des Mauls, längst der Lefzen und auch auf dem Nasenrücken, so dass vorn so etwas wie ein Schnurrbart entstand, und dann malte ihm Willi auch noch mit in Öl aufgelöster Zeichenkohle zwei große dunkle Ringe um die Augen. Danach sah er einem Weißschwanzguereza ähnlicher als einem Wolf.

Es handle sich um einen tauchenden Fischerhund, wollte er behaupten, wenn er beim Einsteigen in das Flugzeug von irgendwem gefragt würde. Diese würden von den Fischern des Stausees bei Tscherkassy zum Auslegen der Netze abgerichtet. Und er wolle versuchen, die Fischer der kleinen Stadt am Meer, in der er zu Hause sei, für diese Methode zu erwärmen.

Von der Sowjetunion lernen, heiße schließlich siegen lernen. Warum also nicht auch fischen?

Doch als er am Morgen seines Abreisetages zum Tierpark lief, um seine Konterbande abzuholen, wartete der Tierwärter schon mit den zwei Stangen Zigarillos auf ihn.

Er belauere seit einem halben Jahr ein Mädchen, gab er ihm zu verstehen. Immer nur gucken und wegdrehen und wieder gucken und die Knie weich wie Butter. Doch gestern habe sie den blondierten Wolf gesehen und dann erklärt, wenn er ihr diesen nach Hause brächte, öffne sie auch für ihn die Tür ihrer Wohnung. Hier seien die Zigarillos, er trete von seinem Vertrag zurück.

Und so kam Schimmels Frau Rinka nicht in die Not, entscheiden zu müssen, ob sie wirklich ihre Sachen packen oder sich doch lieber nach einer Bezugsquelle für Wasserstoffperoxyd umsehen sollte, um Woche für Woche einen Wolf in einen Weißschwanzguereza umwandeln zu können.

Aus meiner Schublade

Heimat

Nach Wassertor, der kleinen Stadt am Meer, war Schimmel zweier Lieben wegen geraten, seiner Liebe zu Rinka wegen und wegen der Eigenliebe des einflussreichsten Mannes des dieser Stadt zugeordneten Kreisgebiets. – Nennen wir ihn das lächelnde Gesicht.
Dieser hatte gemeint, dass es gut für seinen Kreis sei, wenn dort Menschen ansässig wären, von denen man »unsere Künstler« sagen konnte.
Und da die ihm übergeordneten einflussreichen Männer (auch sie zeigten sich zumeist mit lächelnden Gesichtern) der Meinung waren, Künstler bedürften, um die richtige Kunst machen zu können, einer besonderen Fürsorge, hatte er dafür gesorgt, dass sie mit dem nach Wassertor gelockt wurden, was sie am dringendsten brauchten: Ateliers und Wohnungen.
Drei waren dieser Lockung dann auch gefolgt. Zwei aber hatten sich inzwischen für die Lockungen der lächelnden Gesichter bedeutenderer Städte entschieden. Einer war geblieben, Hinrich Girlitz, ein Bildhauer. Der gehörte zu den von Schimmels Vater als »Gesocks« bezeichneten vier Lehrlingen der PGH des Malerhandwerks Tschepkau, mit denen er gemeinsam, nach Feierabend, in einem, von ihnen großspurig »Atelier« genannten, ehemaligen Milchladen, die Pinsel auf andere Weise als während der Ausbildungsstunden geschwungen, Rotwein getrunken und Mädchen verführt hatte.
Später war jeder seinen Weg gegangen. Girlitz nach Berlin, wo an der Kunsthochschule ein Lehrer lehrte, den er ver-

ehrte, ein anderer zur Kunsthochschule nach Dresden, einer ließ sich wegen einer Seiltänzerin bei einem durchziehenden Wanderzirkus als Pferdepfleger anstellen und gehörte dann als Bauchredner zu dessen größten Attraktionen. Schimmel bewarb sich an der Grafikhochschule in Leipzig.

In Berlin, befürchtete er, werde er seines Dialekts und seines Stotterns wegen belächelt oder gar gehänselt werden, und nach Dresden war auch eines der Mädchen gegangen, die er im Tschepkauer Milchladen verführt hatte, der er aber lieber nicht mehr zu nahe kommen wollte.

Leipzig dagegen, das schien ihm wie Schwingen am langen Seil. Denn obwohl seine Eltern an der Nachricht, dass er sich zum Kunststudium beworben habe, auch wieder »keene Freide« gehabt hatten, konnte er dennoch davon ausgehen, dass sich immer ein Rest Mittagessen im Kühlschrank fand, wenn er spät nachts, nach vierzig Minuten Fahrt mit der Straßenbahn, im Hausflur die Schuhe von den Füßen schüttelte. Und zur Not gab es immer noch den Milchladen.

Außerdem war Leipzig für die DDR das Tor zur Welt. Zweimal im Jahr, während der Messen, füllten sich die Hotels mit Geschäftsleuten aus aller Herren Länder, in den Bars und Cafès konnte man Gesichter sehen, denen man in den anderen Regionen des Landes kaum einmal begegnete. Und wenn auch das Gerücht umging, dass alles verwanzt und beobachtet und bespitzelt sei, das wahre Leben kümmerte sich kaum darum. Im Gegenteil, es drehte erst recht richtig auf. Und Schimmel drehte mit.

Durch die Straßen laufen, in Cafés sitzen, Frauen nachschauen, als bunter Vogel erkannt und beachtet werden, andere bunte Vögel um sich scharen, reden, parlieren, Geschichten erzählen, das war seine Welt. Und da er die Fähigkeit besaß, mit schnellen scharfen Strichen die Charakteristik eines ihm gegenübersitzenden, vorübergehenden oder nur aus den Augenwinkeln wahrgenommenen Menschen auf Zeitungsränder, Bierdeckel oder Skizzenbuchseiten zu bannen, hatte er auch schon bald wieder einen Stempel weg, »Der Blitzmaler«.

Es war, als sei er wie der dumme Iwanuschka aus dem russischen Märchenfilm vom buckligen Pferdchen in den Kessel mit kochender Milch gesprungen und als neuer Mensch wieder aufgetaucht. Ja, schließlich schrie sogar seine Mutter an einem Sonntag, während des Mittagessens plötzlich: »Ich hör wohl nich richtich. Der stottert doch gar ni mehr.«

Was er mit dem Satz: »Ich weiß eben jetzt endlich, wer ich bin«, beantwortete.

Das Studium lief für ihn eher wie nebenbei. Er war ja wirklich begabt und durch die Anforderungen der theoretischen Fächer lavierte er sich mit Hilfe seines Stotterns. Das suchte ihn jetzt zwar nicht mehr unvermittelt heim, aber er beherrschte es noch, und es wurde von den Prüfenden als Folge der Aufregung angesehen, in die ihn die Herausforderung eines öffentlichen Vortrags oder drängender Nachfragen versetzte. – Sie verkehrten ja in anderen Cafés als er. – So kam er über die ersten zwei Jahre.

Im dritten Jahr hatte er dann nicht nur einen Stempel, sondern auch einen Sohn. – Die Mutter: Ellen Feuchtwang.

Die war zwar auch noch Studentin an der seiner Hochschule nahe gelegenen Schauspielschule, hatte aber schon in einem Fernsehfilm mitgespielt. Was seine Eltern versöhnte.

»Bring uns aber bloß nicht auch noch eine Frau aus so einem brotlosen Gewerbe ins Haus«, hatten die erklärt, als er ihnen eröffnet hatte, dass er zum Kunststudium angenommen worden sei. – »Wir füttern euch nicht durch.«

Eine vom Fernsehen aber, damit konnten sie vor der Nachbarschaft prahlen. Sie waren sogar bereit, für sie unter dem Dach eine Wohnung auszubauen.

Das fiel aber aus, weil Ellen Feuchtwang zur Schauspielschule nach Berlin wechselte. Dort war sie dem Fernsehen näher. Und Schimmel wechselte mit. Bühnenbild, erklärte er dazu, das sei es eigentlich, was ihn interessiere. In Wahrheit aber hatte sein Trick mit dem Stottern zunehmend weniger Erfolg und er lief Gefahr, das Studium vorzeitig beenden zu müssen.
Girlitz war zu dieser Zeit aber bereits nach Halle gewechselt. Der von ihm verehrte Lehrer war gestorben und die anderen mochte er nicht. Weshalb Schimmel nicht schon in Berlin wieder auf ihn traf. Dafür traf er auf Rinka. Das war im Zug nach Leipzig, als er auf dem Weg zu seinen Eltern war. Das sah er immer noch als eine Sohnespflicht an, alle vier Wochen einmal zum Sonntagsbraten und zum »Nee, an dir kann man aber wirklich keene Freide haben.« zu erscheinen.
Gründe dafür gab es immer wieder. Einmal der Wechsel vom Bühnenbildstudium zur Bildhauerei, einmal eine Kindergärtnerin, die sich bei einem Tag der offenen Tür in der Hochschule auf seinen Schoß gesetzt hatte und Helma Feuchtwang das als Gelegenheit nutzte, sich ihrerseits auf einen Schoß zu setzen, der ihr zugetan war, und schließlich dann Rinka.
Die hatte ihm bei einer dieser Sohnespflichtfahrten im Abteil gegenüber gesessen und auf eine Weise gelächelt, dass ihm gar nichts anderes blieb als: »Kann es sein«, zu fragen, »dass wir uns schon mal gesehen haben?«
Worauf sie: »Du bist der Blitzmaler«, antwortete und ihn dann darüber aufklärte, wie sie vier Jahre zurück beim Hochschulfasching in Leipzig eine ganze Nacht lang den Blick des anderen gesucht hatten und ihm zugleich ausgewichen waren. Er über die Schulter Ellen Feuchtwangs hinweg und sie über die des Malers Rainer Fuchs.
Was folgte, war das, was in solchen Fällen meistens folgt: Briefe, heimliche Telefonate, Treffen an neutralen Plätzen,

und schließlich das: »Nee, an dir kann man wirklich keene Freide haben.«

In dieser Situation erreichte ihn dann der von Girlitz übermittelte Lockruf aus Wassertor: »Ja, komm mal, komm! Hier ist es schön. Und die Funktioner sind zu ertragen.«

Diesen Ruf fand dann auch Rinka verlockend. Sie war mit Rainer Fuchs den Rufen der lächelnden Gesichter aus dem Bornaer Braunkohlenrevier gefolgt, hatte sich dort aber nicht einfinden können, wie sie sagte. Es drehte sich alles nur um Fuchs. Der wurde zu Konferenzen und Beratungen eingeladen, hielt Vorträge vor Gewerkschaftsvertrauensleuten und erhielt Aufträge zur Ausgestaltung von Kulturhäusern und Speisesälen in Betriebsferienheimen. Dass auch sie malte, interessierte keinen. Und ihr Sohn Knut wurde in der Pestluft, wie sie die aus den Schloten der Brikettfabriken über das Land ziehenden Rauchschwaden bezeichnete, immer wieder von Bronchitis, Angina und anderen Atemwegserkrankungen heimgesucht.

Auch bei ihr also ein offenes Ohr für Girlitz' Verheißungen, und ein halbes Jahr nachdem Schimmel dort eine Zweizimmerwohnung am Markt bezogen hatte, ein LKW ohne Plane bei strömendem Regen von Borna nach Wassertor.

Dass auch Girlitz schon lange eine Umsiedlung in zentrale Gefilde des Landes erwog und nur auf eine Gelegenheit wartete, sie auch vollziehen zu können, hatte er ihnen nicht verraten.

Diese ergab sich, als er von den Funktionern der Stadt beauftragt wurde, ein Denkmal zum Thema »Kämpfer der Arbeiterklasse« zu schaffen und als Entwurf die Skulptur eines sich gegen eine unsichtbare Last stemmenden nackten Mannes mit halb erigiertem Penis einreichte, wozu er als Interpretation auf die Lust verwies, die ein sich historisch überlegen Wissender beim Kampf gegen einen zurzeit noch übermächtigen Gegner empfinden müsse, um siegen zu können.

Eine Sicht, der sich die Funktioner von Wassertor allerdings nicht anschließen konnten. In Dresden aber, bot ihm ein Professor die lange schon beantragte und endlich genehmigte Assistentenstelle für die Begleitung von Studenten bei der Ausbildung für die Restaurierung kriegsgeschädigter Sandsteinskulpturen an.

»Wenn ihr nachkommen wollt, gebt Bescheid«, sagte er zum Abschied, »ich fühl mal vor, was sich machen lässt.«

Rinka aber war froh, dass sie schon lange nicht mehr jede Nacht munter wurde, um dann ängstlich auf Knuts röchelnden Atem zu lauschen, und Schimmel wusste, auch in Dresden würden sich, wie in allen künstlerischen Zentren der Welt viele bunte Vögel tümmeln, und wenn man zwischen denen als besonders bunt auffallen wollte, musste man immer wieder auf besonders bunte Weise Rad schlagen und kam kaum dazu herauszufinden, was man eigentlich wollte. In Wassertor aber war er ohne besonderen Aufwand der bunteste der bunten Vögel. Außerdem würde er in Dresden, ebenso wie in Berlin und Leipzig, auf die Vermittlung anderer Künstler angewiesen sein, wenn er ein Modell zum Aktzeichnen brauchte, und dieses musste dann bezahlt werden. In Wassertor dagegen setzte er sich für eine halbe Stunde aufs Fahrrad und fuhr zu einem der nahe gelegenen Strände, wo sich Frauen und Mädchen jeden Alters und jeder Statur von der Sonne die Backen bräunen ließen. Und da er inzwischen auch in der kleinen Stadt am Meer als »Der Blitzmaler« bekannt war und er Zeichnungen, die er nicht als Grundlage für im Atelier weiter zu bearbeitende Bilder ansah, den Gezeichneten in der Regel kostenlos zur Erinnerung überließ, wurde er nur selten abgewiesen, wenn er fragend Skizzenblock und Rötelstift zeigte. Als benutzt oder unzulässig bedrängt sah sich dabei kaum einmal eine von ihnen an. War doch das Nacktbaden auch so etwas wie der Ausbruch aus dem von vielfältigen Bevormundungen geprägten Lebensalltag. Die Leute wussten, es war von den Bevormündern eigentlich nicht gern gesehen. Und sich dann auch noch zeichnen oder malen zu lassen, war auf doppelte Weise eine Möglichkeit, ich zu sagen. Und manche der Frauen war dann auch bereit, zur Arbeit mit Farbe für eine oder zwei Stunden in sein Atelier zu kommen. Wovon dann auch Rinka profitierte. Auch sie malte außer Landschaften und Stillleben Akte und Porträts. Und dass manches der Modelle wohl davon träumte, Teile von ihm mit ihr zu teilen oder es auch tat, war sie wohl bereit hinzunehmen oder hielt sich auf ihre Weise schadlos. Jede Liebe hat ihr eigenes Geheimnis. Dem muss man nicht auf den Grund gehen.

Jedenfalls hielten es beide nicht für angebracht, Girlitz zu folgen, zumal sie nun auch dessen Atelier im Speicher eines nahe ihrer Wohnung am Markt gelegenen alten Kaufmannshauses übernehmen konnten, und zumal sich Schimmel auch zunehmend für eine Zusammenarbeit mit den Mitgliedern des Puppentheaters der kleinen Stadt zu intcressieren begann. Denen genügte es nicht mehr, eine reine Kindergartenbespielungseinrichtung zu sein, weshalb sie dabei waren, es zu einem Figurentheater umzugestalten. Was hieß, sie wollten Spieler und Puppen zugleich auf der Bühne agieren lassen, und das hieß auch, andere Stücke, andere Inszenierungsgrundsätze, eine andere Ausstattung und Bühnengestaltung. Dafür war er mit seinen vielfältigen Fähigkeiten der richtige Partner.

Nachdem er aber von seiner Studienreise an die Trasse zurückgekommen war, schien es ihm plötzlich, als sei er in einem zu engen Anzug unterwegs. Das Atelier, die Zweizimmerwohnung, der mit buckligen Feldsteinen gepflasterte Marktplatz, – über den Wochentag für Wochentag morgens halb Sechs auf einer Sackkarre fünf metallene Gitterboxen mit Milchflaschen zur Konsumverkaufsstelle neben dem Rathaus gekarrt wurden, einmal die vollen hin, einmal die leeren zurück, – die schmalgieblichen Häuser, ja selbst die Milchbar, in der die kleineren und größeren Mädchen sich einen »Weißen Traum« bestellten, und seinen Geschichten zuhörten, all das schien ihm plötzlich eine Nummer zu klein. Und wenn er erzählte, erzählte er von der Ukraine, von Feldern, deren Grenzen irgendwo hinter dem Horizont lagen, Straßen, bei denen nicht auf jeden Kilometer eine Kurve folgte und hinter jeder Kurve zwei Dörfer lagen, Wälder, aus deren Boden über Nacht der Frühling brach und sich mit Myriaden vom Anemonen und Veilchen bedeckte, und ein Himmel, der irgendwo, entrückt, in höchster Höhe schwebte, selbst wenn Regenwolken übers Land krochen, die sich an den Wipfeln der Bäume die Bäuche aufzuschlitzen schienen.

»Das ist genau wie bei meiner Oma«, sagte da eines Tages eines der kleineren der kleinen Mädchen in der Milchbar, »und die will unbedingt dort weg.«

Wo das denn sei, fragte Schimmel darauf und bekam zur Antwort: »Na, Chlebkow! Gleich hinter Lübkow, zehn Kilometer.«

Chlebkow. Verlockender konnte ein Ort nicht heißen. Denn genau Chlebkow hatte der Ort geheißen, zu dem er gelangt war, als er während seines Studienaufenthalts an der Drushba-Trasse, vom Wohnlager einer der Baustellen aus, der aufgehenden Sonne entgegen über die Felder gelaufen war, wo an klaren, kalten Tagen, über dem Horizont schnurgerade in den Himmel steigende dünne Rauchsäulen zu sehen gewesen waren. Wobei dieses Chlebkow allerdings mit X am Anfang geschrieben wurde, jenem Buchstaben aus dem kyrillischen Alphabet, der wie Ch im deutschen Wort Dach ausgesprochen wird und im Zusammenhang mit den Buchstaben L, E und B Brot bedeutet. Chlebkow also, der Ort, wo das Brot herkommt.

Schon am nächsten Tag pilgerten Rinka und er, gemeinsam mit Puschel, dem kaukasischen Schäferhund, und dem unwillig vor sich hin brummelnden Knut nach jenem Chlebkow, das gleich hinter Lübkow zu finden sein sollte. Und alles war so, wie es das Mädchen beschrieben hatte: Ein Haus, weitab vom Dorf, mit diesem verbunden durch eine von Kastanien gesäumte Kopfsteinpflasterstraße und weniger als dreihundert Meter entfernt der Wald.

Und obwohl das Haus in einem erbärmlichen Zustand war, und obwohl wegen Puschel die Verhandlungen für einige Zeit unterbrochen werden mussten, da er wegen eines Düsenjägerknalls das Weite suchte, wurde man sich einig. Rinka und Schimmel das Haus gegen einen Preis, den selbst junge Künstler aufzubringen vermochten, und die Oma, samt ergeben nickendem Opa die Zweizimmerwohnung in der kleinen Stadt am Meer. Denn auch Rinka fand, es sei besser, dem Hund über die Felder von Chlebkow nachzuhetzen, als sich in der Stadt aber machte man sich in der Stadt zum Affen zuz machen. Und sogar Knut hatte sein unwilliges Brummeln aufgegeben und stattdessen sehnsüchtig nach einem verfallenen Baumhaus in einer alten Weide geschielt.

Beim zuständigen Amt aber schüttelte man den Kopf. So einfach gehe das nicht. Die beiden alten Leute aus Chlebkow hätten gar keine Zuzugsgenehmigung für Wassertor und auch gar keine Chance, eine Zuzugsgenehmigung zu erhalten. Denn es herrsche Zuzugstop. Nur Arbeitskräfte für das Kraftfuttermischwerk erhielten noch Zuzug; Schlosser, Schweißer, Elektriker und Werkzeugmacher, und bei der Wohnungsvergabe müssten dann erst einmal deren Bedürfnisse berücksichtigt werden.

Da suchte Schimmel bei den zuständigen Mitarbeitern des lächelnden Gesichts um ein Gespräch mit ihm nach und erzählte dann von den ukrainischen Feldern und den Anemo-

nen und Veilchen, dem steil aufsteigenden Rauch aus den Schornsteinen des Dorfes Chlebkow und dem Himmel über allem und malte seine Schilderungen noch zusätzlich bunt aus, als er bemerkte, wie sich dem Lächeln des lächelnden Gesichts eine beinahe träumerische Versonnenheit beizufügen begann.
»Und die Treffen mit Pornopietsch?«, wurde er dann aber gefragt. Und weil er nicht verstand, was damit gemeint war, wurde er aufgeklärt: »Das beobachten wir schon länger, dass sich in deinem Atelier eine illustre Gesellschaft zusammenfindet. – Du solltest dir deine Freunde besser aussuchen.«
Bei diesem als »illustre Gesellschaft« bezeichneten Kreis von Freunden und Bekannten, der sich zuweilen in seinem Atelier zusammenfand, handelte es sich um Max, der von der örtlichen Kirchgemeinde als Mann für technische Probleme angestellt worden war, Jost, den Bühnenmeister des Puppentheaters, der allerdings, wie Schimmel im weiteren Verlauf des Gesprächs mitgeteilt wurde, »offenbar ein Liebhaber der westlichen Hottentottenmusik« sei, Kappel und Fred, zwei außerordentlich begabten jungen Männern, die als Hilfskräfte im Schlachthof arbeiteten und sich bei ihm Ratschläge für ihre Bemühungen holten, sich als Autodidakten der Malerei zu nähern, und schließlich auch der vom lächelnden Gesicht mit dem Vorsatz »Porno« versehene Jürgen Pietsch.
Kappel und Fred hatte Schimmel gewissermaßen von Girlitz übernommen, denn die hatten sich auch schon bei ihm Rat geholt. Max und Jost hatte er bei einer Jazzveranstaltung in der Mensa der landwirtschaftlichen Fachschule Flesendorf kennengelernt und Jürgen Pietsch war ein ehemaliger Kellner, der einen von seinem Großvater übernommenen Schreib- und Papierwarenladen nach und nach, und ohne dass die zuständigen Behörden das bemerkten, in eine Buchhandlung umgewandelt hatte. Als sie das aber schließlich

doch bemerkten, war diese Buchhandlung inzwischen so bekannt, dass der Vorgang nicht mehr zurückzudrehen war, ohne dass das zu unerwünschten Reaktionen in der Stadt geführt hätte. Zumal ja trotz des Rufes als Buchhandlung auf dem Schild über der Ladentür immer noch Papier- und Schreibwaren als Handelsprodukte angepriesen und im Laden auch angeboten wurden.

Schimmel traf sie in der Regel nur zufällig, auf der Straße, in der Milchbar, im Kino, bei den von Jost im Foyer des Puppentheaters oder anderswo veranstalteten Jazzabenden oder beim Zeichnen am Strand. Wenn aber einer von ihnen mehrere Flaschen Trakia Hügel erstanden hatte, den billigsten und deshalb besonders begehrten Rotwein, den es zu kaufen gab, kamen sie auch zu ihm ins Atelier. Wobei manchmal die dazugehörigen oder zeitweilig in Anspruch genommenen und sich auch in Anspruch nehmen lassenden Frauen dabei waren, manchmal aber auch nicht. Sie redeten und blödelten, ließen sich Bilder und Skulpturen zeigen, an denen er arbeitete, und hörten Jürgen Pietsch zu, wenn er erzählte, wie es ihm wieder einmal gelungen war, mehr Exemplare eines der öffentlich verrissenen und deshalb besonders gefragten Bücher zu erhalten, als ihm vom Zentralvertrieb zugestanden wurden. Von Pornos wusste Schimmel nichts.

Die Bezeichnung »illustre Gesellschaft« erinnerte ihn allerdings sehr an den Begriff »Gesocks«, den sein Vater zu gebrauchen pflegte, wenn er über die Jungs und Mädchen sprach, die er bei einem unangekündigten Besuch des Tschepkauer Milchladenateliers vorgefunden hatte.

Weshalb er, auch um das Gespräch wieder auf sein eigentliches Anliegen zurückzuführen, in die weiteren sein Tun und Lassen in der kleinen Stadt am Meer betreffende Ausführungen des lächelnden Gesichts, die Bemerkung: »Dann wärt ihr ja auch dieses Problem gleich mit los« einfließen ließ.

Worauf sich in dessen Zügen ein blassrötlicher Schimmer auszubreiten begann und ein leichtes Zucken über den Mundwinkeln anzeigte, dass sich das Lächeln offenbar nur mit Hilfe zusammengebissener Zähne aufrechterhalten ließ.
›Nichts also‹, dachte Schimmel deshalb und begann schon zu überlegen, wie er Rinka den Gedanken nahebringen könnte, dass es möglicherweise besser sei, den Lockungen anderer lächelnder Gesichter aus anderen Regionen des Landes mit anderen nach Brot oder Schmalz oder Rüben klingenden Dorfnamen zu folgen, als sich weiterhin um eine Genehmigung für den Umzug nach Chlebkow zu bemühen.
Doch wandelte sich der blassrötliche Schimmer dann unvermittelt in einen Ausdruck von Zufriedenheit, und noch ehe Schimmel in der Lage war, sich Gedanken über die Ursache dieses Wandels zu machen, wurde ihm mit der Erklärung: »Aber glaub nicht, dass wir Dich auf irgendeine Weise mit Material oder Arbeitskräften unterstützen können«, signalisiert, dass dem zuständigen Amt die notwendigen Hinweise zugehen würden.
Offenbar war der von ihm eingeworfene Gedanke einer Überprüfung unterzogen und für durchaus bedenkenswert angesehen worden.
Wenn man ihn an seinem Chlebkower Projekt scheitern ließ und er sich nach einiger Zeit nach Möglichkeiten der Revidierung seines Entschlusses erkundigen würde, könnte man auf die allbekannte Notlage verweisen und ihn auf seinem Dorf versauern lassen.

Und so luden Willi und Rinka schon zwei Monate später, unterstützt von den Angehörigen der »illustren Gesellschaft«, wieder einmal Pinsel und Bücher, Betten und Kissen, Stühle und Schränke, Hund und Katze auf einen zugigen LKW und setzten Knut in einen auf dem Sperrmüll gefundenen und

damit der Vernichtung entzogenen wuchtigen alten Ledersessel oben auf. Denn diesmal schien die Sonne.
Das Haus, in das sie das dann alles hineintrugen, war nicht nur in einem erbärmlichen Zustand, es war eine Katastrophe. In weit zurück liegenden Zeiten hatte es einmal zum Gut Chlebkow gehört, war Schmiede, Försterei und Sitz des Verwalters zugleich gewesen. Jetzt war es fast eine Ruine. In den zur Schmiede gehörenden, gusseisernen Fenstern war nicht eine einzige Scheibe mehr ganz. Türen fehlten vollkommen und in dem dazugehörigen Dach klaffte ein breiter Riss. Der im Mittelteil des Hauses gelegenen ehemaligen Försterei fehlte das Dach ganz und gar, und die das untere und das obere Geschoss voneinander trennende Zwischendecke war verschwunden. Sie lag als ein Haufen von mit Lehm beschmierten und mit Resten von elektrischen Leitungen benagelten, modernden Balken und Brettern auf dem Fußboden des Parterregeschosses. Darauf wuchsen Birken. Eine ragte mit ihrem Wipfel schon über das Dach hinaus. Nur der Teil, in dem sich die ehemaligen Bewohner aufgehalten hatten, war einigermaßen in Ordnung. Wenn man davon absah, dass kaum eine Tür richtig schloss und man die Fenster lieber nicht zu öffnen versuchte, um nicht Gefahr zu laufen, dass sie einfach aus dem Rahmen fielen und nach Außen kippten. Trotzdem waren Schimmel und Rinka glücklich, als sie sich am Abend mit einer Flasche Rotwein vor das Haus setzten und in die Sonne blickten, die weit hinter dem Feld zwischen den über den Horizont ragenden Türmen der Kirchen der kleinen Stadt am Meer unterging.
Da setzte sich zum ersten Mal Käthe Küster zu ihnen.
Käthe Küster war eine der Verlobtenwitwen, wie nach dem Krieg die Frauen genannt wurden, denen die Männer weggeschossen worden waren, noch ehe sie sie hatten heiraten können. Sie wohnte in einem der Landarbeiterkaten, die, so

wie die Försterei samt Schmiede und Gutsverwalterwohnung, außerhalb des Dorfes gelegen waren. Drei hatte es davon gegeben. Zwei waren schon verschwunden. Nur noch ein paar große Feldsteine von den ehemaligen Fundamenten ließen erkennen, wo sie einst gestanden hatten. In drei Wohnungen war jeder dieser Katen aufgeteilt gewesen, auch der, in dem noch Käthe Küster wohnte. Es war die in der Mitte des Katens gelegene Wohnung, in der sie lebte. Rechts und links davon sah es etwa so aus wie bei Willi und Rinka in der Schmiede.

Als Käthe Küster jung war, war sie eine schöne Frau gewesen, eine sehr schöne Frau. Ihrer eigenen Meinung nach jedoch nicht schön genug. Ihre Nase schien ihr zu groß. Weshalb sie sich einen Nasenformer kaufte. Den legte sie entsprechend der Gebrauchsanweisung vorm Zubettgehen an und schlief damit, vierzehn Tage lang. Dann entzündete sich die Nase und sie musste mit Kühlkompressen schlafen. Danach hatte sie eine von blauroten Äderchen durchzogene Knolle im Gesicht und die Ärzte winkten ab.

Ihr Verlobter aber hatte nicht abgewinkt. »Das war keiner von der Sorte, hups mal hierhin, hups mal dahin«, erzählte sie. »Was der einmal gepackt hatte, das ließ er nicht mehr los.«

Eine Eigenschaft, die ihm dann allerdings zum Verhängnis geworden war.

Sie waren noch am Siegen gewesen, da hatten sie beim Vordringen in eine Stadt die Häuser eines Straßenzuges zu erstürmen. Darauf waren sie trainiert. Einer trat die Tür ein, Käthes Verlobter warf eine Handgranate durch den Rahmen. Wenn sie detoniert war, sprangen zwei andere mit ratternden Maschinenpistolen hinterher. Das lief immer wie geschmiert, Haus für Haus, Stockwerk für Stockwerk, Wohnung für Wohnung.

Dann aber schrie in einer der Wohnungen, hinter der unter dem Fußtritt zersplitternden Tür ein Kind. Und Käthe Küsters Verlobter behielt die Handgranate in der Hand.

Zwei Mitglieder des so eingespielten Eroberungskommandos überlebten. Einer davon suchte sie auf und erzählte es ihr.

Auch dass die Bombe, die auf sein Haus fiel, als er im Lazarett lag, keine Rücksicht darauf genommen hatte, dass sich darin noch seine Frau und sein Kind befanden, erzählte er. Doch sie hatte ihn trotzdem weitergeschickt. Des fremden Kindes wegen, das hinter der Tür der fremden Wohnung, in dem fremden Land geschrien hatte und nun lebte, weil ihr Verlobter gestorben war.

»Einen, der so etwas tut, den verrät man nicht. Auch, wenn er schon lange tot ist.«

Als der Krieg sich dann umdrehte, hatte das auch für Käthe Küster selbst Folgen gehabt. Sie musste ihre schöne Stelle aufgeben und mit nicht mehr als einem Koffer über Nacht in Richtung Westen fliehen. In Chlebkow war sie dann hängen geblieben. Denn Chlebkow, das klang auch für sie vertraut. Sie stammte aus Remberg, das von den Polen Chlebowo genannt wurde. Und wenn man die Lippen geschlossen hielt beim Sprechen und die Endsilbe von Chlebkow ein bisschen länger ausklingen ließ, dann konnte man schon meinen, man sage: »Chlebowo«, wenn man nach dem Wohnort gefragt wurde.

Zuerst arbeitete sie bei einem Bauern. Sie fütterte die Hühner und Schweine, nahm die Eier ab, kümmerte sich um die Kinder, wenn »die Leute«, wie sie den Bauern und seine Frau nannte, auf den Feldern zu tun hatten. Als diese Leute dann eines Morgens einfach weg gewesen waren, samt Kindern, Koffern, dem Harmonium, zwei Pferden und einem Wagen, kümmerte sie sich auch um die Kühe, bis das andere übernahmen, die mehr davon verstanden. Dann beschränkte sie sich

wieder auf die Hühner und die Schweine. Und weil das dann alles auf die LPG überging, ging auch sie auf die LPG über.
Dann aber wurde sie zur Gemüseverarbeitung nach Gramkow geschickt. Dorthin musste sie mit dem Fahrrad fahren, sieben Kilometer, Sommer wie Winter. Mit dem Bus hätte sie länger gebraucht.
Das sei ihre zweitschönste Zeit im Leben gewesen, erzählte sie. Obwohl es manchmal hart war, verdammt hart. Zum Beispiel wenn im Winter die Rosenkohlstangen frisch von den Feldern auf das Band gekippt wurden, und sie die Röschen von den Stängeln zu schneiden hatten.
»Da waren die Finger manchmal wie Glas. – Ein Schlag mit dem Hämmerchen und sie wären in tausend Splitter zersprungen.«
Aber sie hatte zu anderen dazugehört. Und es gab zu reden, den ganzen Tag lang, und zu lachen natürlich auch, vor allem am Frauentag, wenn Sekt ausgeschenkt wurde und es Prämien hagelte.
Die erstschönste Zeit sei die Zeit gewesen, als der Krieg sich noch nicht gedreht hatte. Da war sie Sekretärin beim Herrn Bürgermeister von Remberg gewesen. Der war aus dem Reich dorthin kommandiert worden. Ein sehr feiner Mann! Manieren durch und durch und korrekt bis in die Zehenspitzen. – Wenn auch das mit den Juden... »Aber damit hatte ich ja kaum etwas zu tun. Ich hatte nur die Listen zu schreiben. – Und es war die Heimat.«
In Chlebkow lebte sie nun schon seit mehr als dreißig Jahren. Immer in der selben Wohnung. Zwei Zimmer, Küche, das Klo auf dem Hof. Und immer auf etwas hoffend. Worauf wusste sie selbst nicht.
Am Sonntag nach dem Umzug kamen die Leute des Dorfes vorbei. Schimmel und Rinka bauten gerade einen Zaun. Willi nagelte die Latten an: eine lang, eine kurz, eine dick, eine

dünn, eine breit, eine schmal, so, wie er sie aus den Trümmern des Förstereiteils ihres Hauses zog. Rinka bemalte sie mit Farben, die sie auf einem Regal in der Schmiede gefunden hatte. Eine rot, eine grün, eine weiß, eine blau, einmal ein Blümchen, einmal Pünktchen, einmal Sternchen.

Um den Leuten deutlich zu machen, dass sie den Zaun nicht gegen sie bauten, sondern wegen des Hundes, luden sie sie ein, ins Haus zu kommen und sich umzusehen, – einmal, wenn sie auf dem Weg zum Wald waren, einmal, wenn sie zurückkamen. Aber keiner nahm das Angebot an. Sie schüttelten nur den Kopf oder sagten: »Nein, nein«, oder auch: »Danke, nein.« Oder hoben das linke Handgelenk und zeigten auf die Uhr.

Pankow kam, den sie schon in den Tagen zuvor in der Veranda seines Hauses gegenüber dem Dorfteich sitzen gesehen hatten, als sie zur Post oder zum Konsum gegangen waren, die beide, so wie auch der Kindergarten, im ehemaligen Gutshaus untergebracht waren. Er hob die Hand und nickte, wenn sie die Hand hoben und ihm zunickten. Etwas anderes schien er nicht zu tun.

Als er zum Künstlergucken bei ihnen vorüber ging, bemerkten sie, dass er mit beiden Händen abwechselnd grüßte. Einmal mit der linken Hand, beim Gang zum Wald, einmal mit der rechten, beim Weg zurück.

Martina Weißfuß kam, die, wie Käthe Küster ihnen später erzählte, beim Pilze suchen im Wald ein Wildschwein aufgestört und es, ehe die Frage entschieden war, wer vor wem davonlaufen solle, an den Hinterbeinen erfasst und diese hochgehalten hatte, bis ihr Mann mit dem Beil kam und es totschlug. Der hatte das Beil mitgebracht, obwohl er nicht wissen konnte, worum es ging. Aber Martina Weißfuß' Stimme trug weit, und wenn er sie bis ins Dorf hören konnte, wusste er, dass es um etwas ging.

Es kam der Akkordeonspieler aus der Lübkower Gaststätte zur Kegelbahn, der mit zwei Frauen lebte und seine tätowierten Arme sehen ließ, als er auf die Uhr zeigte. Es kamen die Schnürleinschwestern, von denen es hieß, sie schliefen seit sechzig Jahren gemeinsam in einem Bett, das Ehepaar Knoop, die beide hinkten, der siebenundsiebzigjährige Hermann Fink, der immer wieder einmal seine neunundsechzigjährige Frau verprügelte, weil er den Verdacht hatte, sie treibe es mit ihrem Schwiegersohn. Wobei ihn vor allem erregte, dass er keine Beweise dafür in den Betten finden konnte und deshalb den Teppich im Wohnzimmer als Sündenlager vermutete. Wenn sie dann im Krankenhaus lag, triumphierte er, dann fluchte er, dann winselte er um Vergebung, holte sie nach Hause und pflegte sie hingebungsvoll, bis ihm wieder einmal der Schornsteinfeger, ein neunzehnjähriger Bengel, zu lange im Haus verweilt zu haben schien.
Es kamen Krügers, Kruses und Kolmorgens aus dem Neubau, einem dreigeschossigen Wohnblock, der, wie in vielen anderen Dörfern auch, von der LPG zur Lösung des Wohnungsproblems direkt neben dem Dorfteich errichtet worden war und wie ein Fremdkörper im Ortsbild steckte. Über die wusste Käthe Küster nichts zu erzählen. Und sie blieben auch nicht einmal stehen, als Willi sie ins Haus einlud. Nur ein kurzer, scheuer Blick zur Seite. Und dann wieder die Augen zurück auf das Kopfsteinpflaster, dessen in ungeordneten Reihen aneinander geschichteten runden Buckel Frühjahr für Frühjahr und Herbst für Herbst von den Rädern schwerer Feldbearbeitungsmaschinen und überladener Traktorenhänger neu geordnet wurden. Es kam Pippi Petlack, das einzige pubertierende Mädchen aus Chlebkow, die bedeutungsvolle Blicke übte, als Schimmel den Hammer aus der Hand legte, und die zwischen den Lippen bereitgehaltenen Nägel aus dem Mund nahm, – einmal auf dem Weg in Richtung Wald,

einmal zurück. Und es kam Ede der Melker, der im Gutshaus allein das ganze obere Stockwerk bewohnte, aber nur ein Bett hatte und seine Kleider an einer Wäscheleine aufhängte, die er zwischen Türrahmen und Fenster spannte. Mit beidem zog er von Zimmer zu Zimmer, bis auch das letzte nicht mehr bewohnbar war. Dann kam für drei Tage seine Mutter aus Lübkow, und dann wohnte er sich durch die einzelnen Zimmer wieder zurück. Der blieb sogar stehen und schaute Schimmel und Rinka eine Weile zu, wobei er bemüht war, mit der Hand seine Nase zu verbergen, weil diese sehr Käthe Küsters Nase ähnelte. Nur kam das bei ihm vom Alkohol.
Als Letzter kam Martin Mensch mit sieben Kindern. Der lehnte den Besuch im Haus etwas ausführlicher ab als die anderen. Bei seiner Frau sei es wieder einmal so weit. »Ein andermal, vielleicht.«
»Der macht seiner Frau die Kinder, damit er nicht mit dem Rauchen aufhören muss, sagen sie im Dorf«, erzählte Käthe Küster dazu. »Die hat jedes Mal so viel Milch, dass er immer noch welche zur Sammelstelle bringen kann, selbst wenn sie noch das Kind vom Vorjahr mit an die Brust lässt. – Das ist dann sein Geld.«
Das Dorf Chlebkow lag wirklich etwas ab von der Straße. Nicht einmal ein Bus fuhr dorthin.
Wenn man in die Stadt wollte, musste man drei Kilometer bis zur Landstraße laufen. Dort gab es eine Haltestelle. Aber an der hielt auch nur der Schulbus, einmal morgens, einmal am Nachmittag. Nur am Mittwoch, wenn die Behörden Sprechtag hatten, hielt auch noch einer zwischendurch. Wer wollte in einem solchen Dorf schon wohnen?
»Hier ist hängen geblieben, wer wo anders nichts zu melden hat«, erklärte Käthe Küster dazu. »Für die Ämter ist das ein Segen. Was sie nicht sehen, das müssen sie auch nicht hören. Und bunte Vögel zwitschern bunt.«

Sie wusste über alles Bescheid. Und dass die Leute nicht ins Haus kommen wollten, hatte offenbar auch damit zu tun, dass sie wussten, durch Käthe Küster würden auch sie bald über alles Bescheid wissen. Und auf einem Dorf in Mecklenburg gilt nicht das von Erich Honecker bei seinem Besuch in Japan über die Parteizeitung »Neues Deutschland« in Umlauf gebrachte Japanische Sprichwort: »Einmal gesehen ist besser als tausendmal gehört.« Auf einem Dorf in Mecklenburg will man lieber hören. Beim selber Sehen muss man sich festlegen, vielleicht sogar ein Vorurteil aufgeben. Nichts aber ist dem Menschen heiliger als seine Vorurteile.

Trotzdem hing am Montagmorgen eine frisch geschlachtete Ente an der längsten Latte des so ungewöhnlichen Zaunes. Und am nächsten Wochenende hatten offenbar alle Leute im Dorf Besuch.

Zwölf Wochen später hatten Schimmel und Rinka Besuch. Es war viel Besuch. Denn Rinka wurde dreißig. Er kam mit Autos, Fahrrädern, zu Fuß, mit Rucksäcken, Zelten, zusammengerollten Decken, von weit, von nah, einzeln oder im Doppelpack, mit Kindern, mit Kopftüchern oder Hüten, mancher mit einem Instrument. Sie feierten zwei Tage lang. Und zwei Tage lang trug der Wind Musik und Gelächter von der Schmiede her über die Felder bis zum Wald und auch bis zum Dorf, Tag und Nacht.

Die Schmiede hatte inzwischen wieder Türen und Scheiben in den Fenstern, und der Riss im Dach war geschlossen worden. Dafür hingen von den eisernen Trägern unter dem Dach lange Ketten in den Raum herab, an denen mit Matratzen bedeckte eiserne Bettgestelle befestigt waren, mit Schaumgummiplatten ausgefüllte Ackerwagenreifen oder auch alte Wohnzimmersessel, in denen man schaukeln und schwingen oder auch einfach nur ruhen konnte. In einem der Sessel, dem wuchtigen, ledernen, den Schimmel und Rinka aus der kleinen Stadt am Meer mitgebracht hatten, schwang Käthe Küster. Sie hatte einen Fummel an, den die Frauen und Mädchen mit gierig glitzernden Augen betrachteten, mit spitzen Fingern befühlten und betasteten und auch mal am Rocksaum das innen nach außen umschlugen. Ihre Nase hatte sie gepudert, das Haar war wellig gekämmt und über ihrer Stirn glitzerte wie ein Krönchen ein winziges, zartes silbernes Etwas. Neun Jahre lang schwang Käthe Küster, wenn der Wind Gelächter und Musik über die Felder bis zum Wald und ins Dorf trug, in diesem Fummel und mit diesem Krönchen in dem wuchtigen Sessel langsam hin und her, von morgens bis abends und vom Abend bis zum Morgen. Und wenn jemand zu ihr trat, um eine paar Worte mit ihr zu reden oder den Stoff des Fummels zu befühlen, sagte sie immer wieder: »Nein, auch, nein, dass ich so etwas noch einmal erleben durfte!«

Sonst tapperte sie zwischen Dorf und Katen, Rinkas Küche und eigenem Herd hin und her, ging einkaufen, brachte die Post weg, schälte Kartoffeln, schnitt frische Kräuter, ließ sich bewirten, bewirtete selbst, und nachdem Rinka Klara geboren hatte, schob sie schon auch mal den Kinderwagen bis zum Wald und zurück oder im Dorf einmal um den Teich herum. Und manchmal sagte sie dabei: »Das hätte ich nicht gedacht, dass ich mal nicht mehr von der Heimat träumen werde.«

Die Leute aus dem Dorf konnten deshalb immer noch »Nein« sagen oder »Keine Zeit«, wenn Rinka sie einlud, sich einmal selbst bei ihnen umzuschauen. Doch nach wie vor hing hin und wieder einmal eine frisch geschlachtete Ente am Zaun, oder es stand am Morgen eine Packung Eier auf der Treppe vor der Küchentür. Und wenn der Winter nahte, kippten schon auch mal Herr Krüger oder Herr Kruse oder Herr Kolmorgen einen Hänger mit Holz vor den Zaun. Die LPG hätte die Kopfweiden runtergeschnitten, erklärten sie dazu, und

sie hätten es verbrennen sollen. »Im Neubau weiß man ja nicht, wohin damit.«
Nach neun Jahren aber ging bei Käthe Küster plötzlich nichts mehr. Das Tappern zum Dorf nicht, das Einkaufen nicht, nicht das Kartoffelschälen am eigenen Herd, nicht der Weg über die Straße zu Rinkas immer zu groß bemessenen Suppentöpfen. Und im Kräutergarten hinter dem Katen schoss das Unkraut in den Himmel.
»Es hilft nichts, wir müssen sie ins Heim bringen«, sagte deshalb Frau Möckel, die Gemeindeschwester. »Können Sie sie fahren oder soll ich den Krankentransport organisieren? Die machen das aber nicht gern.«
Schimmel fuhr sie.
Drei Tage später war sie tot. Und Rinka fand ihn in der Schmiede, seinem Atelier, hilflos schluchzend, in dem wuchtigen Ledersessel in dem die alte Frau aus dem fernen Chlebowo immer geschwungen und ihren Fummel befühlen lassen hatte.
Als sie ihn aber trösten wollte, erklärte er: »Ich heul doch nicht wegen Käthe, ich heul, weil ich plötzlich denken musste, dass auch ich endlich eine Heimat habe.«

Aus meiner Schublade

Blümchen

Wie Blümchen eigentlich hieß und welche Funktion er gehabt haben mochte, hätte Schimmel nicht sagen können. Für ihn war er Blümchen, weil Rinka ihn so nannte, wenn er wieder einmal in Gefolge des lächelnden Gesichts oder allein dagewesen war und einen Strauß Blumen überreicht hatte. – »Und natürlich Blümchen«, pflegte sie dann zu sagen und dazu entsprechend zu lächeln, weil dieser, wenn er allein kam, die Blümchen, die er zu überbringen hatte, gewöhnlich vor der Tür aus dem Papier wickelte, dieses zusammenknüllte und in seine rechte Hosentasche stopfte. Wo es dann, sofern er sich überreden ließ, auf eine Tasse Tee in der Küche Platz zu nehmen, die Hosen über dem Schenkel beulte und Schimmel daran denken musste, wie er sich als Vierzehnjähriger, wenn er mit seinen Freunden zum Baden verabredet war, vorher in das Materiallager der Tischlerei seines Vaters schlich, um sich dort eine Handvoll von dem zum Füllen der Stuhlpolster vorgesehenen schwarzen Rosshaar zu greifen und es so in die Badehose zu stopfen, dass einzelne Strähnen davon wie fürwitzige Späher über den Gummizug lugten. Das war die Zeit, als die anderen schon lange mit ihren schweißtreibenden Manipulationen unter der Bettdecke prahlten, sich bei ihm aber absolut noch nichts tun wollte. Da konnte er noch so heftig arbeiten. Er kam noch nicht einmal in Schweiß dabei. Die Badehose aber überzeugte, obwohl jeder sah, dass er eigentlich rothaarig war. Wahrscheinlich wussten die anderen, dass ihre Prahlerei mit den schweißtreibenden Manipulationen ebenso wenig einer Überprüfung

standgehalten hätte. Oder sie hatten bemerkt, dass die Mädchen, wenn sie einander flüsternd auf Schimmel aufmerksam gemacht hatten, ihre Blicke auch zu ihren Badehosen lenkten, und meinten, dass ein abschätziger Blick besser sei als gar kein Blick. – Wartet nur, es kommt die Zeit, da werden wir es euch zeigen! –
Aber Gedanken dieser Art dürften Blümchen fern gelegen haben, sonst hätte er seine Hosen bestimmt mit etwas anderem ausgepolstert, als mit dem Blumenpapier, das von der Sekretärin des lächelnden Gesichts, die die Blumen zu besorgen hatte, im Bereich der Stängel fürsorglich mit einem angefeuchteten Wattebausch versehen worden war.
Kam Blümchen im Gefolge des lächelnden Gesichts, wickelte er die Blumen aus dem Papier, warf es, ehe er die Tür des Dienstwagens hinter sich schloss, auf den Sitz hinter dem Fahrer, um sie dann dem lächelnden Gesicht zur eigenhändigen Übergabe an Rinka weiterzureichen. Ob er allerdings danach die Autotür wieder öffnete und sich auf seinen Platz hinter dem Fahrer zurücksetzte, oder ob er dem lächelnden Gesicht folgte, hing von Umständen ab, die für Schimmel und Rinka nicht durchschaubar waren. Denn der Vermutung, es richte sich danach, ob sie beide anzutreffen seien oder nur Rinka allein, stehen Besuche entgegen, bei denen Rinka und Schimmel gemeinsam mit dem lächelnden Gesicht am Küchentisch gesessen und Tee getrunken hatten, indessen Blümchen schweigend im Auto hinter dem Fahrer saß. Während es andererseits Besuche zu Zeiten gab, in denen Schimmel nicht zu Hause sein konnte, aber Blümchen dem lächelnden Gesicht, das nur einmal kurz vorbeischauen wollte, um sich zu informieren, wie es denn den Künstlern so gehe, am Küchentisch mit beifälligem Nicken assistierte.
Irgendwelche anderen Verlautbarungen gab er dann allerdings ebenso wenig von sich, wie bei den Gelegenheiten, bei

denen er mit dem die Hosen beulenden Papierballen in der Tasche am Tisch saß. Wie er überhaupt nur den Satz zu beherrschen schien, der zur Übergabe der Blumen gehörte, und den er, je nach Anlass, zu variieren verstand: »Mit den besten Grüßen zum internationalen Frauentag von der Kreisleitung der Partei.«, »Vom Genossen Karl, mit allen guten Wünschen zum Geburtstag.«, »Kämpferische Grüße zum Tag der Kulturschaffenden!«, »Herzliche Glückwünsche zur Ausstellung. Der Genosse Karl kann leider nicht persönlich.«

Dass Blümchen allerdings nur zu Rinkas Geburtstagen und zu ihren Ausstellungseröffnungen Blumen zu übergeben hatte, lässt darauf schließen, dass es dem lächelnden Gesicht bei seiner huldvollen Zuwendung wohl doch eher um Rinka ging. Denn Schimmel wollte auch nach dem Umzug, seine Beziehung zu der illustren Gesellschaft nicht abbrechen, die, wie ihm bei mehreren Gesprächen zu verstehen gegeben worden war, als »dem gemeinsamen Wollen« negativ feindlich gegenüberstehend eingeschätzte wurde.

Rinka jedoch sah das lächelnde Gesicht offenbar als noch zu retten an, wenn nicht gar als an sich zu binden. Wobei, das soll gerechterweise gesagt sein, dieses an sich binden nicht als die Spekulation mit irgendwelchen, den Rahmen der Förderung junger Künstler sprengenden Beziehungen angesehen werden sollte. Nein, da war der Genosse Karl konsequent. Er war verheiratet. Seine Frau war schwer krank und er sorgte sich, wie allgemein bekannt war, persönlich und sehr rührend um sie. Kein Tag an dem er nicht mittags seinen Platz hinter dem Schreibtisch am Balkonfenster hoch über dem Marktplatz von Wassertor verließ, um einkaufen zu gehen, ihr ein Süppchen zu kochen und sie zu füttern. Sofern er nicht zu irgendwelchen von höheren Orts angeordneten Besprechungen, Anleitungen, Konferenzen, Ehrungen herausragender oder herausgehobener Personen unterwegs war, die Überreichung von Auszeichnungen vornahm, der medienwirksamen Propagierung weiterführender Initiativen beiwohnte, Kinderspielplätze zur Nutzung freigab, einen ersten Spatenstich vollzog, ein fahnenrotes Band durchschnitt, einen Schlüssel übergab oder eine Abordnung der Vertretungskörperschaft anderer lächelnder Gesichter empfing.

Nein, es war wohl eher so, dass er zu der Auffassung gelangt war, dass es der Partei gut zu Gesicht stünde, wenn sich eine junge, begabte und zudem noch schöne Künstlerin ihren Reihen anschließen würde und sich selbst die Aufgabe gestellt hatte, sie zu diesem Schritt zu bewegen.

So auch an jenem Tag, an dem er zum letzten Mal nach Chlebkow kam.

Schimmel war mit dem Puppentheater von Wassertor zu einem Festival gefahren, bei dem dieses ein Stück vorstellte, für das er sowohl den Text bearbeitet, die Puppen gebaut und auch die Inszenierung vorgenommen hatte. Es war ein Stück, das nach seiner vom Publikum mit euphorischem Beifall bedachten Premiere für einige Aufregung gesorgt hatte. Denn es entsprach ganz und gar nicht den bei den Funktionern der Stadt vorherrschenden Vorstellungen, was ein Puppentheater zu leisten habe. Weshalb seine weitere Aufführung untersagt worden war, die Puppentheaterleitung abgesetzt wurde, und Schimmel Hausverbot erhielt. Doch hatte zu dem Informationsstand der Entscheider nicht gehört, dass eine der abgesetzten Leitungskräfte des Theaters über einen Großvater verfügte, der vom höchsten der höheren Orte als antifaschistischer Kämpfer anerkannt und verehrt wurde. Und dieser konnte sich nicht vorstellen, dass einer seiner Nachkömmlinge in irgendwelche falsche Richtungen abgedriftet sein solle. Weshalb sich schon bald eine Delegation zur Untersuchung der Vorgänge um das Puppentheater angemeldet hatte. Diese zeigte sich schon von den Puppen begeistert und konnte die Aufführung nur als einen erfolgreichen Versuch ansehen, die »Prinzipien unserer Kulturpolitik auf progressive Weise zum Wirken zu bringen.« Was zur Folge hatte, dass die Theaterleitung wieder eingesetzt wurde, Schimmel das Haus wieder betreten durfte, einer der Entscheider wegen der Überschreitung seiner Kompetenzen in eine andere Entscheidungsposition versetzt und die Aufführung zu eben diesem Festival delegiert wurde, wo sie dann auch einen der von einer internationalen Jury vergebenen Preise erhielt.

Mit dieser Nachricht kam Schimmel nach Chlebkow zurück, wo vor dem Haus der Wagen mit dem hinter dem Fahrer schweigenden Blümchen parkte und am Küchentisch das lächelnde Gesicht von den erweiterten Möglichkeiten sprach, die einem Künstler offen stünden, wenn er sich der Partei anschlösse.

Nein, hatte ihm Rinka dabei jedoch zu verstehen gegeben, eben deshalb schließe sich das für sie aus. Zu viele sähe sie in den Reihen der Partei, die ihr eben aus Gründen dieser Art beigetreten seien, als Schimmel mit seinem euphorischen Bericht über das Festival und den erhaltenen Preis in das so wenig traute Tee-a-Tetè einbrach.

Vor allem über den Umstand, dass ihn eines der Jurymitglieder, ein Franzose, beiseite genommen und erklärt hatte, er werde nach Möglichkeiten suchen, das Theater aus Wassertor zu einem Auftritt in Frankreich einladen zu können, wollte sich Schimmel kaum genug begeistern. Worauf dem lächelnden Gesicht allerdings das Lächeln abhanden kam und es in einer Lautstärke, die den kaukasischen Schäferhund vor dem Küchenfenster zu einem warnenden Bellen veranlasste, zu wissen gab: Genau das seien doch die Methoden, mit denen der Gegner sich vorzuarbeiten und die Ideologie der Massen aufzuweichen versuche. Und überhaupt sei der Abbruch der Beziehungen zu der Gruppe, der sich um Pornopietsch scharenden dubiosen Elemente, das Mindeste, was von einem sozialistischen Künstler zu erwarten sei, ehe es, zwar nicht die Haustür, wohl aber die Tür seines Dienstwagens mit deutlicher Entschiedenheit zuschlug und sich davonfahren ließ.

Am nächsten Tag war Frauentag und Blümchen kam mit Blumen. Allerdings kam er nicht, wie sonst, am frühen Vormittag, sondern am späten Nachmittag, nach Feierabend gewissermaßen. Und er wurde auch nicht mit dem Wagen herbeigefahren, sondern kam mit dem Fahrrad. Und die Blumen, die quer auf dem Gepäckträger klemmten, hatten keinen angefeuchteten Wattebausch in dem Papier, in das sie eingewickelt waren.

Rinka war mit dem Fahrrad nach Lübkow in den Konsum gefahren, weil am nächsten Tag ihre Eltern aus Sachsen zu Besuch kommen wollten und sie erfahren hatte, dass im Konsum eine Lieferung frischer Heringe eingetroffen sei. Mit nichts aber konnte man ihren Eltern mehr Freude machen als mit frisch gebratenen Heringen. Schimmel indessen war gerade dabei, den Trabant auf solche Weise vor dem Haus zu platzieren, dass die Vorderräder auf zwei hügelförmigen Aufwürfen des Kopfsteinpflasters zu stehen kamen, damit der Motor aus der zwischen den Hügeln gelegenen Mulde von unten zu besichtigen war. Denn aus diesem Bereich ließen sich, wenn der Motor lief, entsetzliche Geräusche vernehmen. Und es war das erste Mal, dass Blümchen etwas anderes sagte als: »Kampfesgrüße zum Internationalen Frauentag!« oder: »Mit besten Grüßen vom Genossen Karl«.

Er sagte: »Die hintere Getriebeaufhängung«, nachdem er sein Fahrrad gegen den Gartenzaun gelehnt und die Blumen vom Gepäckträger genommen hatte. Worauf Schimmel fragte: »Ach, verstehst du was davon?« Und Blümchen um mehr als zehn Zentimeter zu wachsen schien, als er: »Sieben Jahre VEB Kfz-Instandhaltungskombinat Seelage, Abteilung Be-

völkerungsbedarf, Trabantwerkstatt«, entgegnete. »Hast du mal eine alte Hose und ein Hemd für mich? – Es ist nur ein Bolzen, der festgezogen werden muss. Wenn nicht, bricht er das Gewinde aus und du brauchst ein neues Getriebe.«
Natürlich hatte Schimmel ein Hemd und auch eine Hose für ihn, eine Hose, die auch er selbst zu tragen pflegte, wenn er unter den Trabant kriechen musste, um da etwas zu schrauben oder zu klopfen. Nur, dass diese Hose einen Schaden hatte. Sie sprang im Vorderteil immer wieder auf. Und wenn Schimmel dann seinen Körper in einer etwas ungünstigen Weise verdrehte, arbeitete sich etwas aus der Hose heraus, was außerhalb von ihr eigentlich nichts zu suchen hatte. Weswegen Rinka ihm schon mehrmals nahegelegt hatte, sie nicht mehr anzuziehen. Doch daran dachte Schimmel nicht, als er Blümchen diese Hose gab und der sich seiner gratulationsamtlichen Bekleidung entledigte und mit Schimmels altem FDJ-Hemd und dieser Hose unter den Trabant kroch.
»Einen längeren Schraubenzieher brauche ich noch als Hebel«, rief er dann von dort. »Der Block hat sich schon ganz schön abgesenkt.«
Und Schimmel sprintete in die Schmiede zu seinen Werkzeugkästen.
Noch ehe er aber fündig geworden war, kam Rinka vom Einkaufen zurück. Und vom Dorf her näherte sich die Postbotin, Frau Hinrichs, mit ihrem Handwagen und einem Paket darauf. Das war das erste, was Rinka sah. Und sie wusste, dass es keinen Sinn hatte, ihr entgegenzufahren und das Paket abzunehmen, um ihr den Rest des Weges zu ersparen. Denn ohne, dass sie zumindest eine Ahnung davon mitnehmen konnte, was sich in dem Paket befinden mochte, würde sie nicht zurückfahren wollen.
Weshalb Rinka ebenfalls ihr Fahrrad gegen den Zaun lehnte. Ohne dabei jedoch das andere Fahrrad zu bemerken. Denn

sie hatte die Hose bemerkt, mit der, ihrer Meinung nach, Schimmel unter dem Trabant lag. Und natürlich hatte dessen Körper sich auf die beschriebene ungünstige Weise verdreht. Was sie dann veranlasste, sich zu bücken und energisch zurückzustopfen, was sich so unvorteilhaft einen Weg zur Freiheit gesucht hatte, denn Frau Hinrichs war schon recht nahe. Was folgte, war ein Schrei und dann trat Stille ein.
Blümchens Körper nämlich hatte sich in der Reaktion auf Rinkas entschlossenen Zugriff schockartig zusammengekrümmt, wodurch sein Kopf mit der Stirn voran gegen irgendwelche, sich unter dem Trabant befindlichen scharfkantigen Vorsprünge schlug und dessen Inhalt auf eine das Bewusstsein kurzzeitig außer Funktion setzende Schutzfunktion schaltete.
Der Schrei ließ Schimmel aus seiner Schmiede herbeisprinten und veranlasste auch Frau Hinrichs, den Schritt zu beschleunigen, um Blümchen dann an den Füßen unter dem Auto hervorzuziehen und mit kräftigen Schlägen ins Gesicht wieder zum Leben zu erwecken.
»Frauentag«, entschloss der sich, nach dem erneuten Wechsel von Hemd und Hose, dann noch zu murmeln, ehe er den Blumenstrauß unausgepackt zwischen zwei Zaunlatten klemmte, auf sein Fahrrad stieg und davonfuhr. Und er wurde danach in Chlebkow nie wieder gesehen, weder allein, noch im Gefolge des lächelnden Gesichts, noch auf einem Fahrrad.

Aus meiner Schublade

Hengst kommt Freitag oder Warum die DDR zusammenbrechen musste

Die Postfrau, Frau Pankow, die heutzutage Briefe, Karten und Werbeprospekte von Automärkten und Möbelhäusern in die Chlebkower Briefkästen wirft, hat das zuvor schon in Lübkow, Tritzow, Schramm und Klastin getan. Sie fährt mit dem Auto vor, sprintet zum jeweiligen Kasten, klappt den Deckel hoch, schaut nach, ob etwas mitzunehmen ist, wirft hinein, was sie hineinzuwerfen hat, springt zurück hinter das Lenkrad, fährt hundert Meter und wiederholt dieses Spiel. Der Briefkasten, den sie bei Rinka und Willi zu bedienen hat, ist der letzte Kasten auf ihrer täglichen Tour. Da ist sie meist schon über die Zeit. Denn sie muss noch die Sendungen, die sie nicht ausliefern konnte, in der Poststelle Großburg wieder abgeben, wo sie auch das Postauto gegen das eigene Auto tauscht. Sie wohnt in Klastin und hat zwei Kinder. Die fahren mit dem Bus nach Lübkow zur Schule und kommen mit dem Bus zurück nach Hause. Wenn sie Glück hat, ist sie vor ihnen da.

Meist hat sie kein Glück, vor allem, wenn die Telefonrechnungen auszutragen sind. Dann ist jeder Kasten zu bedienen, in Lübkow, Tritzow, Schramm, Klastin und Chlebkow. Die Kinder sind Kummer gewöhnt.

Dass Frau Pankow auch ihren Briefkasten bedient hat, bemerken Rinka und Willi meist erst dann, wenn Prachtl, der Wolfshund-Mops-Mischling, ihre Weiterfahrt für fünfzig Meter mit wütendem Gekläff begleitet.

Prachtl ist eigentlich ein ganz und gar handzahmer Hund. Das weiß auch Frau Pankow. Und solange sie zwischen Auto

und Briefkasten unterwegs ist, wedelt er auch freudig mit dem Schwanz. Nur davonfahrende Autos mag er eben nicht. Da versucht er jedes Mal, in die Reifen der rollenden Räder zu beißen. Es gibt Hunde, die sind nicht auf davonrollende Räder fixiert, sondern auf Postboten. Auch das weiß Frau Pankow. Und manchmal gibt sie eine Postsendung mit der Bemerkung, es sei keiner zu Hause gewesen, in Großburg wieder ab und meldet am Abend ihren Besuch für den nächsten Tag telefonisch an.
Wenn Rinka und Willi Prachtls Gekläff hören, reagieren sie oft mit einem ärgerlichen Ausruf, jeder für sich und jeder in seinem Arbeitsbereich. Wobei sie nicht Prachtl und sein Gekläff meinen, sondern sich selbst. Denn irgendein Brief, den sie vergessen haben, zum Mitnehmen in ihren Hausbriefkasten zu legen, muss nun wieder einen Tag lang warten, bis er auf Reise gehen kann. Es sei denn, sie bringen ihn noch selbst zur Post nach Wassertor, – neun Kilometer hin, und neun Kilometer zurück. Einen Postbriefkasten, in den sie ihn hineinwerfen könnte, gibt es weder in Chlebkow noch in Lübkow, noch in Klastin. Und selbst wenn es ihn gäbe, würde er auch erst am nächsten Tag gelehrt, wenn Frau Pankow ihre tägliche Runde fährt.
Briefmarken im Wert von achtzig Eurocent müssen sie mittlerweile als Porto auf den Umschlag kleben. Das sind mehr als anderthalb D-Mark oder, zehn Mark, wenn man den Umtauschsatz zu der in Chlebkow gültigen Währung zugrunde legt, als dort für das Versenden eines Briefes noch zwanzig Pfennige ausreichten. Frau Pankows Arbeitskraft ist von dem Unternehmen, bei dem sie angestellt ist, der Deutschen Post, zweifellos effektiv eingesetzt.
Dank dafür wird sie von dieser Seite her kaum erfahren. Das ist nicht üblich. Es werden ihr ja auch nicht die überzähligen Stunden vergolten, ohne die sie bei ihrem ausgedehnten Zu-

stellbereich nicht auskommt. Im Gegenteil. Sie wird gerügt, wenn ihr nachgewiesen werden kann, dass sie die von der Gewerkschaft durchgesetzten halbstündigen Pausen nicht einhält, während der sie mit verriegelten Türen in ihrem am Straßenrand geparkten Auto sitzen bleiben muss. Sie ist schließlich mit so etwas wie einem Wertguttransporter unterwegs.

Entgegen den Bestimmungen ihres Arbeitsvertrages nutzt sie diese Zeit zum Zusammenbauen von Kugelschreibern, eine Tätigkeit, der sie oft auch an den Wochenenden nachgeht, gemeinsam mit Mann und Kindern. Sie haben ein Haus gebaut. Dank kommt von Rinka und Willi, Weihnachten und Ostern. Sie hängen ihr eine Flasche Sekt an den Zaun neben den Briefkasten oder eine Schachtel Pralinen, oder geben sie ihr in die Hand, wenn sie sie bemerkt haben, ehe Prachtl zu kläffen begonnen hat.

»Danke, wegen dem blöden Hund«, sagen sie dann, »und auch überhaupt.« Und kraulen dabei Prachtl die Ohren.

»Das war doch aber nicht nötig«, antwortet Frau Pankow. Und sofern sich noch Zeit für zwei- drei andere Worte findet, krault auch sie für einen Augenblick Prachtls Ohren.

Wenn sie weiterfährt, hetzt er wieder kläffend neben ihrem Auto her.

Auch Frau Hinrichs, die während der Zwanzigpfennigzeiten die Post auslieferte, sagte immer: »Danke, das war doch aber nicht nötig.« Und stapelte dann, was sie bekommen hatte, auf ihren Fahrradanhänger zu anderem, was sie bekommen hatte. Auch für sie war der Briefkasten am kunterbunten Zaun vor der ehemaligen Chlebkower Schmiede der letzte Briefkasten ihres Zustellbereichs gewesen.

Vergleicht man das Porto, das zu Frau Hinrichs Zeiten für die Übermittlung eines Briefes verlangt wurde und was von ihr dafür als Gegenleistung erbracht werden musste, meint

Schimmel, so könne man begreifen, warum die DDR zugrunde gehen musste.
Frau Hinrichs kam morgens gegen sieben das erste Mal. Da brachte sie die Zeitung. Die wurde ihr gegen fünf, vom Beifahrer eines Lieferwagens des Postzeitungsvertriebes, zusammen mit den anderen in ihrem Zustellbezirk auszuliefernden Zeitungen als verschnürtes Paket vor die Tür gelegt. Sie hatte sie dann noch zu sortieren. Die Abonnentenliste hatte sie im Kopf. Zum zweiten Mal kam sie zwischen zehn und halb zwölf. Da brachte sie die Briefe und Karten.
Meist kam sie mit dem Fahrrad, manchmal aber auch zu Fuß. Ob sie bereits viertel nach Zehn kam oder erst kurz vor halb Zwölf hing weniger davon ab, ob sie mit dem Fahrrad kam oder zu Fuß. Das hing davon ab, wer ihr alles auf dem Weg durch das Dorf begegnet war oder schon hinter der Gardine auf sie gewartet hatte. Wobei die, die auf sie warteten, meistens nicht warteten, weil sie auf einen Brief oder eine Karte hofften, sondern weil sie gesehen hatten, dass der Lieferwagen des Konsums vor dem Gutshaus vorgefahren war. Die Tür zur Chlebkower Poststelle befand sich im Parterre des Chlebkower Gutshauses neben der Tür zum Chlebkower Konsum. Und obwohl man auch ohne, dass Frau Hinrichs kam, nachschauen gegangen wäre, was er gebracht hatte, meinte man, besser sei, man wisse es vorher. So konnte man entscheiden, ob man lieber gleich einkaufen ging oder es bis zum Nachmittag verschob.
Eigentlich hätte Frau Hinrichs in der Zeit von zehn bis zwölf Uhr in der Poststelle sitzen und Briefe und Karten entgegennehmen und abstempeln müssen. Doch konnte sie sich schließlich nicht zerreißen. Die Briefe und Karten wurden ihr erst kurz vor zehn gebracht und waren sofort auszutragen. Alle wussten das und kamen deshalb zum Briefmarken kaufen oder Paket aufgeben erst, wenn sie wieder zurück war.

Blieb nur, dass jemand hätte telefonieren wollen. Das aber war selten. Wenn es auch in anderen Dörfern häufig nur das Telefon in der Poststelle gab, gab es auch nur wenige Leute, mit denen man hätte telefonieren können. Telegramme wurden ihr zwar ebenfalls per Telefon vom Postamt Wassertor übermittelt. Aber auch dort wusste man, dass sie sich nicht zerreißen konnte und wartete, bis anzunehmen war, jetzt könnte sie zurück sein. Dann aber musste sie noch einmal los. Denn auch zu Telegrammen gehörte ein sofort. Es sei denn, es war gerade jemand im Konsum zum Einkaufen, der diesen Weg mit erledigen konnte, wenn er wieder nach Hause ging. Oder es wurde ein Kind geschickt. Das verstand dann meist den Empfänger auf eine Weise anzugucken, dass der »Warte mal, ich hol dir was«, sagte. Weshalb an solchen Boten meist kein Mangel herrschte. Martin Mensch mit seinem Kindersegen wohnte nahebei.

Nur, wenn Frau Hinrichs wusste, es würde ein Heulen und Jammern ansetzen, nachdem das Telegramm gelesen worden war, ging sie grundsätzlich selbst. So konnte sie der erste Tröster sein. Und dann war ja die übermittelte Nachricht auch kein Postgeheimnis mehr.

Dass Frau Hinrichs außer zu Weihnachten und Ostern noch einmal am Nachmittag den Anhänger an ihr Fahrrad basteln musste, kam seltener vor. Wie es auch seltener vorkam, dass das Postauto aus Wassertor noch einmal am Nachmittag bei der Chlebkower Poststelle vorfuhr. Wer in Chlebkow wohnte, konnte in der Regel nur zu Ostern oder Weihnachten mit Päckchen oder Paketen rechnen. Und so verbrachte Frau Hinrichs den Nachmittag meist damit, dass sie, gegen den Rahmen der Poststellentür gelehnt, darauf wartete, dass jemand aus dem Konsum kam und etwas zu erzählen hatte, was sie längst wusste. Chlebkow war der einzige Ort, der zu Frau Hinrichs Zustellbereich gehörte.

Nein, als ein effektiver Einsatz ihrer Arbeitskraft kann das wirklich nicht gesehen werden. Und Schimmel hat schon Recht, wenn er meint, am Vergleich zwischen Frau Hinrichs und Frau Pankow ließen sich die Gründe für den Untergang der DDR leicht nachvollziehen.

Worauf übrigens auch jene jungen Männern setzten, die, kaum dass auch die passfreie Passage von West nach Ost gestattet war, in den Postfilialen der grenznah gelegenen Orte vorfuhren und alle Briefmarken aufzukaufen versuchten.

Was er denn mit den vielen Marken anfangen wolle, hatte Frau Hinrichs den gefragt, der bei ihr vorfuhr und: »Oma, wir machen einen Deal«, erklärte. »Du besorgst mir so viele Marken, wie du bekommen kannst, und ich zahl dir den doppelten Preis.«

»Na, weiterverkaufen«, antwortete er freimütig auf ihre Frage, »noch mal zum doppelten Preis. – Ich habe fünfzehn Firmen in Lübeck an der Hand. Die bringen jeden Tag zweihundert Briefe zur Post. Wenn ich das für sie in Schönberg oder Dassow erledige, können die sich vielleicht sogar vor dem Konkurs retten. – Zwanzig Pfennig der Brief statt fünfundfünfzig, und dann noch Umtausch eins zu zehn, verstehst du?«

Worauf Frau Hinrichs ihm ihre Rechnung vorgelegt hatte: »Wir haben hier Künstler im Ort, die schreiben jede Woche zehn Briefe. Kolmorgens und Martina Weißfuß haben Verwandtschaft in Rostock. Da kriselt es in der Ehe. Jeden zweiten Tag ein Brief. Knoops und Kruses müssen noch die Neujahrsgrüße bringen und Pippi Petlack ihrer ist bei der Armee. Da geht es jeden Tag hin und her. Zehn Marken zu zwanzig und fünfzehn zu fünf kann ich Ihnen abgeben, natürlich zum aufgedruckten Preis. Etwas anderes ist mit mir nicht zu machen.«

Worauf der junge Mann sie angeschaut, den Kopf geschüttelt und dann gesagt hatte: »Ihr verdient es, dass ihr untergeht.«

Wie Recht er hatte, konnte Frau Hinrichs schon nach einem Jahr erfahren. Da wurde ihr Zustellbereich dem Zustellbereich von Frau Pankow zugeschlagen. Und im zweiten Jahr wurde auch der Konsum geschlossen.
Das aber alles nur nebenbei, denn eigentlich soll ja vom Hengst erzählt werden, der am Freitag kommen sollte.

Willi Schimmel war bei einem Kurzbesuch in der Milchbar der kleinen Stadt am Meer einer jungen Frau begegnet, die er aus Zeiten kannte, in denen er dort öfter zu finden gewesen war. Die erzählte ihm, dass sie den Mann ihres Lebens gefunden habe. »Hilmar Hinkel, ein Filou. Der wird dir gefallen.«
Ihm gefiel besonders, was sie sonst noch erzählte: Ein Haus, allein im Feld, mit Schilf gedecktem Dach und Störchen darauf. Außerdem Hunde, Schafe, Pferde und zweihundertfünfzig im Voraus bezahlte Weihnachtsgänse für Leute aus der Bezirksstadt. So schlug er sich durch die Zeit.
Und als Willi sich das ansehen gefahren war, kam er mit vor Begeisterung glühenden Augen nach Hause. Da hatte ihn ein Mann empfangen, gleich alt wie er selbst, mit Trapperhut und lässig im Mundwinkel baumelnder Krummpfeife. Dazu schwarz glänzende Reitstiefel, eine mit einer Schlaufe am Handgelenk befestigte, straff geflochtene Ledergerte und ein locker über der Brust verknotetes seidenes Halstuch. Die Hunde liefen wie dienstbeflissene Adjutanten neben ihm her, als er das Anwesen zeigte. Die Schafe stürmten in breiter Front herbei, als er: »Herde!«, rief, und standen dann, stumm und erwartungsvoll, aber ohne zu drängeln, bis er: »In den Pferch!« befahl. Sogar die Störche legten ihre Hälse auf den Rücken und klapperten mit den Schnäbeln, als er ihnen: »He, ihr Kalifensöhne!«, zurief.
Und dann noch der Pferdestall!

Willi Schimmels Sehnsucht nach einem Pferd stammte auch aus der Ukraine. Denn der Tierpfleger, mit dem er den Wolf blondiert hatte, war nicht nur für die weichpfotigen Vierbeiner verantwortlich gewesen, sondern auch für die Huftiere; Rehe, Schafe, Ziegen, Antilopen und eben auch Pferde. Noch nie hatte Willi auf einem Pferd gesessen. Es hatte sich einfach nicht ergeben, bzw. waren die Möglichkeiten dazu rar gewesen. In den Städten gab es keine Pferde und in Schlamptin, woher die Kindergärtnerin stammte, die sich während des Tages der offenen Tür in der Berliner Kunsthochschule auf seinen Schoß gesetzt hatte, hielt sich einzig der Gewerkschaftsvorsitzende des Volksgutes ein Gespann. Aber gerade, um dessen Nachstellungen zu entgehen, hatte sich die Kindergärtnerin zu ihrer dann so folgenreichen Fahrt nach Berlin entschlossen.
Geträumt jedoch hatte er schon seit seiner Kindheit von einem Pferd, spätestens, seit Tschapajew im Tschepkauer Kino über die Leinwand geritten war. Wobei auch er sich, unter dem Feuer Weißgardistischer Banden, Hand und Fuß hinter dem Sattelgurt verhakt und den Körper seitlich an die Flanken des Pferdes geschmiegt, am Ufer des Dons entlangjagen sah. Und obwohl der Dnepr nicht der Don war und obwohl die Pferde des Tierparks von Tscherkassy mit dem Ansinnen, ihn auf ihrem Rücken durch die Gegend tragen zu sollen, ziemlich überfordert waren, hatte er manchen Zigarillo der Marke Don Pedro eingesetzt, um diesem Traum wenigstens ein bisschen nahezukommen. Und so war sein Entschluss, mit Rinka nach Chlebkow zu ziehen, letztlich auch mit der Vorstellung verbunden gewesen, früher oder später auf der Koppel hinter dem Haus ein Pferd laufen zu haben, um dann mit der in Kiew gekauften Feldstaffelei auf dem Rücken in der kleinen Stadt am Meer am Hafentor oder der Milchbar oder an einem der Strände vorreiten zu können.

Wobei seine Vorstellung von der Gestalt dieses Pferdes irgendwie auf eine Mischung zwischen den kleinwüchsigen Rennern von Tschapajews Reiterscharen und den im Tierpark von Tscherkassy gehaltenen Schecken hinauslief.

Bei Hilmar Hinkel im Stall aber standen Ostfriesen, vier Stück, ein Hengst, drei Stuten und so schwarz, dass er sie im Dunkel zunächst kaum auszumachen vermochte. Nur ihr leises Schnauben ließ erkennen, wo sie zu finden waren. Dann aber spürte er, wie ihm die Knie weich wurden. Es war genau das gleiche Gefühl wie das, das ihn in dem Augenblick überrannte, als sich Rinka nach ihrer Begegnung im Zug beim Aussteigen noch einmal umgedreht und dann irgendwie resigniert mit den Schultern gezuckt hatte. Eine Mischung von überschäumender Sehnsucht und verzweiflungsvoller Ohnmacht. Denn er fuhr ja zu dieser Zeit immer noch mit dem Fahrrad nach Schlampin zur Kindergärtnerin, und sein Sohn Henk, den ihm Helma Feuchtwang jede zweite Woche für zwei Tage überließ, war gerade in einem Alter, wo er ihn als Spielpartner annahm. Nein, es war unmöglich, dass er sich noch einmal auf die Lockung einließ, die ihn aus den Augen einer Frau ansprang.

Und ebenso unmöglich war die Vorstellung, es könne eines dieser schwarzen Pferde mit dem kräftigen Nacken, den langen schrägen Schultern, dem starken Rücken und dem hoch angesetzten Schweif, in Chlebkow hinter dem Haus am Koppelzaun entlang traben und leise schnauben, wenn er sich ihm mit dem Sattel näherte. Woher sollte er das dafür nötige Geld nehmen? Das, was er und Rinka durch den Verkauf von Bildern und der Anleitung von Laienkunstzirkeln einnahmen, reichte eben, um die Ausgaben für das tägliche Leben bestreiten zu können. Und wenn davon einmal etwas übrigblieb, zahlte Rinka das sofort auf das extra für Baumaßnahmen eingerichtete Konto ein. Zwar war es eben erst Frühling geworden. Die Kastanien beschneiten die Kopfsteinpflasterstraße mit abgeblühten Blütenblättern. Doch dem Frühling folgte der Sommer und dem der Herbst. Und vom vergangenen Winter wussten sie, dass, wenn der Ostwind auf der Rückseite des Hauses stand, sich die Flammen der Kerzen auf dem Küchentisch waagerecht in Richtung Tür neigten. Wenigstens ein neues Küchenfenster wollten sie deshalb vor dem nächsten Winter eingebaut haben. An ein Pferdekonto war da überhaupt nicht zu denken.

Dann aber sagte Hilmar Hinkel, der Mann mit dem Trapperhut und der lässig im Mundwinkel baumelnden Krummpfeife: »Die Stuten sind alle drei tragend. Wenn du willst, kannst du eins der Fohlen haben. – Dreißig Prozent Anzahlung bei Übergabe und den Rest in Monatsraten. Über den Preis werden wir uns schon einig.«

Da war Willi Schimmel geschlagen, zumal ihm der genannte Preis, aufgeteilt auf Monatsraten als durchaus akzeptabel erschien. Und die nächsten sechs Monate lebte er wie mit verknoteter Zunge und mit Nächten, in denen er schweißgebadet aufwachte. Zum Beispiel, wenn er geträumt hatte, dass am Weihnachtsmorgen ein von Hilmar Hinkel beauftragter Bautrupp mit Brechstangen vor dem Haus vorfuhr und wegen der ausgebliebenen Monatsrate das frisch eingebaute neue Küchenfenster aus der Wand brach. Er hatte inzwischen erfahren, dass der doch ein recht windiger, sehr aufs Geld versessener Bursche sein solle. Auch die Frau, die ihn mit ihm bekannt gemacht hatte, hatte schon wieder das Weite gesucht. »So schnell konnte ich gar nicht zu mir kommen, wie mein Konto leer war«, erzählte sie jedem, der sich nach dem Mann ihres Lebens erkundigte.

Trotzdem getraute sich Willi nicht, Rinka von der so kurz entschlossen eingegangenen Vereinbarung über den Kauf eines Ostfriesenfohlens zu erzählen. Es gab auch ohne ein solches Geständnis genügend Gelegenheiten, bei denen er und Rinka gleichermaßen froh waren, dass es außer Käthe Küster keine weiteren Nachbarn gab. Und die verstand es, ihre Ohren aus dem Wind zu nehmen, wenn Rinka mit dem Kaffeegeschirr das Kopfsteinpflaster der Kastanienallee dekorierte.

Das Leben in Chlebkow hatte sich doch als etwas beschwerlicher erwiesen, als sie beide sich das vorgestellt hatten.

Dann aber klopfte eines Tages einer der größeren Jungs aus Michael Menschs ständig wachsenden Kinderschar an eines der Schmiedefenster, hinter dem er Willi arbeiten sah. Und nachdem er diesem ein Zwanzigpfennigstück in die Hand gedrückt hatte, las er, was Frau Hinrichs als ihr telefonisch von der Post in der kleinen Stadt am Meer übermittelten Telegrammtext in ein dafür vorgesehenes Formular eingetragen hatte: »Hengst kommt Freitag. Hilmar«

Mehr konnte er nicht lesen. Denn eben kam Rinka in sein Atelier, um ihm mitzuteilen, dass sie nach der kleinen Stadt am Meer fahre. Sie habe auch einmal das Bedürfnis, in der Milchbar zu sitzen und an Weißen Träumen herumzunuckeln. Und außerdem brauche sie einen Badeanzug und Sommersandalen sowieso. Vor Mitternacht brauche er also nicht mit ihr zu rechnen. Er könne ja inzwischen die Scherben vom Vormittag von den Pflastersteinen räumen.

»Ich denke ja nicht, dass du willst, dass ich mir die Finger zerschneide.«

Nicht einmal ein zweiter Blick auf das Telegramm war da noch möglich gewesen. Und als sie gegangen war, las er doch nur wieder das, was er schon beim ersten Blick gelesen hatte: »Hengst kommt Freitag. Hilmar«

Als Erstes räumte er die Scherben weg. Es waren Porzellanscherben von zwei goldgeranderten Tellern, einer dazu pas-

senden Schüssel und einer mit Streublümchenmuster verzierten Sauciere. Sie stammten aus einem Stapel Geschirr, der von den alten Leuten, die ihnen das Haus verkauft hatten, auf dem Fußboden eines der Zimmer zurückgelassen worden war und dessen Teile eigentlich nur dann benutzt wurden, wenn sich bei einem der Feste, die sie feierten, mehr Freunde und Bekannte einfanden, als sie erwartet hatten.
Und als ihm beim Säubern der Straße bewusst wurde, dass immer, wenn sich Käthe Küster wieder einmal genötigt sah, ihre Ohren aus dem Wind zu drehen, nur Gegenstände aus dieser Hinterlassenschaft zu Bruch gingen, begann er Hoffnung zu schöpfen.
Er war am Vorabend zwar mit zwei goldglänzenden Räucheraalen nach Hause gekommen, doch hatte die Art von Heiterkeit, mit der er sie präsentierte, in keinem Verhältnis zu der Tatsache gestanden, dass Rinka am Nachmittag mit einem Architekten verabredet gewesen war, der einen Kulturhausleiter überzeugt hatte, die Wandgestaltung des Hochzeitszimmers nicht der Maler PGH zu überlassen, Willi aber vergessen hatte, den Autoschlüssel aus der Hosentasche zu nehmen.
»Mit mir kein Wort!«, hatte sie erklärt, als er versuchte, ihr die Bedeutung guter Beziehungen zur Genossenschaft der Fischer zu erläutern, und hatte die Aale samt Tellern und Schüssel und Sauciere vor das Haus getragen. Wobei sie jedes Stück einzeln transportierte und das mit jener Art von Gang vollzog, den sie einst als Modegestalterin zur Präsentation der eigenen Schöpfungen auf dem Laufsteg gelernt hatte: Der ganze Körper eine einzige Lockung, aber die Strahlung dem Charme einer geschlossenen Bahnschranke vergleichbar. Eine Festung im Licht der aufgehenden Morgensonne.
Um die Aale hatte sich dann Prachtl gekümmert, während Willi, um seine Bereitschaft zur demütigen Reue nachzuweisen, die Nacht im Garten auf einer nur vierzig Zentimeter

breiten Bank unter dem Fenster ihres gemeinsamen Schlafzimmers verbrachte.
Und nun noch der Hengst.
»Könnte man vielleicht bei dir im Schuppen ein Pferd verstecken?«, fragte er deshalb Käthe Küster. »Es soll eine Überraschung sein.«
Doch Käthe Küster sah dafür keine Möglichkeit.
»Bei Martina Weißfuß vielleicht«, riet sie, »die nimmt auch manchmal Kolmorgens preisgekrönten Kater, wenn die zur Verwandtschaft fahren müssen.«
Doch auch Martina Weißfuß fragte: »Wo denn?«, und verwies auf ihren Mann, der eben dabei war, das zwei Jahre lang im Freien vorgetrocknete Feuerholz für den Winter in den Schuppen umzulagern. »Und die Voliere brauch ich für die Hühner. – Der Heiner soll zu Weihnachten seinen Farbfernseher haben. Da zählt jedes Ei.«
Blieb nichts, als noch einmal eine Nacht auf der Bank zu schlafen und am Morgen dann mit zerknirschtem Gesicht die Vertrauensfrage zu stellen: »Wenn du mich trotzdem noch liebst, kannst du auch noch ein Problem mehr verkraften, wenn nicht, ist sowieso alles egal.«
Und zur Sicherheit ließ er sich von Käthe Küster noch einen Straßenbesen geben, um auch den letzten Scherben aus den Ritzen zwischen den rundbuckligen Steinen der Straße entfernen zu können.
Gegen zehn legte er sich, nur mit einem Bademantel bekleidet, auf die Bank hinterm Haus. Gegen elf meinte er, jeden einzelnen Knochen aus seinem Körper entfernen, blank reiben und neben der Bank abstellen zu können. Gegen halb zwölf hatte er Empfindungen, die sehr den Empfindungen gleichen mochten, die Rinka am Abend zuvor gehabt haben dürfte. Kurz vor Mitternacht aber hatte er sich für eine andere Strategie entschieden.

Und so sprang er, als sich gegen halb eins vom Dorf her das unverkennbare Knattern eines Trabis näherte, vor das Haus, fiel in die Knie, öffnete mit beiden Händen den Bademantel und senkte, wie Jesus am Kreuz den Kopf auf die Brust.
Doch hielt der Wagen nicht an, sondern fuhr weiter in Richtung Wald, wo er wendete und Schimmel, der ihm verständnislos hinterher geschaut hatte, erkannte, dass es sich um ein Postauto handelte.
Weshalb er, als es nach dem Wenden zurückkam, in panischer Eile hinter die Haustür sprang und durch das Schlüsselloch lugte. Und diesmal hielt das Auto. Aber niemand stieg aus. Doch wurde ein Briefumschlag aus dem Fenster auf die Straße geworfen, ehe es mit steigender Geschwindigkeit über die hoppelige Piste davonbrauste.
Es handelte sich, wie er dann feststellte, um ein Blitztelegramm, das vom Postamt der kleinen Stadt am Meer auf schnellstem Wege auszuliefern gewesen war, und der per Fernschreiber übermittelte und in Großbuchstaben ausgedruckte Text lautete: »HENK KOMMT NICHT. – ZIEGENPETER. – HELMA«
Weshalb Rinka, als sie gegen Zwei mit einem zwar teuren aber wirklich schönen Badeanzug in der Tasche nach Hause kam, den sich in Lachkrämpfen auf dem Küchenfußboden wälzenden Willi vorfand.
Frau Hinrichs hatte bei der ihr telefonisch übermittelten Nachricht einfach nichts mit dem Namen Henk anfangen können und stattdessen Hengst geschrieben. Und Schimmel hatte deshalb den zwar richtig geschriebenen Namen Helma immer wieder als Hilmar interpretiert.
»Ja, tatsächlich«, sagt er immer, wenn er seine Puppen diese Geschichte erzählen lassen hat, »schon am Funktionieren der Post lässt sich erklären, warum die DDR untergehen musste.«

Aus meiner Schublade

Horst Matthies wurde 1939 in Radebeul bei Dresden geboren, ging acht Jahre zur Schule, erlernte dann den Beruf des Bergmanns und diente, bis ihn das Schreiben unerwartet überfiel, nahezu elf Jahre bei der Bereitschaftspolizei. Danach Studium am »Literaturinstitut Johannes R. Becher« in Leipzig. Seit 1970 freischaffend als Autor, zunächst in Halle an der Saale, seit 1980 in Hohen Viecheln am Schweriner See.

Geburtsjahr, Geburtsort und die weiteren Stationen seines Lebens weisen aus, dass er den überwiegenden Teil davon als Bürger des Staates DDR erfahren hat. Hier hat er seine Bildung erhalten, wuchs die Art seiner Hoffnungen, führte er seine Kämpfe, liebte er seine Lieben, hatte er Freunde und Leute, die ihn nicht mochten, Gründe für Zorn und Gründe, sich aus ganzem Herzen zu freuen.

Dieser Erfahrungshorizont ist prägend für sein literarisches Schaffen, sowohl vor, wie auch nach dem »Schluckauf der Geschichte« vom Jahr 1990, wie er den Holterdiepolterwechsel von der sozialen Murkswirtschaft zur kapitalen Machtwirtschaft in einer seiner Erzählungen nennt.